大腕軍閥

「四川王」劉湘及其家族

張永久・著

目次

第一章　天府豪門

大悲之後，劉氏家族在四川崛起

考察一個家族的興衰史，能給人許多啟迪，它往往會讓你嘆服命運奇妙，造化弄人。

譬如說，這個被人稱做「四川民國第一家」的劉氏家族，像忽然劃破天空的閃電，在民國年間的天空中撕開了一條口子，其耀眼的光芒令人震顫；可是閃電劃過之後，夢幻般的家族興盛景象倏忽消散，以至於人們憶起若干年前那一片耀眼的光亮時，甚至會懷疑是否曾真實存在過，這個家族的後代們，也很難像他們的先輩那樣再度輝煌。

那麼，劉氏家族崛起之前，是否有過什麼蛛絲馬跡？

如果細心探尋考究，應該說是有的。

劉姓人家祖籍在安徽徽州，明朝末年，其先祖劉覺忠入川做官，在四川雅安任同知，劉氏家族遂向西遷徙，在四川雅安定居。明朝末年戰亂連綿，農民起義首領張獻忠殺人如麻，正在四川做官的劉覺忠一家全部慘遭殺戮，只剩下一個兒子僥倖逃脫。回憶血洗成河的那個夜晚，他仍然驚心膽戰，不寒而慄。這之後，此人一直隱名埋姓，逃到四川名山縣，默默無聞地生活了幾十年。

到了劉氏入川後的第五代（時間大約在乾隆年間），這個家族才又重新慢慢崛起，像熬過了寒冬的迎春花，終於綻放出了第一抹金黃。按照族譜，這支劉氏族譜的排行是「應朝伯漢緒，仕宗公文元；世德承光玉，守家祝國繁」。最先露出那一抹金黃的是「宗」字輩。

說到劉氏家族的發跡，與四川大邑縣安仁鄉的關係密不可分。

先是有個人叫劉應良，單槍匹馬來到大邑縣安仁鄉落戶。此人即為那個隱名埋姓者的後裔。他就像美國西部電影中的那些流浪漢淘金者，懷揣著夢想期盼在此扎根，創出一番基業。鄉親們熱情接納了這個看上去老實靦腆的外鄉人。鄉親們沒有料到，若干年後，就是這個名叫劉應良的人，他的後代們，使地處偏遠的安仁鄉在神州大地上名聲大振。

劉應良只有一個獨子，叫劉朝懷。因為家境窮，也因為是外鄉人，劉家當時在安仁鄉沒有什麼地位。鄉里大多數人姓胡，連地名也叫做下場口鬍子墩。劉朝懷到了婚配的年齡，鄰鄉的媒婆上門提親，介紹的對象是胡榮貴的獨生女兒。女方的家境條件不錯，其父胡榮貴是小有名氣的一位鄉紳，很體面的一個人物。這樣的人家，配外鄉人劉應良之子劉朝懷，當然是美事一樁。但是有一條，劉朝懷是去「入贅」，通俗的說法叫做「倒插門」。這樣的事在那個時代是件恥辱的事，有點讓人抬不起頭的意思。年紀輕輕的劉朝懷大氣豁達，似乎並沒有太在意這些，打點起簡單的行裝，騎著一頭毛驢來到了女方家中。

隔了若干年來回頭看，劉朝懷當年的那次「入贅」，堪稱劉氏家族的一場壯舉。劉朝懷「入贅」後不久，其妻生了兒子劉芳伯。此後劉氏家族漸趨興旺，劉芳伯的孫子劉智，曾孫劉仕識，都是安仁鄉響噹噹的人物。再下一輩即是「宗」字輩，更是把劉氏家族推上一個前所未有的高峰。

在「宗」字輩中，老二劉宗英考中秀才，成為鄉間轟動一時的新聞。劉宗英騎著大洋馬、披掛紅綬帶，胸前戴朵大紅花，遊鄉串村，頗為風光。在鄉親們眼中看來，劉家老二算是光宗耀祖了，因此他們把與劉宗英同輩的幾兄弟一律都稱之為「秀才」。接下來，劉家老六劉宗賢也考中了秀才。

為劉氏家族最初贏得榮耀的，就是「六秀才」劉宗賢。

此人年輕時刻苦攻讀，一心想通過科舉考試博取功名，為祖宗先輩爭光。遺憾的是，他最後沒有中舉。儘管如此，在當時還很偏僻落後的安仁鄉，已經是最有學問的一位人物了，成為地方上的名士，被族中推舉為族長，受到當地鄉親們的敬重。據說，當時劉姓族中無論發生了什麼爭端，或者有什麼重大慶典，都得請劉宗賢前往主持。劉宗賢為人也以剛毅果敢著稱，公正無私，每遇爭端，往往一言而決。久而久之，劉宗賢的名聲傳遍大邑縣，遠近的人們稱他為「生佛」。

更為有意思的是，經過幾代人的生息繁衍，劉氏家族在安仁鄉這塊土地上迅速興盛起來。而胡氏家族卻人丁不旺，有的人家幾代單傳，有的人家只生女不生男，有的人家甚至沒有生下後代。此消彼長，劉氏家族風頭大大蓋過了胡氏家族。大概是在劉宗賢這一代人手裡，將當地叫了幾百年的地名「鬍子墩」改成了「劉子墩」。從此，大邑安仁劉氏這一系人脈走出了低谷。他們異地突起，後代中誕生了幾個震動民國史的人物。

劉宗賢娶妻陳氏。結婚後，有三個兒子。

老大劉公晶，被劉宗賢夫妻倆寄予厚望，可惜此人是個只會用功苦讀書的書呆子，直到四十多歲才考取貢生。他是一個老學究，身上有濃郁的迂腐氣，分家得到的田地即使荒廢成了滿地荒草，他也無心顧及，仍然整天抱著聖賢書苦讀。遺憾的是，命運之神並沒有眷顧這位迂夫子，此後再也沒有取得任何功名。劉公晶僅有一個獨子，名叫劉文中，從小對父親死讀書頗多不滿，以至於長大後對讀書抱有極大的成見，即使父親揪著他的耳朵，將他反鎖在房間裡讓他讀書，他也對四書五經毫無興趣。這樣的後代，其結局可想而知，長大後只得在田間度日，守著幾坨黃泥巴度過一生。劉文中有四個兒子，名為劉元畢、劉元爭、劉元玉、劉元都。此後也都默默無聞。

老二劉公敬，字玉麟，與老大恰恰相反，提到讀書他就頭痛。此人自幼愛舞槍弄棒，好勇鬥勝，性格剛強得像團烈火，無論做什麼，都是大大咧咧的派頭。身體素質也好得出奇，長得五大三粗，臂力過人。此人曾參加過武狀元的考試，幾項成績都順利過關，據說因為沒有給考官送禮，最後被刷下來了。不過，後來他還是考中了武秀才。劉公敬有四個兒子，分別是劉文剛、劉文郁、劉文福、劉文禮。其中，又以長子劉文剛一支最為興旺。劉文剛專營販谷生意，後來發展到有水田四十餘畝。劉文剛也有三子，老大劉元勳，老二劉元樹，老三劉元聰。劉元勳後改名劉湘，是民國四川著名軍閥人物。

老三劉公贊，字化堂。這人既不同於大哥劉公昌，只認一心死讀聖賢書；又不同於二哥劉公敬，身若鐵塔，孔武過人。他的處世哲學是經世致用，渾身上下每一個毛孔裡都充滿了務實求變的精神。此人不滿足於耕種自家的四十多畝土地，還頗重視剛剛開始萌芽的鄉村工業和手工業。他創辦的酒作坊在方圓數十里聞名遐邇，每天清晨，人們都能看見酒坊主人劉公贊勤勞的身影；夜色很深了，酒坊的燈光仍然沒有熄滅，遠近的鄉親們依稀能聽見雇工們勞作時低沉的號子聲。劉公贊有六個兒子，分別是劉文淵、劉文運、劉文昭、劉文成、劉文彩、劉文輝。

水碾坊．酒坊．安仁鄉的古老記憶

從劉宗賢這裡開始，劉氏家族進入了一個新的時期。

前面說過，劉宗賢有三個兒子，分別是劉公晶、劉公敬、劉公贊。三個兒子長大後，組成了三個小家庭，這時候劉家的核心人物仍然是劉宗賢。隨著時間的逐漸推移，三個兒子各自又有了後代，劉家的人丁越來越多。此時，由劉宗賢主持了一次分家。劉宗賢將一百四十多畝水田分成了三份，每個兒子分到四十多畝水田。

而劉宗賢最為得意的，是他壯年時建造的座落在小河邊的水碾房。晚年的光景，他坐在水碾房裡，饒有興趣地看著河水帶動風車悠悠轉個不停，風車又傳動大石磨和石杵舂米，河上游動著幾隻鴨子，洗衣的農婦一下下揮動洗衣棒，遠處是金黃的油菜花和淡藍色的炊煙。看著眼前這幅寧靜祥和的圖畫，劉宗賢心中充滿了幸福感。

人老了，再也不能在水碾房裡勞作了。他叼著旱煙袋，在水碾房裡召集了一次具有歷史意義的家庭會議，幾句寒暄過後，老人鄭重宣佈，將這座水碾房饋贈給三個孫子。

這之後，河邊的這座水碾房便由劉文中、劉文剛、劉文彩三人共同經營。

認真一想，老人劉宗賢的這次饋贈還真有不少道理。

首先，這三個孫子分別出自三房。劉文中是長房劉公晶的獨子，自然沒有話說；劉文剛是二房劉公敬的長子，也沒有任何問題；劉文彩是三房劉公贊的第五子，饋贈財產的水碾房有他一份，其道理既複雜也簡單。原來，劉公贊的六個兒子中，老大劉文淵酷愛讀書，後來考中秀才，出仕為官，最後曾當上了四川省諮議局議員、省高等審判廳廳長；老二劉文運，為人忠厚善良，但缺乏經商頭腦；老三劉文昭，出生時腿有點殘疾，下田幹活不便，就讓他學習裁縫，伏案縫紉；老四劉文成，父親劉公贊讓他在經營釀酒作坊；老六劉文輝年齡尚小，且劉公贊認為他又是塊讀書的料子。這麼一排算下來，劉公贊這一房中唯有老五劉文彩最為合適，既有資格又有經商頭腦。因此，老太爺劉宗賢給三個孫子饋贈那座水碾房，能看出這位劉老太爺的眼光以及他的精明。

除了劉老太爺留下的那座水碾房外，早年的劉氏家族還有座釀酒作坊值得一提。

這座釀酒作坊，是劉宗賢的三兒子劉公贊創建起來的。劉公贊性格質樸，除了熱心農田裡的活路外，也經常到鄉鎮上的茶館聽說書擺龍門陣，人生視野比較開闊。據大邑縣誌載，他「喜近文士，遇鄉里賢達，敬禮尤摯。諸子成立，各命以職，某也耕，某也讀，孳孳焉不稍縱逸。」大兒子劉文淵書讀得好，就命他當諸弟的老師，督促諸弟學文化知識。而劉公贊自己，則請人設計建造了這座釀酒作坊，建成後交給四兒子劉文成管理。

水碾房和酒坊，成了劉氏家族榮耀的一個象徵，也成了安仁鄉的一道風景。

經過幾代人的奮鬥創業，劉氏家族已經從外來戶躍升成了當地頗有名聲的地主。民國時期的四川，科學技術落後，生產效率偏低，而人口又在不斷地大量增添，對土地的依賴成為許多中國人骨子裡的一種觀念。像劉家這樣既有土地田產，又有水碾房和酒坊等現代手工業作坊的大戶，自然是安仁鄉一帶的鄉民們羨慕的對象。至今在大邑安仁，上了年紀的老一輩人回憶起童年，依然禁不住感歎不已，言語和目光間流露出些許羨慕。

大家更沒料到，民國初年，天下風雲大變，劉氏家族從地主之家忽然搖身一變，成了赫赫有名的軍閥之家。

劉湘：走出黃土地的劉家第一人

改變劉氏家族的命運，要從劉湘這個人說起。

劉湘（一八九〇～一九三八），原名劉元勳，字甫澄，是劉公敬的長孫，劉文剛的長子。其祖劉公敬字鑒堂，綽號劉剛子，人稱「剛子老太爺」。其父劉文剛是個頗有能耐的鄉村地主兼商人，用今天的話說是個「複合型人才」。除了租種四十多畝水田外，另外和劉文中、劉文彩合夥經營劉老太爺饋贈的水碾房，平時還做點其他生意，比如說販玉米，收穫季節將農家豐收的玉米低價收進，屯積一段時間後再加價售出，從中做差價，賺取利潤。

少年時的劉湘在讀書之餘，經常幫助其父推車運送穀米。看上去劉湘是個老實本份的人，他總是習慣於做份內的事情，每次都能中規中矩完成父親交給的任務，但是很少有什麼創意。從他幼時的許多表現來看，沒有人會想到此人以後會成為四川省最大的軍閥。

幼年時期，劉湘在鄉間私塾讀書，後於一九〇四年考入大邑縣立高等小學堂繼續讀了三年，然後回鄉務農。一九〇九年，劉湘剛滿十九歲，就在父親的催促下完成了個人的終身大事。女方是大邑縣蘇場周裁縫的女兒，名叫周玉書。這個女子沒有什麼文化，卻非常有個性，性格潑辣，辦事風風火火，敢於直言也勇於任事。細觀劉湘的一部發跡史，周玉書功不可沒，後面的章節會專門提到，此處不敘。

清朝末年戰事連綿不斷，中日甲午海戰，八國聯軍入侵北京等等。每次失敗的戰爭後，都要簽訂一系列喪權辱國的條約。災難接著災難，清政府像是風雨中飄搖的一隻船，隨時都有沉沒的危險。朝廷中的有識之士，提出了廢除科舉考試，設立文武學堂，編練新軍等積極建議。一時間，新型學堂如雨後春筍，在中國大地上冒了出來。僅四川成都市一地，就辦起了十幾座私立法政學校。

一九〇二年，岑春煊任四川總督，創辦武備學堂，訓練新軍幹部。大邑一縣即有劉成勳、陳洪范、楊嘯谷、張成孝及王穀等五人考入該學堂，這成了那年轟動大邑縣的一樁大事。劉湘當時才十二歲，人生的知識面剛剛混沌初開，毫無疑問，耳聞目睹了劉成勳等五人考入四川武備學堂一事，受到影響極大。到了一九〇六年，錫良繼任四川總督，從巡防軍中挑選少數優秀頭目並招考部分青年，成立陸軍弁目隊，在四川全省招生。劉湘得知消息後，背著家人偷偷去招考點川北潼川府（今三台縣）報名，旋即被錄取。

回到安仁，劉湘不敢對父親劉文剛說出這樁秘密，但是父親還是知道了。沒想到的是，父親不僅沒有責怪劉湘，還對劉湘的決定深表贊同。臨行前的夜晚，「剛子老太爺」專門辦了幾桌酒宴，請來了左鄰右舍的親友，好好熱鬧了一場。第二天，他親自幫劉湘拎著行李，一直送到了縣城。

那是一個革命的年代。入學第二年，陸軍弁目隊鬧了一場學潮。起因並不複雜，因為招生之初校方曾許諾，每名學生每月補助銀洋十五元，可是學生們入學讀了三個月，補助的銀洋一直沒有下來。於是有人帶頭鬧事，聚集一群青年學生到校長辦公室說理，群情激憤時，有人向校長動了手，還捽了教學儀器。校長一氣之下撂下挑子，辭職不幹了。陸軍弁目隊本來就是一家私立學堂，這一來再也難以為繼，只好解散了事。

劉湘並沒有參加這場學潮，但是城門失火，殃及池魚，他的書也念不成了。經一幫同學前往總督府請願，時任四川總督的趙爾豐親自出面處理此事，趙總督好言好語將學生們安撫了一番，當面承諾，允許陸軍弁目隊的學生重新報考四川陸軍速成學堂。劉湘報考後，再次被錄取，於一九〇八年二月進入該學堂，從此開始了他的軍旅生涯。

在陸軍速成學堂裡，劉湘是個低調的人，尊敬師長，和同學的關係也相處得不錯。此時革命黨大行其道，同盟會的觸角伸入學堂，幾個學生秘密參加了這個組織。有人前來遊說劉湘，話剛開了個頭，劉湘連連搖頭，說軍人以服從命令為天職，他對政治絲毫不感興趣，遊說者乘興而來，失望而去，從此不再在劉湘面前談論政治。

和劉湘同班的有個同學叫劉炳勳，其父是滿清八旗軍隊駐成都的官員，劉湘心目中，對八旗軍官既有幾分景仰，又有幾分好奇，於是主動和劉炳勳搞好關係，成為親密夥伴。玩得熟了，劉湘經常去劉炳勳家，對劉炳勳的父親尤其尊敬，深得其父好感，經常在經濟上獲得其父資助。這位父親還認為劉湘為人謙虛，志存高遠，讓兒子以後多向劉湘學習。此後，劉炳勳果然一直追隨劉湘多年，在劉湘手下擔任過旅長、機關槍司令等職。

從這件小事能夠看出，貌似老實本份的劉湘，對於官場結交那一套有著不同尋常的天賦。這種天賦即使不是出於遺傳，也與劉氏家族的家教以及耳聞目睹父親劉文剛行為舉止的浸染有關。

劉湘從陸軍速成學堂畢業後，分配到剛組建不久的新軍三十三混成協（旅）六十五標（團）作見習官。六十五標的標統（團長）周道剛，字奉池，四川雙流人，是一富家子弟，青少年時期曾就學於省城書院，一九〇一年，他作為四川派出的二十二名首批官費留日學生之一前往日本留學，同往的同學有胡景伊、徐孝剛等。回國後在四川武備學堂擔任監學和教習。辛亥革命後，叱吒風雲的四川軍人多出自武備學堂和其他陸軍學堂，而周道剛、胡景伊、徐孝剛等自然成了他們的宗師，因此形成了一個重要派系——武備系。而後來名聲大振的劉湘，此時還是周道剛手下一個名不見經傳的見習官。一九一七年，周道剛被北京政府任命為四川督軍，此人後來成為武備系的一個重要人物。

歷史為劉湘提供了一個機會，他成功地把握住了這個機會。前幾年有本暢銷書叫做《細節決定成敗》，劉湘自然不可能讀過這本書，但他卻深諳其中精髓。巴結長官，同樣也是從細節做起。有一次，標統周道剛前來基層巡視，連隊隊官（連長）買了一盆鱔魚，丟進炊事房後就去陪長官。劉湘見後，主動走進炊事房，抓起一把剪刀剮剖鱔魚。等到隊官陪同標統巡視完畢，劉湘已幫炊事員把一桌菜整好了。隊官見此情景，對劉湘大生好感，在標統周道剛面前大肆誇獎了劉湘幾句。

沒過多久，成都要開辦一期講武堂，隊官為劉湘弄到了一個名額，推薦他去學習。這樣的機會相當於今天的幹部培訓班，是官場升遷進階的搖籃。果然，經過短短幾個月的培訓，劉湘再回到六十五標時，被上級調任一營前隊排長。辛亥革命後，四川政治格局發生了很大變化。尹昌衡任四川都督，劉湘此時是少校差官。一九一二年，劉湘接替楊森為第二營營長，駐守四川瀘州。從此，劉湘手中就有了一個營的武裝力量。這個官銜雖說不大，卻是劉湘通往大軍閥之路的第一級臺階。

儘管劉湘出名之後，許多外國人對這位大名鼎鼎的人物非常關注。但據早期和劉湘有過接觸的幾個外國人寫的觀察印象中說，劉湘表面上顯得平淡無奇，甚至萎靡不振，他們認為劉湘「並不是一個給我們留下深刻印象的人物，他看起來脾氣甚好而且通情達理，既無性格，也無才氣」。外國觀察家們普遍認為，劉湘性格的突出特徵是狡猾精明，老謀深算，絕不崇尚空談或醉心於虛構的遠景。他的外貌好像一個老實沉靜的商人，是一個冷靜的機會主義者。另一位名叫托勒的英國人在一封發往北京的函電中寫到：劉湘「給人的印象並不是才華出眾。如果說他在交談中顯得反應遲鈍，這也並不過分。但他的經歷使人對他的才能無可懷疑……顯然，劉是一個小心謹慎、深謀遠慮的人。他不醉心於採取戲劇性的政治行動，除非他看清了結局，一般他不會急於採取步驟。」[1]

1 引文均參見[美]羅伯特・柯白著《四川軍閥與國民政府》，第33頁。

小小安仁鄉出了個大大的軍閥世家

晚清時期，由袁世凱、張之洞等人提議的廢除科舉考試制度，被清廷最高權力核心所認可並施行。從此，人們取得高官厚祿的唯一紐帶斷裂了。但是，科舉考試廢除了，一時卻沒有新的、現成的發跡途徑來填補這個空白。辛亥革命前後，軍事領域的種種事態發展為新的權貴們打下了基礎。現代化新軍建立了，各種培訓新軍軍官的軍事學堂相繼開辦，一種新的社會地位和通向這一地位的途徑也應運而生。辛亥革命前，新軍大權掌握在清王朝親貴們手中。清王朝覆滅之後，那些受過現代化軍事教育的學生們便開始自謀出路。沒有了一個現成的全國性的官階體制可供他們拾級而上，他們只好憑藉個人的武裝實力來開闢一條通向權力的新道路。文化程度並不高的劉湘，就是通過這條新的道路到達權力頂峰的。

他的成功，極大地鼓舞和刺激了安仁鄉劉氏家族的那些後生們。緊隨其後走出大邑安仁鄉的，是劉湘的小六叔劉文輝。

劉文輝（一八九五～一九七六），字自乾，是劉公贊的第六個兒子。劉公贊娶妻高氏，一口氣連著生了五個兒子，到生劉文輝時，高氏已經年近四十歲，生產時是難產。多虧了她的二媳婦是遠近聞名的接生能手，幫忙接生，總算保住了母子的安全。可是，劉文輝出生後，母親高氏怎麼也擠不出一滴奶水。碰巧他的大哥劉文淵在此前後也正好生了個女兒，大嫂的奶水充足，可以餵養兩個孩子。因此後來劉家的人都說，劉文輝是他母親所生，二嫂接生，大嫂餵養的。

晚年再次得子，劉公贊夫婦對這個寶貝兒子尤其珍愛。而劉文輝，確實也沒有辜負這個家庭寄予的殷殷期望。

一九〇八年，劉文輝長到了十三歲。聽說省城成都辦起了陸軍小學堂，專門收少年兒童，他堅決要去成都讀書。平時，大哥劉文淵負責劉文輝的教育，他見六弟人小鬼大，居然異想天開要去省城讀書，便極力勸阻。誰知劉文輝哭鬧起來，以不吃飯相威脅。父親劉公贊知道了，把他叫到跟前，問他為什麼要去成都讀書。劉文輝毫不猶疑地回答：「讀書將來可以當官！而且……那裡還不收學費。」劉公贊一聽，眼睛笑成一條縫，拍著劉文輝的後腦勺說道：「好樣的，人小志氣大，不愧為我劉家的後代！」

劉公贊準備了一筆盤纏，交給大兒子劉文淵，讓他帶著老六劉文輝去成都闖世界。因為經濟上並不十分富裕，既無條件坐滑杆，也無條件騎馬，兄弟倆只好步行。一百多里山路，他們從天濛濛亮一直走到天黑，走到成都郊區的時候，劉文輝感到自己快要累癱了。大哥劉文淵連拖帶拽，才把他拉到青石橋南街的一家客棧裡，看著房間裡的那一溜通鋪，劉文輝二話不說，倒在床上便呼呼大睡起來。

離考試時間還有半個月，大哥劉文淵幫助劉文輝認真複習。揭榜那天，兄弟倆早早地來到陸軍小學堂門口。只見大紅榜上頭一名就寫的是劉文輝的名字。

見六弟榜上有名，且是第一名，劉文淵放心了，他準備打道回府。臨行前夜，他看見劉文輝在昏黃的煤油燈下寫一封信，請大哥帶回老家。在這封發黃的家書中，劉文輝用幼稚的毛筆字歪歪扭扭地寫道：「父母親大人膝下：敬稟者，兒由長兄伴來成都赶考，多蒙平時長兄嚴教，勵兒朗朗默記，此次應試，能被錄取，實屬幸運。爾後兒一定專心習武，以報答雙親對兒之期望，至於學校，一俟正式開學行課，將再來書稟告。敬頌福安。兒：劉文輝。一九〇八年八月十四日。」[2]

這之後，劉文輝讀過陸軍中學、保定軍官學校，從保定軍校畢業後，便開始了戎馬生涯。起初是依仗比他大五歲的侄子劉湘提攜，當上了一名下級軍官。後來歷任川軍師長、國民革命軍二十四軍軍長、四川省政府主席等職。後來他羽翼漸豐之後便自立門戶，與劉湘之間的關係逐漸由合作而轉向對抗。到一九三二年，劉氏叔侄間明爭暗鬥，矛盾已經激化到不可調和的程度，遂爆發了著名的「二劉大戰」。

劉湘、劉文輝之戰，是四川軍閥四百多次戰爭中規模最大，時間最長，也是最後的一次混戰。自一九三二年十月到一九三三年九月，前後歷時近一年時間，戰地綿亙川西、川北和川南數十縣，縱橫千餘里，動用兵力二十餘萬，當時川地大小軍閥幾乎全部捲入。僅戰爭的頭三個月，劉湘的第

2 彭迪先、舒國藩主編《劉文輝史話》，第289頁。

二十一軍和劉文輝的第二十四軍就死傷六萬左右，兩軍共耗資五千萬元，人民的生命財產損失則難以數計，每天「斷糧饑餓，投屍戰火，哭聲震天，慘不忍聞。」[3]

民國時期，大邑安仁劉家一門，不知出了多少大小官吏。把中小等級的拋開不計，言其著者，就有十多人：

劉湘：歷任川軍總司令，省長，軍長，四川善後督辦，川康邊務督辦，四川「剿匪」總司令，川康綏靖主任及四川省政府主席。抗日戰爭開始，任第二路預備軍司令長官，繼改任第七戰區司令長官。

劉文輝：歷任四川軍務幫辦，國民革命軍第二十四軍軍長，川康邊防總指揮，四川省政府主席，西康省政府主席。

劉文淵：劉文輝的大哥。曾任四川省諮議局議員，四川省高等審判廳廳長。

劉文成：劉文輝的四哥。任四川省禁煙總局會辦最久，還到處開設銀行。

劉文彩：劉文輝的五哥，也是劉文輝的財務總管。任川南稅捐總辦，兼任川南清鄉司令。

劉元瑭：劉文輝的胞侄。歷任國民革命軍第二十四軍旅長，師長，軍長。

劉元瑄：劉文輝的胞侄。歷任國民革命軍第二十四軍旅長，師長，軍長。

---

3 匡珊吉、楊光彥主編《四川軍閥史》，第289頁。

劉元璋：劉文輝的胞侄。歷任國民革命軍第二十四軍雷、馬、屏、峨屯殖司令及甯屬屯殖司令。

劉元琮：劉文輝的胞侄。歷任國民革命軍第二十四軍旅長，師長。

劉樹成：劉湘的堂弟。歷任川軍司令，國民革命軍第二十一軍師長。

周成傑：劉湘的妻弟。歷任川軍警衛大隊長，國民革命軍第二十一軍師長。

劉氏家族梟雄輩出。以劉湘和劉文輝為代表，縣團級以上軍政官員有近五十人，素有「三軍九旅十八團，營長連長數不清」的說法。劉氏一家權勢之盛，可見一斑。[4]

4　以上名單參見喬誠、楊續雲著《劉湘》，第2頁。

第二章 軍閥登場

劉湘其人以及川軍速成系

前邊說過，劉湘於光緒三十二年（一九〇六）考入四川陸軍弁目隊。此時，四川軍事力量單薄，只有一個混成旅，擔任四川總督的錫良要將旅擴充為鎮，感到下級軍官不夠用，便將原來的講習所改成速成學堂。一九〇八年，劉湘考入速成學堂就讀並畢業。

四川軍閥中的「速成系」，就是指以該學堂出身的軍人結成的派系。其首腦人物便是劉湘，骨幹人物有楊森、唐式遵、潘文華、王纘緒、張斯可、徐孝剛、王陵基、喬毅夫、傅常、鮮英等。速成系主要包含兩部分人員，一是四川陸軍弁目隊與四川陸軍速成學堂的學生，稱為「老速成」，一是四川軍官速成學堂的學生，稱為「新速成」。此外，還應包括與這些人有師生關係的軍人。

速成系形成於一九一八年。當時熊克武整編川軍為七個師，劉湘任第二師師長，便有心培植自己的力量，大量吸收速成系同學，以代替其他學堂畢業生擔任中下級軍官。並在合川開辦了軍官傳習所，以為羽翼，提出了「統一四川，問鼎中原」的遠景目標。以後，速成系勢力開始慢慢膨脹，逐漸形成氣候。

劉湘能成為川軍速成系的「盟主」並不容易。究其原因，是因為劉湘不僅聽話，對上級絕對服從，而且不嫖不賭，不抽鴉片，持身謹嚴。從速成學堂畢業後沒多久，劉湘被提拔成了營長。

一九一三年三月，因為宋教仁被刺事件，爆發了武裝討伐袁世凱的浪潮，史稱「二次革命」，又稱「癸丑之役」。此時四川總督為胡文瀾，是袁世凱的心腹大員。當時四川軍事力量共有五個師，其中有四個師為胡文瀾所掌控，國民黨人熊克武（川軍第五師師長）於八月初在重慶宣佈獨立，並組成了討袁軍總司令部，由熊克武擔任總司令。

川軍的五個師中，戰鬥力最強的數由周駿擔任師長的第一師。軍隊中的中下級軍官，大多由畢業於速成學堂的學生擔任。在學堂讀書時，這些學生有許多人參加了同盟會，思想傾向革命，為了策反，熊克武特派傅常等人前往策動。

一師的師參謀長李哲與傅常是同學，一聽老同學說明來意，李哲全力支持，當即召集來了畢業於速成學堂的營長梁度、吳行光、侯建國等人，共同商談起義事宜。傅常與劉湘也是速成學堂畢業的同學，前來找他交談，誰知劉湘對這件事卻並不感興趣，他託辭的理由還是那句老話：「軍人以服從命令為天職，上司讓我哪樣我就哪樣。」不過，劉湘也還是對那幫老同學很夠意思，並沒有向上司告密。

此後武裝暴動如期發生。營長梁度、吳行光、侯建國等人突然發難，將武備系出身的吳團長當場打死，宣佈武裝起義，投奔討袁軍，並乘勝進抵瀘州附近的龍透關。

師長周駿得知這一情況後，異常氣憤，傳下一道命令，將軍隊中擔任中下級軍官的速成系學生一律撤職。劉湘是速成學堂畢業的學生，按說也是被撤職之列，但是旅長張華封站出來以身家性命擔保。旅長張華封賞識劉湘，除了上述幾條原因外，這時候又多了一條：劉湘作戰勇敢驃悍，是他手下一名得力的虎將。經過仔細考查，師長周駿認定劉湘確實是一員忠心耿耿的虎將，不僅沒免他的職，反而進行嘉獎，將他提升成了團長。

複雜的發跡史，曲折的登龍術

一九一四年底，袁世凱先是率百官到孔廟祭祀，又到天壇祭天，穿古衣冠，行大拜禮。祀孔和祭天活動，都是他復辟帝制的預演。果然，此後不久，為控制西南計，袁世凱委派他的心腹陳宧為四川軍務會辦，率北軍伍祥之、李炳之、馮玉祥等三個混成旅入川。陳宧抵達重慶後，即被袁任命為四川巡按使，督理四川軍務。

陳宧到四川後即著手整編川軍。以周駿為第一師師長，劉存厚為第二師師長，黃鵠舉、鐘體道分別擔任第一、二混成旅旅長。劉湘仍在第一師任團長——此時他的頂頭上司旅長已經換成了熊祥生。

這裡有個小小的插曲。熊祥生被任命為旅長後，劉湘手下的部屬多不服氣，認為以戰功論，應該由劉湘當旅長。熊祥生是湖北漢陽人，是中國留學日本陸軍士官學校的畢業生，論帶兵打仗，能力不及劉湘。但是劉湘頗有大局意識，列舉了左宗棠部將楊遇春不與滿人爭功的故事，對手下那些部屬進行勸說，才將一場風波平息下去。

一九一五年，蔡鍔在雲南豎起討袁大旗，率滇黔軍分幾路入川，與陳宧統領的川軍在瀘州一帶發生了激烈的戰鬥。幾次戰役中，劉湘作戰極為勇敢，屢建戰功。清末李鴻章大辦洋務，除了修建船隻外，還製造軍械槍支。曾仿照德國毛瑟槍的樣式，生產了一批別致的手槍，命名為「自來得」。劉湘專門訓練了一支精兵隊伍，用「自來得」手槍武裝，每逢戰鬥的緊急關頭就讓這支精兵加強進攻，屢屢奏效。劉湘本人曾經很得意地將這種戰術比作岳飛破金兵拐子馬的鉤鐮槍。當時的四川報紙上，多次發表團長劉湘作戰勇敢的報導。

因為戰功顯著，沒過多久，劉湘被師長周駿提升為旅長。

正當這時候，川軍內部發生了一些變故。

第一個變故是陳宧迫於各方壓力，宣佈獨立，調轉槍口對準了袁世凱。陳宧（一八七〇～一九三九），字養鈿，號二庵，湖北安陸人。有一次他向袁世凱彙報工作，對時局侃侃而談，被袁世凱看中，收作了乾兒子。北京帝制活動鬧得正火熱時，陳宧自請出鎮四川，要為袁皇帝效力。出京前一天，袁世凱親自設宴餞行，陳宧跪伏地上三拜九叩，又膝行到龍椅前，抱著袁皇帝的腳親吻了幾口，正色說道：「大總統明年如果不登基帝制，一統中國，我陳宧此去，死都不回！」然而正是這位如此肉麻的乾兒子，給了袁世凱致命一擊。一九一六年四月二十二日，四面險境的陳宧為了自保，終於出賣了袁皇帝，宣告四川獨立，簽下了與袁世凱絕交的通告。在通電的最後他寫到：「宧為川民請命，項城虛與委蛇，是項城先自絕於川，宧不能不代表川人與項城告絕。自今日始，四川省與袁氏個人斷絕關係，袁氏在任一日，其以政府名義處分川事者，川省皆視為無效。」袁世凱收到電報時正在吃早餐，一看通電內容，眼神木然，什麼話也沒說，仰面望天一歎，拂袖而去。從那以後，他就食量漸減，精神不振，吃不下東西，慢慢地懨懨成病，第二年就吹燈了。可以這麼說，這個乾兒子陳宧成了袁世凱的催命苦藥。

第二個變故，是川軍第二師師長劉存厚在四川納溪宣佈獨立，稱護國川軍總司令，與蔡鍔率領的護國軍聯合會攻瀘州。劉存厚（一八八四～一九六〇），字積之，四川簡陽人，清末秀才。日本陸軍士軍學校畢業後，回國任四川武備學堂堂長，是川軍武備系的重要人物。劉存厚宣佈獨立，並不意味著他有抵制帝制的政治覺悟，只是順風使舵的一次牆頭草行為。此人在辛亥革命前後，政治態度一貫反覆無常，先歸附蔡鍔，後投降張勳、段祺瑞等，誰有權勢就投奔誰，人們送他外號「劉厚臉」。不過，劉存厚宣佈獨立投奔蔡鍔後，川軍支持袁世凱的軍隊實力大大地打了個折扣。

儘管出現以上變故，劉湘依然沒有動搖，還是帶領他的軍隊忠心耿耿地為袁世凱賣命。為此，袁世凱曾特地發來電報，對劉湘進行嘉獎：「劉湘率隊追剿滇寇，在況場、南丹、四方山、白沙場等處激戰，斃寇奪械甚多……劉湘奮勇督戰，連克要邑，肅清江岸，勤勇可喜，著授陸軍少將，並授以勳五位。」[1]

劉湘只是一個軍閥，他的政治立場也並不是多麼「堅定」。只不過是他現在的政治資本還不夠多，條件還不夠成熟而已。在大浪淘沙的時代，他仍在窺測方向，伺機而動。

劉湘早年的發跡，與另幾位四川軍政界頭面人物頗多牽連。要瞭解劉湘其人以及他的經歷，有必要先梳理一下他們之間的關係。

先說劉湘與熊克武的分分合合，既相互利用又彼此防範，最後兵刃相見的錯綜複雜關係。

熊克武（一八八五～一九七〇），字錦繁，四川井研縣人。一九〇四年留學日本，結識了孫中山，加入同盟會。一九〇六年回國後，在重慶、瀘州等地發動武裝鬥爭，積極組織起義。其先後發動了瀘州起義、成都起義、廣安起義、嘉定起義等，但每次都因事機洩露、叛徒出賣、眾寡懸殊等原因而失敗。

[1] 喬誠、楊續雲著《劉湘》，第7頁。

一九一七年，由於北京政府毀棄約法，解散國會，孫中山在廣東等地籌組非常國會和廣州軍政府，宣佈護法，下令討伐北京馮國璋、段祺瑞的非法政府，揭開了護法戰爭的序幕。當時的四川，成為南北政府爭鬥的焦點之一。

實際上在此之前，四川一直便是各種政治勢力爭奪的焦點。護國戰爭結束後，四川的政治局面極其複雜。就政治而言，由北方北洋政府的統治轉變為滇、黔人的共治，四川省的地方勢力並沒有掌握自己的省政；就黨派而言，由原來帝制派陳宧的獨掌大權，轉變為以羅佩金為首的國民黨和以戴戡為首的進步黨的分權而治。羅與戴背後都有後臺老闆，羅佩金的後臺是唐繼堯，戴戡的後臺是梁啟超。

為了爭奪四川的軍政大權，督軍羅佩金與舊川軍第二師師長劉存厚在成都展開過激戰，打得天昏地暗，一塌糊塗。最後的結果是羅佩金退出了成都。戰爭結束後，羅、劉二人均被北京政府免職，責令聽候查辦，由省長戴戡兼任四川督軍。

戴戡上任後不久，即與劉存厚發生了衝突。矛盾發展到不可調和之時，便是兵刃相見。在民國軍閥割據的特殊時期，中央政權的命令往往會成為一紙空文，劉存厚雖說已免職，手上依然掌控有軍隊和武裝。戴、劉的軍隊再次在成都展開激戰。這次戰爭，仍然以劉存厚的勝利告終。戴戡在城破無援的情況下，被迫向劉存厚交出了督軍和省長印，率黔軍撤離成都。退至仁壽一帶時，被劉存厚部重重包圍，走投無路，拔槍自殺。

槍桿子裡面出政權，那個年代，誰掌握有重兵，印把子就是誰的。劉存厚手握兵權，眼看著即將登上四川省軍政權力的最高峰。可惜劉存厚是當兵出身的軍閥，極度欠缺政治家應有的眼光和大局觀，政治態度反覆無常，蔡鍔率領的護國軍攻克瀘州後他投靠蔡鍔；後來張勳、段祺瑞的北洋軍閥勢力得勢，他又改投北洋政府。在動盪不安的戰亂年代，這樣的人，最容易成為眾矢之的。

要打劉存厚，這是個再好不過的理由。此時北洋政府剛剛任命劉存厚為四川督軍，遵循孫中山的指示，原任川軍第五師師長的熊克武在重慶宣誓，就任四川靖國各軍總司令。會同滇黔軍大舉向劉存厚進攻。一場以護法戰爭為名的四川靖國戰爭爆發了。

靖國之役開始時，劉湘是舊川軍第一師的一名旅長。第一師站在劉存厚這一邊，阻擋靖國軍西進。在四川內江的田家場、一泗堆、椑木鎮、東街子、白馬廟等處，劉湘率領的部隊與滇黔軍展開了激戰。等到劉存厚的軍隊戰敗潰退，國民黨人熊克武等乘勝追擊之時，舊川軍第一師、第二師等立即倒向熊克武一邊，即日發出回應護法的通電。

一場轟轟烈烈的靖國之戰，便以這種近乎荒誕的方式收場了。劉存厚見在四川再無立身之地，只得率部退往陝南。

一九一八年四月，孫中山發來電報，任命熊克武為四川督軍，楊庶堪為省長。

舊川軍原第一師師長是徐孝剛，自覺無顏見熊克武，便發了封電報，請假回鄉探親，師長一職交由劉湘暫時代理。有人說，劉湘的官運真好，靖國之戰一役，劉湘完全是站在敵對面帶兵作戰的，及至劉存厚戰敗後，不僅沒人追究劉湘的責任，反而獲得升遷的機會，由旅長升任成了師長。

一九一八年六月，熊克武在成都召開整軍會議，將川軍整編為七個師。由但懋辛任第一師師長，劉湘改任第二師師長，向傳義為第三師師長，劉成勳為第四師師長，呂超為第五師師長，石青陽為第六師師長，顏德基為第七師師長。上述七個師中，唯有劉湘這一師歷史悠久，訓練有素，並且比較完整。此時，原劉存厚師的廖謙團，經劉湘速成系同學喬毅夫拉攏，也被劉湘收編過來，擴充為一個獨立旅。這樣一來，劉湘這一師的兵力更見增強。

以前，劉湘只是一個職業軍人，掛在嘴邊最多的一句話是「軍人以服從命令為天職」。升任師長後，熊克武為了拉攏這名職業軍人，將四川永川、榮昌、銅梁、大足、璧山、合川、武勝等七縣劃歸劉湘管轄，劉湘從此有了固定的立足地盤。隨之而來的，劉湘學到了一些翻雲覆雨、爾虞我詐的政治手法。一批速成系的同學簇擁在他的身邊，初步集結成了一股能左右四川政局的政治勢力。

西南著名軍閥唐繼堯，一直對四川這塊「肥肉」念念不忘，他要做西南王，第一個目標就是吞併四川，先做「四川王」。一九一八年五月，唐繼堯來重慶召開滇川黔豫鄂五省聯軍會議，公開提出所謂「準備北伐案」，試圖假北伐之名以達到其公開控制四川軍隊和財政之目的。在這次會議上，熊克武與唐繼堯發生了爭吵。一氣之下，唐繼堯回到了雲南，從此將熊克武視為眼中釘、肉中刺，急欲去之。此後不久，唐繼堯巧妙地利用了國民黨內部的派系鬥爭，聯絡了傾向黃興的呂超、石青陽、盧師諦、顏德基、黃復生等四川國民黨各軍頭領，秘密醞釀倒熊行動。

有人幫唐繼堯出了個主意：舊川軍中，身擁重兵的劉湘處於舉足輕重的地位，如果能將劉湘爭取過來，始可穩操勝券。於是，由省長楊庶堪親自赴合川，與劉湘進行了一次密談。

省長楊庶堪親自登門拜訪，劉湘心中得意洋洋。他在暗中思索了一番，如果說熊克武代表的新川軍能夠團結一致，那麼舊川軍就少有存在的餘地。熊克武能有今日，全靠的是滇黔軍和民軍（辛亥革命時期反抗清政府的起義軍隊通稱為「民軍」，此處指四川起義部隊）的支持，如今滇黔軍和民軍皆與熊克武為敵，那麼熊實已陷入孤立，倒臺是遲早的事。以熊克武為代表的新川軍一倒，自己圖謀發展的大好時機就到了。因此劉湘滿口答應了楊庶堪希望合作的要求。

嘴上雖說是答應了，但在行動上劉湘卻並不積極。多年的經驗告訴他，在激烈的政治鬥爭漩渦中，還必須得「一看二慢三通過」。

熊克武對劉湘這支力量也一直給予密切關注。熊克武多次派但懋辛秘密來合川與劉湘交往，聯絡感情。但懋辛說，滇黔軍自從入川以來，引起多次戰禍，為川人所深惡痛絕，極欲去之而後快。但懋辛這套充滿鄉情鄉誼的說辭，對於劉湘來說，既中聽也十分管用。

有一天，但懋辛向劉湘密報了一條消息：駐重慶的黔軍總司令王文華，正與劉湘手下的獨立旅旅長廖謙勾結，廖謙極有可能投奔滇軍。劉湘聽了密報，表面上不為所動，暗地裡請求速成系同學、時駐隆昌任滇軍第二軍參謀長兼獨立團團長的楊森協助。挾霹靂手段，劉湘舉全力圍攻廖謙，廖雋身逃往重慶。劉湘另派速成系同學李樹勳、楊子彩為該旅旅長，將廖謙所部全盤接收。

有了這麼一系列事件，劉湘與熊克武之間的關係更為緊密。

一九二〇年五月，倒熊派在四川順慶召開會議。參加會議的有呂超、石青陽、顏德基、盧師諦、黃復生，還有滇軍顧品珍、趙又新的代表以及黔軍王文華的代表。劉湘也派出幕僚李樹勳為代表參加了會議。在這次會議上，推舉唐繼堯為滇川黔三省聯軍總司令，劉湘為川軍總司令，呂超為川軍副總司令。會後，劉湘派代表到重慶，領取倒熊經費二十萬元現洋。

這之後，呂超、石青陽、顏德基、盧師諦、黃復生等人移樽就教，密商於潼南雙江鎮，並邀劉湘參加。當時，劉湘部下有人建議，將呂超等人當場扣留。劉湘搖了搖頭說：「不搞陰謀詭計。」表面上，劉湘仍然虛與委蛇，甚至囑部下制定了一個倒熊作戰計畫，又與呂超、石青陽等人喝血酒，結盟為拜把兄弟。背地裡，劉湘早已派參謀長胡春田到成都，將重慶這邊發生的一切報告給了熊克武。

等到雙方正式開火交戰時，劉湘派人給呂超送了一封信，明白告之「我已加入熊方，吾弟好自為之」。呂超看著劉湘的這封親筆信，仰天長歎，哭笑不得。

一九二〇年八月二十四日，熊克武下令反攻，由劉湘擔任前敵各軍總司令，指揮各部由閬中向三臺地區戰略開進。短短幾天內，呂超、盧師諦等部全線動搖，與滇黔軍退踞龍泉驛。九月八日，劉湘率部成功攻克成都，基本定下了熊克武一方的勝局。

一九二〇年十月四日，由劉湘領銜，率各軍師旅長，向全國發出了一道通電。電文中說：「川人屢年受制，束縛於滇黔軍暴力之下，受痛如山，積怨成海……湘等對於川局，（所）幸已告一度之結束。但歷年川事不統一、中華不統一之害，我同胞父老子弟游離徙徙，死亡枕藉之苦狀，罄紙難書。為目前計，湘等非促進川政統一、國家統一，萬難解同胞之倒懸，救生民於塗炭，而挽救中國之危亡。要之此役征戰，犧牲無數頭顱，非係權利之爭，實伸統一之義。湘等認（為）促進統一，為救國不二法門。」[2]

這封電報是劉湘心理活動的真實寫照。在不同場合不同地方，他多次說過類似的話，歸納起來的意思就是：川人治川。

劉湘率部攻克成都後，隨之劉存厚的靖川軍也進入成都。劉存厚一紮下營盤，便把北洋政府任命的，早已不復存在的四川督軍公署招牌掛出來。此後不久，熊克武也在重慶恢復了廣州軍政府任命他的四川督軍公署。一個四川省，同時有了兩個督軍，看上去荒唐，但卻是當時占山為王的真實現狀。

劉湘此時並沒有歇著，在各路俊傑緊鑼密鼓紛紛登上四川軍政舞臺時，他也在尋找自己的最佳位置。

[2] 喬誠、楊續雲著《劉湘》，23頁。

靖國之役前，熊克武曾有過一番表示：戰爭結束，滇黔軍退出川境後，即自行引退。等到劉湘幫他取得了勝利，熊克武不便食言，於該年年底通電宣告去職。職位雖說辭去了，卻又將心腹知己但懋辛扶上臺，熊克武退隱到幕後，操控但懋辛，當起了後臺老闆。

此時的四川，無論哪個黨派和政治勢力，最熱衷於討論的是四川自治問題。

一九二一年一月八日，劉湘和熊克武的代理人但懋辛聯名，發表了四川自治的宣言：「在中華民國合法統一政府未成立前，川省完全自治。以省公（民）民意制定省自治根本法，行使一切職權。共謀政治革新，普及平民教育，力圖振興實業。並對南北任何方面，決不為左右袒（護）。對於大局當主持正義，擁護法律。對於各省，繼續搞親睦之誼，永不許外省軍隊侵入本省境內。務期順應民心，完成民治，地方團體益臻鞏固，國家基礎得以確立。庶幾真正之統一可期，國法之效力可復。有渝此言，與眾共棄。特此奉聞，幸垂鑒察。」[3]

聯省自治出現於上世紀二〇年代初期並非偶然，有著深刻的社會背景和思想淵源。聯省自治的政治主張，在學理上是政體問題。它所要解決的是中央與地方、國憲與省憲的關係，在中國採取聯邦式的資產階級共和國制度，在當時有著積極的社會意義。劉湘支持這個政治主張，並不代表他有怎樣高的思想覺悟，而是利益驅使的結果，說穿了，是他實行封建割據的一個藉口。果然，過了不

3 周開慶：《民國劉甫澄先生年譜》，第23～24頁。

久，當國民黨人吳玉章在重慶成立有一百多個縣市代表參加的全川自治聯合會時，劉湘敏感地意識到自身利益受到了威脅。之後，一些社會團體紛紛通電要求自治，自治呼聲，瀰漫全川。劉湘感到自治對他不僅沒有實際意義，反而成了他稱霸四川的一道障礙，於是撕開面具，拋棄「自治」旗號，下令通緝吳玉章，鎮壓自治運動。

又因熊克武已經通電自行解除四川督軍職務，四川軍政無人主持，經各軍將領會商，一致贊同在重慶設立各軍聯合辦事處，暫由川軍第二軍軍長兼前敵各軍總司令劉湘主持其事。在不久後的善後會議上，劉湘又被推舉為川軍總司令兼理民政。

隨著劉湘權勢的日益提升，他與熊克武之間的矛盾再一次顯露出來。

有一天，劉湘得知了一條消息：他手下的參謀長兼第二師師長陳能芳以及第二旅旅長張秉升、參謀長張鳳鳴、第八團團長蘭文彬等人，在熊克武、但懋辛的唆使慫恿下，聯合了一幫保定系（畢業於保定陸軍速成學堂的學生組合成的政治派系）出身的軍人，意欲伺機脫離劉湘，獨立成師，約定陰曆除夕在重慶舉事。

開始，劉湘佯裝不知。到了除夕日清晨，劉湘突然召集第二師全體官兵開會，偕同陳能芳一起走到臺上。按照規矩陳能芳禮貌地請劉湘先講話，劉湘清了清嗓子，將手中的一張紙片在空中抖了抖，說道：「有人要帶著隊伍離開我，大家同意嗎？」聽了這話，底下的士兵丈二金剛摸不著頭腦，一旁的陳能芳臉色早已嚇得慘白。接著劉湘當著全體官兵的面宣讀了那份舉事通知，讀完之後問台下的士兵：「有願意跟陳參謀長走的，請舉手！」當然沒有一個人舉手。又問：「願意跟我劉湘幹的，請舉手！」全場立即舉起了森林般的手臂。劉湘回過頭來，對參謀長陳能芳說道：「看來，這些官兵都不願意跟你走呢！那就請你休息吧。」陳能芳目瞪口呆，無言以對。

不過劉湘對陳能芳還算客氣。派人在瀘州為他購置公館，並贈予現款一萬元，暗示他辭職。陳能芳果然乖乖地去了瀘州，以後再也沒有和劉湘作對。

但是這樁公案使劉湘與熊克武之間潛藏的矛盾暴露無遺。

一九二一年夏天，因直系軍閥湖北督軍王占元橫徵暴斂，觸犯眾怒，原鄂軍總司令李書城和鄂西總司令潘正道特致電川湘兩省當局，請求出兵支援，協力驅逐王占元，以便湖北實行自治。熊克武、劉湘經協商後，決定出兵援鄂。熊克武原想以援鄂軍總司令的身分出征，可是劉湘不同意，不願意把自己的部隊交給熊克武。結果只能由劉湘任援鄂總司令，但懋辛為副總司令，第二師師長唐式遵任前敵總指揮，劉湘把掌管部隊的權利牢牢握在自己人的手裡。

這次勞軍出征，結局並不怎麼美妙。當時四川地方主要軍事力量的兩大派別，分別是由熊克武、但懋辛掌控的第一軍和劉湘掌控的第二軍。熊克武、但懋辛早年參加過同盟會，政治見解和主張與劉湘大不相同。在援鄂問題上，他們和劉湘之間早先潛伏的一些分歧迅速暴露出來。隨著劉湘援鄂戰事失利，第一軍與第二軍相互攻擊得更厲害了。四川省內的輿論也紛紛站到熊克武、但懋辛一邊，對劉湘群起而攻之，指責劉湘「宰割他人，擅開戰端」，舊川軍中的各部也見風使舵，和熊克武、但懋辛套起了近乎。一時間，劉湘陷入極度孤立的狀態。

為了緩和四面楚歌的局面，也為了減緩各軍之間的宿怨，劉湘決定以守代攻，遂於一九二二年五月十四日發表通電，宣佈辭去川軍總司令兼省長職務，回故鄉大邑安仁休養。

再來說說劉湘與楊森的關係。

在四川軍閥中，楊森是與劉湘名聲相當的另一個重要人物。楊森（一八八二～一九七七），原名楊淑澤，四川廣安縣龍台寺人。其父當過清朝典史，是廣安縣當地有名的一個地主，有租穀一百多挑。楊森兄弟姐妹五人，他是老大，二弟楊淑身（字懋修）、三弟楊淑實（字傳三）都在他手下任事，分別擔任過楊森部第四師師長和第九師軍需處長。楊的兩個妹妹後來也都嫁給了楊森的部屬。因此可以說，楊森家族也是一個特殊戰亂年代產生的典型軍閥世家。

楊森幼年就讀於廣安紫荇書院，後到順慶府（今南充市）聯合中學讀書。一九〇六年，楊森從聯中畢業，適逢清四川總督錫良擴建新軍，成立四川陸軍學堂弁目隊，楊森考入該隊接受軍事教育。一九〇八年春，新任四川總督趙爾巽將原四川高等軍事講習所改為四川陸軍速成學堂，楊森再次考入該學堂接受軍官訓練。從履歷表可以看出，楊森早年有著與劉湘相類似的人生經歷。四川陸軍速成學堂畢業的同學還有鮮英、唐式遵、潘文華、王纘緒等。這些人後來以劉湘、楊森為首，成為速成系這個軍閥集團的核心人物。

雖說是同學，但是他們之間的關係並非鐵板一塊。合合分分，分分合合，今天是朋友，明天又會成為政敵。正如一句政治格言所說的：沒有永遠的朋友，只有永遠的利益。

比如說，在川人自治運動中，劉湘、楊森就是目標一致的朋友。其時，劉湘為熊克武任命的四川陸軍第二軍軍長，楊森為第九師師長，唐繼堯領導的滇黔軍部署倒熊克武軍事活動之時，劉湘、楊森二人手中掌握有兵權武力，位置顯要，因此成了唐繼堯和熊克武雙方激烈爭奪的對象。楊森早年曾在滇軍中生活過一段時間，在靖國軍第二軍軍長趙又新手下擔任過參謀長，深得趙的賞識。在趙又新看來，滇黔軍與川軍交戰，他昔日的部下楊森必定會站到滇黔軍一邊。心裡擱著如此勝算，趙又新交給楊森一個重要任務，派楊森到合川去勸說劉湘倒戈。誰知楊森到合川後，在與老同學劉湘的密談中聲明，自己也是主張「川人自治」的，並且拍著胸膛表白「身在曹營心在漢」，不願意讓外來的滇黔軍繼續宰割四川老百姓。

楊森由滇黔軍轉投川軍後，還託人給趙又新捎帶了一封信，信中寫道：「我為川人，今以川人治川，捨公而去。今後兩軍開戰，若遇公在，森當避讓，不與公戰，以報知遇之恩。」[4]即使到了這樣的地步，趙又新依然對昔日的部屬楊森賞識有加。他將楊森這封表白信遍示部屬，笑著說道：「楊森的這種感情應該理解，我若為川人，亦當如此。」其言辭之間對楊森毫無怨

4 馬宣偉、肖波：《四川軍閥楊森》，第13頁。

恨之情。

紙上談兵不妨談笑風生，但是到了真槍實彈相爭的戰場上，就遠不是那麼輕鬆愉快了。楊森深知滇軍內部情況和各部作戰能力，加上他在戰場上身先士卒，奮勇殺敵，他所率領的川軍很快打到了瀘州。在攻打瀘州一役中，守護瀘州城的是他以前的老上司趙又新。此時，趙又新正蜷縮在床榻上抽大煙，聽到外面急促的槍聲，這才如同大夢初醒，問跑進來的衛兵怎麼回事？衛兵神情慌張地告訴他，楊森率領的川軍已經從浮橋上打過來了，現在離城區只有半里多地。趙又新倉皇失措地奔上城牆，舉目一望，黑壓壓的川軍正像潮水似的湧來。肥胖的趙又新慌不擇路，逃跑時不慎扭傷了腳，只好由幾個衛兵攙扶著走，行動更加遲緩。

再說楊森部進入瀘州城，見趙又新臥室床榻上的煙燈未熄，知趙離去不久，隨即追上城牆，正好看見四個衛兵扶著一個穿黃呢子軍服的胖子在往城外逃竄，大聲喝令了幾聲，然後開槍射擊，趙又新和四個衛兵應聲倒地。等到楊森趕到時，趙又新只剩下一口氣了。

楊森臉色凝重，吩咐士兵趕緊抬回瀘州鹽局搶救。到了鹽局，趙又新依然昏迷不醒，楊森站在那張醫療床前，低聲道：「軍長，我對不起你，請軍長放心。」趙又新睜開眼睛看了楊森一眼，此時他什麼話也說不出來了。趙又新斃命後，楊森安排備棺厚葬，為昔日的老上司舉行了一場隆重的葬禮，並寫了一副輓聯：「奪主厭喧賓，從來論事誅心，畢竟伊誰推禍首；私恩殉公義，回憶深情夙契，不忍將軍上斷頭。」

話頭有點扯遠了，回到正題，再說劉湘與楊森之間的關係。

劉湘援鄂失敗之後，與熊克武的矛盾急劇升級，相互指責推諉，各不買帳，最後發展到兵刃相見，結果導致劉湘下野，回到大邑安仁老家去過閒雲野鶴似的日子。劉湘退居幕後留下的川軍第二軍軍長一職，則交給了劉的老同學楊森接替。

不料楊森剛一上臺，就撥起了他的如意算盤。楊與速成系老同學王正均、曾述孔、吳行光、喻孟群等人，密謀組織新二軍系，企圖從真正意義上取劉湘而代之。為更加穩妥起見，楊森與川軍第一軍軍長但懋辛「暗送秋波」，表示願意合作，由兩軍分掌四川軍民兩政。但懋辛對楊森丟來的這個媚眼頗有興趣，但是又認為，楊森剛剛接掌第二軍軍長一職，屁股還未坐穩，根基不牢，未必能夠對整個第二軍全盤控制，倘若此議一成，釀成它變，反而對自己不利。但懋辛思考的結果，是推掉了這次合作的機會。

楊森上臺後，一方面迅速培植自己的勢力，一方面積極尋找政治靠山。民國初年政壇新星吳佩孚威望漸高，人氣見漲，楊森很快巴結上了吳佩孚。眼看與熊、但的合作不成，轉過身便是刀槍相見。此時楊森自持重兵在手，又有吳佩孚作政治靠山，他自信有必勝的把握。一九二二年七月九日，楊森正式向川軍第一軍宣戰，為激勵士氣，還發出了《告二軍將士書》，文中寫到：「田横五百，尚強海島；少康三千，啟夏中興。本軍有十十營之眾，豈有不能消滅長衫軍人乎！」所謂「長衫軍人」，指的是熊克武、但懋辛為文人掌軍，不堪一擊。其驕狂之態，溢於言表。

楊森決定向第一軍宣戰，在作戰命令已經下達之後方始報告劉湘。劉湘聞之大驚，急忙召集部下幕僚商量應對辦法。劉湘的部下和幕僚對此事有兩種意見，政務處長李公度認為：「若任由楊森驕橫行事，必敗無疑，應立即予以制止。」另一位軍官李樹勳卻笑著說：「楊森是在為你打天下，如果戰勝自然歸功於你，如果戰敗，後果則由楊森承擔。這是難得的一樁好事，何樂而不為呢？」

劉湘靜心一想，李樹勳此說確實不無道理。為了徹底推脫關係，劉湘還是公開發表了一個聲明，聲稱「楊森跋扈，不聽命令」，發動戰爭並非己意。這樣一來，這樁難纏的公案便被劉湘處理得天衣無縫了。

此次川軍第一、二軍交戰，以楊森的慘敗而告終。八月二十日，狼狽不堪的楊森沿長江逃到湖北宜昌，寄住在日清公司買辦魏宗漣家中，此時落魄的楊森已身無分文，衣兜裡就僅剩一枚「楊森之印」的牙章了。

之後，楊森去洛陽叩見吳佩孚求援。吳佩孚出於全盤戰略考慮，決定援助楊森回川。吳任命楊森為第十六師師長，並撥了二百萬元經費和部分槍支彈藥。楊森領兵捲土重來，這一次竟是出奇地順利，幾乎沒費什麼功夫，就接連攻克了萬縣、重慶等地，再往西進，又攻克了簡陽等地，兵臨成都城下。熊克武、但懋辛見無力回天，只得率領殘部經貴州方向向湖南、廣東撤退，從此淡出了四川政壇。

川軍第一軍被逐出四川後，吳佩孚操縱下的北洋政府對有關人員論功行賞。任命楊森督理四川軍務善後事宜（相當於督軍一職），田頌堯為四川軍務幫辦，鄧錫侯為四川省長，劉存厚為川陝邊防督辦，劉湘為川滇邊防督辦。這一任命將劉湘置於楊森之下，顛倒了劉湘楊森二人原有的位置，使得他們之間原先潛伏的矛盾進一步激化。

劉湘拒不就任新職，以表示對吳佩孚操縱的這一任命的不滿。在重慶，劉湘仍然打出了段祺瑞的北洋政府任命他的四川督軍的招牌，對外辦公，與成都楊森的督理公署公開唱起了對臺戲。

楊森先是通過吳佩孚的關係，被北洋政府任命為督理四川軍務善後事宜，所有川軍受其節制。接著北洋政府又任命鄧錫侯為四川省長，田頌堯幫辦四川軍務善後事宜，劉湘為川滇邊防督辦。這一任命，將劉湘、鄧錫侯、田頌堯等人置於楊森職位之下，劉、鄧、田等人自然不會服氣，因此這個任命成了「四川統一之戰」的導火線。劉、鄧、田等消極待之，極不配合。楊森認為軍政大權在握，背後又有吳佩孚撐腰，他試圖以武力掃滅群雄，統一四川。一九二五年春季，正當四川經歷了一場空前的大饑餓之後，楊森經過一番精心準備，再次點燃戰火，下令討伐賴心輝和劉成勳，所謂「四川統一之戰」，自此拉開序幕。

從戰術上看，應該說楊森的「四川統一之戰」相當成功，從四月十二日下令討伐起，到六月上旬擊敗賴心輝、劉成勳止，兩個月不到的時間，楊森的作戰計畫即已基本完成。但是從戰略上看，楊森此舉並不成功。

此際四川大小軍閥集團不下二十多個，其中劉湘、楊森為兩大巨頭。劉湘因援鄂失利後回老家休養了一年多時間，重新出山時人員僅有一萬五千人左右，而楊森在短短的一年多時間裡迅速發展壯大，已有十六個師、十一個旅，共約十五六萬人。除了這兩個軍事集團外，還有袁祖銘三萬餘人，鄧錫侯一萬餘人，劉文輝一萬三千餘人，劉斌一萬餘人，陳洪范一萬六千人，陳國棟三萬兩千人，唐廷牧一萬七千人，劉存厚一萬餘人，魏楷六千人，呂超五千人以及陳遐齡的川邊軍、王鴻恩的陝軍、周西成的黔軍等。

儘管四川軍事集團眾多，但各個集團的力量均很有限，且有的軍事集團為了保存實力，或巴結劉湘，或附從楊森，或保持中立。唯有劉湘、楊森、袁祖銘這三個實力強大的軍事集團，各自皆有野心，互不相讓。於是，圍繞劉湘、楊森、袁祖銘之間的又一場軍閥混戰即將接踵而至。

正當楊森猶豫著下一步是聯劉（湘）打袁（祖銘），還是聯袁打劉舉棋不定之時，處於弱勢的劉湘未雨綢繆，及早進行了軍事部署，同時施展政治手腕最大限度地爭取同盟軍。

劉湘從楊森軍隊內部獲得了一個消息：原劉湘部下第二師師長李樹勳，率領他的部隊到成都改換門庭，投靠楊森。沒過幾天，楊森提拔李樹勳為軍長，其第一師師長王纘緒對此極表不滿，曾借著酒醉一連摔了三個酒杯。為了將王纘緒拉到自己這邊來，劉湘先後派了陳鏗、顏仲卿、鮮英潛赴遂甯，策動王纘緒。鮮英與王纘緒既是同鄉，又是速成學堂的同學，有這種雙重關係，談話無形中少了許多障礙，鮮、王兩人的一番密談十分投機，王纘緒敞開胸懷說話，認為「楊森為人，不足以謀大事」，表示自己早已有意投依劉湘，希望鮮英能向劉湘轉達他的心意。

拉攏了王纘緒，劉湘覺得尚無勝算把握，又想方設法去收買另一個軍閥鄧錫侯。這一次，劉湘使出的殺手鐧是高官厚祿，向鄧錫侯贈送了三十萬元現金，三千支步槍和三十萬發子彈，又對鄧錫侯說，已經向段祺瑞執掌的北洋政府極力推薦，將來由鄧錫侯擔任四川省省長，並且當場亮出了發給段祺瑞的那封電文底稿。鄧錫侯大喜過望，在巨大的誘惑面前，屁股很自然地坐到了劉湘一邊。

對於黔軍軍閥袁祖銘，劉湘儘量滿足他的各種要求，答應每月撥給軍餉四十萬元，等到推倒楊森以後，由成都兵工廠資助袁祖銘步槍二萬支和大量子彈，幫助袁祖銘打回貴州，驅逐滇軍，奪回他失去的地盤。

相對於劉湘縱橫捭闔的大手筆來說，楊森在拉攏人心上則處處顯得小家子氣。在「有奶便是娘」的軍閥遊戲規則中，劉楊大戰尚未打響，楊森就先輸了一著。

很快，川黔倒楊聯軍便組成了，由袁祖銘任總司令，劉湘任副總司令，鄧錫侯為前敵總指揮。四川幾個軍閥巨頭，幾乎清一色站到了楊森的對立面。一九二五年七月一日，倒楊聯軍總部下達總動員令，以劉文輝、劉成勳、賴心輝等部沿東大道向西進攻；以鄧錫侯部和黔軍主力王天培師集中銅梁、大足、璧山地區作為戰略主攻部隊，殲滅楊森的主力軍；劉湘則指揮他的部隊沿長江北岸進攻瀘州、富順，並與黔軍一部掃蕩長江南岸楊森軍隊，會攻瀘州。

幾個回合的戰役打下來，楊森軍隊全線動搖，倒楊聯軍乘勝追擊，全面發起進攻。很快，楊森的部隊節節敗退，士氣一蹶不振。為了挽回頹勢，楊森一面抽調部隊從安岳、樂至地區向鄧錫侯部作正面攻擊，一面以王纘緒率第一師從遂甯、潼南地區進行夾擊，試圖一舉殲滅鄧錫侯部。

然而在這個時候，劉湘原先安放在楊森內部的定時炸彈準時爆炸了。他手下的師長王纘緒發出通電，指責楊森排除異己，聲稱要「武裝調停，聽候甫公（劉湘）命令。」楊森在資中聽到王纘緒倒戈的消息，立即召集各部頭目開會，他神情黯然，臉色鐵青，開口便說道：「王纘緒都變了，我還打什麼？不打了，不打了！」在場的軍官默然，誰也不知道該說什麼。

此時的楊森已有窮途末路之感，在他左思右想仍然走投無路之際，只好無奈地給劉湘、袁祖銘發了一封電報，表示願意完全解除兵權，隻身出川遊歷。劉湘、袁祖銘允許楊森隻身出川，通令各軍對楊森的生命安全予以保護。楊森這才帶著少數隨員由江安乘「金沙江」號輪船沿江東下。上船之前，楊森脫下軍裝，換上一套便服，表示今後不再當軍人。當然這只是做姿態而已，幾年後楊森東山再起，仍然是以四川軍閥的面目出現的。

劉湘早年的幾個重要幕僚

春秋戰國時期才識之士遊說四方，他們挾術懷策，而被名門貴族及公卿將相爭相羅致，以為智囊，參與政事，此乃幕僚的發端。從幕僚到幕府制度，經歷了漫長的歷程。到了近代，又出現了一種新型的幕府。其首創者為曾國藩，繼之者有李鴻章、張之洞、袁世凱等。新型幕府的共同特點是，幕主都擁有一支帶有私人性質的軍隊，為指揮和管理這支軍隊，幕主延攬各式各樣的人才，形成一個個龐大的幕府班子。

在護國之役之前，劉湘是一個職業軍人，只知帶兵打仗，極少關心政治。隨著其地位日益提高，他也學會了一些翻雲覆雨的政治手段，尤其是在他身居四川省督軍等職的高位之後，一批以速成系同學為主的幕僚班子迅速雲集在他的左右，為其出謀劃策，縱橫捭闔。因此，如果要全面認識劉湘，有必要梳理研究一下劉湘的幕府和那些幕僚們。

在劉湘幕府中充任過重要幕僚的，有張斯可、喬毅夫、傅常、鮮英、潘文華、王陵基、龔緝熙（能海法師）、楊芳毓等。

鮮英（一八八五～一九六八），字特生，四川西充縣人。他與劉湘是速成系同學，曾在北京充任過袁世凱的侍衛官，護國之役爆發，鮮英毅然南下參加討袁軍隊。一九二一年，劉湘以川軍總司令身分駐守重慶時，經張斯可牽線介紹入劉湘幕，劉委任鮮英為總司令部行營參謀長，兼任重慶銅元局局長。一九二五年，劉湘升任他為陸軍第十師師長兼江北、巴縣衛戍司令，一九二八年改任四川善後督辦公署參贊兼惠民兵工廠廠長。

在劉湘縱橫四川政壇的全過程中，經常閃現出鮮英的身影。比如前邊章節中提到的鮮英幫劉湘拉攏王纘緒一事，即為一例。鮮英與劉湘既是速成系同學，又是上下級，又有幕主和幕客的關係，兩人長期共事，鮮英對劉湘的優缺點都看得比較透徹。

據鮮英在《劉湘早期二三事》[5]一文中介紹，劉湘為人寬厚仁愛，做事有大家氣派，但是處理事情也有猶疑不決的毛病。在文章中鮮英講述了一樁陳年往事。一九二四年七月，鮮英代表劉湘到天津向北洋政府總理段祺瑞彙報四川情況，段祺瑞問鮮英：「四川人才以誰為巨？」鮮英回答說：「川中人才實多，但如劉湘之大度包容，僅此一人。」段祺瑞聽後笑了笑，隨口說道：「能容不能斷，是此人一大病。」看來，連遠在天津的段祺瑞都知道劉湘的這一毛病。雖然鮮英在段祺瑞面前極力為劉湘辯解，但內心也不得不承認：劉湘確有此病。

一九三五年，劉湘就任四川省政府主席，隨即將全省劃為十八個行政督察區，各區設行政督察專員（兼任區保安司令），鮮英被任命為四川省第十三區（綿陽）督察專員，一直任職到一九三九年。此後鮮英不再入仕，常年居家於重慶上清寺特園，追隨在民主愛國人士張瀾先生左右。

提到特園，與鮮英的夫人金竹生女士關係密切。早年金竹生女士以廢棄的煤渣打成煤磚售賣，積得資本建房出租，積年發展，修建了鮮宅，後來逐年發展，成為西南地區聞名遐邇的特園。鮮宅始建於一九二九年，一九三一年完成，大小房間三十六間，其主體工程「達觀樓」，是三層樓的青磚建築，即為金夫人親自設計。

[5] 《重慶文史資料》第22輯，第19～32頁。

一九四一年二月，張瀾與黃炎培、梁漱溟、羅隆基等人在特園召開了民主政團同盟成立大會，從此特園便成為中國民主同盟活動的中心。據許多社會名流回憶，當年貴客盈門，車水馬龍，堪稱盛況空前。鮮英的夫人金竹生女士則回憶說：「抗日戰爭期間，到特園的客人更多，少則數百，多時上千，在特園用餐的人全天開流水席，隨到隨吃。」

一九四五年八月，毛澤東來重慶談判，曾多次造訪特園，會晤張瀾和鮮英。據說，重慶談判的許多細節就是在此形成的。周恩來、董必武、吳玉章、王若飛、鄧穎超等中共高級幹部也常到特園參加各項政治活動，董必武曾讚譽特園為「民主之家」，這四個字後來分別由馮玉祥和郭沫若題寫成匾額，匾額現收藏於重慶紅岩革命紀念館。

一九四九年中共建國後，鮮英曾擔任西南軍政委員會委員和全國政協首屆委員，並被推選為第一屆全國人民代表大會代表。一九六六年，在文化大革命中，鮮英被周恩來安排到北京加以保護。一九六八年六月八日，鮮英在北京逝世，終年八十三歲。鮮英所珍愛的那座特園，在他逝世前幾個月毀於文革的武鬥中。

「甫系三老」是劉湘幕僚集團中的小核心。劉湘字甫澄，因此他的軍事集團勢力被人稱作「甫系」，三老指的是張斯可、喬毅夫、鐘體乾。

張斯可（一八八二～一九六一），又名張再，四川資中人。一九〇六年考入四川弁目隊，一九〇八年升入四川陸軍速成學堂。劉湘是當時班上最小的同學，張斯可經常給劉予輔導，彼此感情深厚。辛亥革命後，張斯可離開軍隊，經西藏赴印度、南洋、香港等地遊歷考察，回川後劉湘已經升任川軍第一師師長，張即前往投靠，其時劉湘在軍閥混戰中初露頭角，官運亨通，值此青雲直上的黃金時期，正需要有人輔佐，張斯可的到來，使劉湘大喜過望，依靠張斯可為左右手，輔佐劉湘蒸蒸日上的事業。在張的羅織下，喬毅夫、鍾體乾、王陵基、楊芳毓、羅緯、傅常、郭文欽、馬嗣良、鮮英、張必果等人紛紛被收入劉湘的夾袋之內，為劉湘成為「四川王」立下了汗馬功勞。此人始終布衣微行，不計名利，低調做人做事，深得劉湘倚重。張斯可一直長留四川，建國後，張曾擔任四川省人民政府委員，一九六一年病逝於成都。

喬毅夫（一八八六～一九六七），此人也是劉湘速成系的老同學，長期為劉湘掌管機要，是對外聯絡的高級參謀。他原是同盟會會員，曾與劉湘有過小小的過節。癸醜年討伐袁世凱之役，喬毅夫在永川縣當知事，劉湘俘獲了大批同盟會員，關進永川縣監獄中。喬毅夫當面指責劉湘，言下之意是讓他不要和革命軍過不去，把劉湘搞得很沒面子。因此，張斯可來勸說喬毅夫輔佐劉湘時，被喬毅夫斷然拒絕。及至川軍驅逐滇黔軍後，劉湘被推為川軍總司令兼省長，張斯可又三次到成都相邀，喬毅夫為之感動，不計前隙，終於答應出任劉湘的駐省外代表。

川軍援鄂之際，雖說劉湘在此役中折戟而歸，但是，此次出川援鄂也並非一無所獲。最大的收穫是結識了時任長江上游總司令的孫傳芳，為劉湘後來的發展奠定了一個堅實的基礎。而在這其中起著穿針引線作用的人就是喬毅夫。

川軍敗退以後，北洋軍閥直系梟雄吳佩孚（時任兩湖巡閱使）改任孫傳芳為長江上游總司令，負責辦理善後事宜。此時戰事雖已停止，但社會各方深恐川鄂軍隊再次兵刃相見，呼籲和平的聲音不絕於耳。孫傳芳順水推舟，給劉湘發了封電報，請劉派代表到湖北宜昌議和。經過慎重考慮，劉湘派出了擅長言辭、外交本領頗佳的喬毅夫前往。

沒想到孫傳芳和喬毅夫一見如故，交談十分契合，當場便達成了四條和平協議，後來經過充實修改，成為七條和平協議。孫傳芳託喬毅夫帶話，願意與劉湘長結盟好，劉湘聽說後異常高興，此後便安排喬毅夫常年駐在宜昌，加強與孫傳芳的聯絡。

孫傳芳手下有個幕僚叫陳席珍，浙江寧波人，早年經商，後改為從政，成為孫傳芳的幕客。喬毅夫在宜昌期間，和陳席珍結拜成了盟兄弟，兩人在一起無話不談。後來，在喬、陳的牽引下，孫傳芳和劉湘也結拜成了盟兄弟。雙方約定，如果孫傳芳遭受攻擊，劉湘出兵支援；如果四川發生戰爭，孫傳芳也以兵力和械彈援助劉湘。後來，劉湘不僅向漢陽兵工廠購買武器彈藥，受到孫傳芳的格外照顧，還通過孫傳芳結識了湖北督軍蕭耀南，在蕭督軍的支持下，劉湘在漢口設立了辦事處，駐漢代表自然非喬毅夫莫屬。這對以後劉湘政治上的發展，起到了極為有利的作用。

鐘體乾（一八七九～一九六二），字筠友，四川成都人。早年曾留學日本士官學校，一九〇六年回四川，在四川陸軍弁目隊和四川陸軍速成學堂任教官。辛亥革命後，應日本士官學校同期同學閻錫山之邀，赴山西任高級幕僚。以後又到北洋政府陸軍部任職。張斯可到北京為劉湘援引俊傑，因早年的師生關係，經常到鐘體乾家請教。鐘體乾年歲稍長，又在山西大軍閥閻錫山手下當過幕僚，官場經驗豐富老道，再複雜的事情到了他手裡也能迎刃而解。一九二四年，鐘體乾回川後，便一直在劉湘幕中襄助，劉湘統一四川出任主席，鐘體乾任成都市市長。建國後，鐘體乾任四川省人民政府副省長，一九六二年在成都病逝。

劉湘早年的幕僚成員中，還有一位比較特殊的人物。

此人俗名叫龔緝熙（一八八六～一九六七），即著名高僧能海法師，四川綿竹人。其父是古董商人，在成都開有一家古董鋪。能海法師幼年時，其父送他到成都北門大街鐘姓綢緞店當學徒，這家綢緞店的少東家是鐘體乾、鐘體道，與龔緝熙相處融洽。一九〇六年，龔緝熙考入四川陸軍弁目隊，後來又轉入四川陸軍速成學堂，和劉湘、楊森等人成為同學。

龔緝熙青少年時期比較熱心於政治，在陸軍速成學堂讀書時，就加入了同盟會。陸軍速成學堂畢業後，在川軍中擔任下級軍官。辛亥革命前後，他被任命為川軍第四鎮管帶（營長），駐防成都。一個偶然的機緣，改變了他一生的道路。一九一四年，龔緝熙在成都提督街三義廟聽到佛源法師講經，聽後大受啟發，慧根萌動，醉心不已，一連聽了三天後，遂拜在佛源法師名下為弟子，從此開始認真研習佛法。

龔緝熙由一名軍官驟然變為佛門弟子，據說與他的家庭生活有關。龔的原配夫人莊氏，和龔緝熙感情篤厚，卻因一場重病香消玉殞，使得龔緝熙極度傷感。一遇到「五蘊皆空，度一切苦厄」的佛家妙旨，便豁然開朗。龔緝熙既皈依了佛門，又是軍人的身分，內心的矛盾和痛苦可想而知。一九二〇年，龔緝熙不願再帶兵打仗，遂來找到劉湘，述說了他的苦惱。劉湘沉思片刻，提出了一個建議，讓龔緝熙擔任他的顧問，到北京等地辦理相關外交事務。龔緝熙一聽，覺得不失為一個好主意，欣然領命。從此，龔緝熙以劉湘顧問的身分經常奔波於北京、天津、上海、武漢、重慶之間，並且還去了一趟日本。

回到國內，龔緝熙求佛心更加迫切，每聞寺院鐘聲，輒動出家之念。他將自己的這種心情與劉湘交流，劉湘表示理解，並支持他去走求佛之路。龔緝熙又將這個念頭對他姐姐說了，他姐姐以他婚後僅有一女，龔家無後為由而不許。龔緝熙只好暫緩其事，以待機緣。但是龔緝熙仍然辭去了劉湘處的外務顧問，專心致志在成都少城公園辦「佛經流通處」。

後來，龔緝熙的續弦有了身孕，翌年生下一子，取名龔述成。一九二四年春正月，兒子滿月後，他在成都文殊院剃度出家，取法名「能海」。這一年他三十九歲。引領師是法光老和尚，傳戒和尚是新都寶光寺的貫一老和尚。因此，能海剃度後即到寶光寺去接受貫一老和尚傳授的戒律，此後又到康定跑馬山的喇嘛廟裡住了三年，潛心學習藏文藏語。

聽說能海要到西藏去學法，劉湘表示極力支持，饋贈給他十多萬元經費，又派人護衛能海到了拉薩，拜在著名大喇嘛康薩仁晴門下為弟子，在藏學習佛法長達十年之久。當時的西藏僧眾，對於肉食均很隨便，而能海法師卻始終堅持吃素，當地僧眾驚歎道：「能海法師一點肉星也不沾，簡直是個活佛。」

一九三六年，能海法師離開西藏，取道尼泊爾、印度，乘海輪繞道上海到達四川。回川後，即就成都石羊場附近的近慈寺加以修繕，開辦了內地第一個密宗道場。國內各寺院僧人聞訊前來學習者眾多，如他的弟子中普超、妙輪、仁修、隆蓮等著名僧尼，就是當時前來聽經而結識的。

一九五〇年初，為和平解放西藏，能海法師派了能懂藏文的弟子隨軍進藏，承擔翻譯及與藏方人員接洽工作。一九五一年十月，能海法師作為特邀代表參加了全國政治協商會議，一九五二年十月赴京出席中國佛教協會籌備會議，次年中國佛教協會成立，能海任副會長。

一九六六年文革爆發，紅衛兵開始上山，除對僧人進行批鬥外，還宣佈僧人回鄉，寺廟解散。能海法師認為大願難滿，再住無益，即於一九六七年元旦清晨，端坐而化。終年八十一歲。

奇才管家劉航琛

劉湘升遷高位之後，帶的兵多了，管的事多了，身邊雲集的高級幕僚多了，需要的銀兩也多了，那筆巨大的財政開支經常使他感到頭痛。

這時候王陵基向劉湘推薦了劉航琛。

劉航琛（一八九六～一九七五），四川瀘縣人。其父劉子休是一個天主教徒，也是一名商人，繼承祖輩的基業在瀘縣開有「愛人堂」藥店和酒廠，躋身於當地富商之列。劉家財富龐大但人丁單薄，為使子女將來平安享受榮華富貴，祖輩立下了一條家規：子孫不許做官。

劉家不許子孫做官的道理似乎也很充足。他們認為，做官之人卑躬屈膝，俯仰由人，不是理想的生活方式。只要有錢，不做官同樣也會有幸福的一生。家規之外，劉家還有一系列附則，比如，家中生下一個男孩，由「愛人堂」撥出一千兩銀子，存在店內，給予月息一分五厘的高利息；生了女孩撥給五百兩銀子，亦存在店內享受高利息。到子女滿二十歲時，男孩可得本息三點二兩，女孩可得本息一點六兩。這樣一來，子孫便可終生豐衣足食，不必為謀求一官半職仰人鼻息，看人臉色。

這一家規後來給劉航琛帶來了很大的影響。

劉航琛十八歲時結婚，完成了他人生的第一樁大事。妻子叫李世芹，是瀘州富豪、中孚公司董事長李春潭的女兒，也是一個才女。婚後第二年，劉航琛考入北京大學。他不僅帶著新婚不久的嬌妻赴京陪讀，還帶了書僮、保姆、廚子等一大幫傭人，在學生宿舍旁邊租了幾間私房，舒舒服服地過起了少爺大學生的生活。劉航琛還十分迷戀賭博，其寓所裡經常牌友滿座，吆六喝九，麻將聲不斷，常作長夜之賭，非至散場不離。除此之外，劉航琛對北京八大胡同也興趣濃厚，隔三差五邀約朋友和幾個紅粉女子品茶唱曲，吟詩作聯。但是到了考試的時候，這個平時似乎沉淪於吃喝玩樂的劉大公子卻又名列前茅。

著名經濟學家馬寅初當時在北京大學開設有「貨幣學」課程，平時經常缺課的劉航琛對這門功課情有獨鍾，逢此課必到。但是，馬寅初對這個學生卻有點頭痛，在他的課堂上，劉航琛特別喜歡舉手發言，經常愛挑牛角尖，鬧得馬寅初每次上課前都要認真準備。多年以後，劉航琛的長女劉敬容也成為馬寅初的學生，馬老曾以開玩笑的口吻對劉敬容說：「你爸爸當年上課愛挑眼，我看見他來上課就傷腦筋。」

八年的北京大學生活，開闊了劉航琛的視野，也為他以後在財政、金融方面大展才幹奠定了堅定的基礎。到了晚年，劉航琛仍充滿感情地回憶道：「北京大學八年，是我平生最歡樂、最充實的時光，是我人生最重要的轉捩點。」

一九二六年農曆九月初八，是劉航琛的三十歲生日。幾個瀘州的商界朋友在重慶有名的川東番菜館為他擺了一桌盛宴，慶賀他的生日。可是，小壽星劉航琛卻沒有心情。

原來，幾天前，四川公署新成立了「機制酒類徵稅處」，由但懋辛的參謀長兼任副官長王旭東之兄王用九任處長。王用九上任後，給劉航琛的「愛人堂」酒廠送來一紙公文，說「愛人堂」產銷的各種土酒皆為玻璃瓶裝，且裝璜精美，應該按洋酒稅制繳稅。粗略一算，每年需要多徵收稅金紋銀二十多萬兩。

看著這張措辭生硬的公文，劉航琛氣憤不已，第二天便來到「機制酒類徵稅處」，理直氣壯地說：「我收到貴處的公文後，專門查了一下材料，按照北洋政府的有關條例，只有三種酒才屬於洋酒徵稅範圍：第一，外國運華之洋酒；第二，外國人在華製造的洋酒；第三，華人仿造的洋酒。『愛人堂』生產的百花酒，與上述三項風馬牛不相及，不該按此例繳稅。」

誰知劉航琛剛申訴後不幾天，有一天去店堂，發現情況異常。門口交叉貼著一個大封條，店中一片狼藉，櫥櫃裡的各種瓶裝酒被砸得稀爛，滿地遍撒著玻璃碎片和濃濃的酒味。一個被打得鼻青臉腫的夥計向他哭訴道：「少爺，尹經理被他們抓走了，關在巴縣大牢裡，是死是活還不知道。」

劉航琛萬萬沒有料到事情竟會是如此結局。

第二天清晨，劉航琛就去找他的老同學巴縣縣長何北衡。聽了劉航琛的講述，何北衡歎了口氣，說他愛莫能助，不能放人。何北衡擺的理由也很充足：「人不是我抓的，是機制酒類徵稅處抓了人，寄監在我這兒的，我哪有放人的權利？」

劉航琛頹然坐在凳子上，不知道下一步該怎麼辦。

「不過，還有個辦法。」何北衡問：「你認識王陵基嗎？」

劉航琛點點頭，回答說：「認識是認識，可是並沒有什麼交情。」

何北衡沉吟片刻，說道：「這樣吧，我去幫你說說，眼下只有求他出面了。」

幾天後，劉航琛來問結果，何北衡神秘地一笑，說道：「王陵基託我問你一句話。」

劉航琛問：「什麼話？」

何北衡慢慢說道：「王師長很欣賞你這位北大的高才生，問你願不願意幫他的忙，去他那兒做事，機構隨你挑。」

一九二七年，劉湘委派心腹王陵基兼任銅元局局長，對王寄予厚望。但是王陵基帶兵打仗還可以，投資理財卻是門外漢，短短一年多時間，帳上的銀兩非但未見增加，反而鬧得虧累不堪，一塌糊塗。

這樣的結局大大出乎劉航琛的意外：「這個……我得想想。」過了兩天，劉航琛來向何北衡回話，答應了王陵基的邀請。通過這場酒稅風波，他想清楚了一個道理：只有錢財，沒有政治勢力作靠山，同樣也要受人欺負。

劉航琛一到任，就幫助王陵基辦了件漂亮事。

原來，聽說辦報紙賺錢，王陵基也趕潮流，在重慶辦了家《大中華日報》，可是由於經營不善，月月虧損，職工發不出工資，人人怨聲載道。王陵基請劉航琛出面整頓，劉航琛問王陵基有什麼要求，王陵基搖晃著腦袋說：「你只要今後莫向我要錢就行了。」

結果，三天後，劉航琛就變戲法似地拿了張四萬五千的銀票，交給了王陵基。王陵基不相信這是真的，問他錢從何來？劉航琛詳細地講述了事情經過，王陵基才恍然大悟。當初報社創辦時，劉湘就答應每月補貼經費兩千元，而報社原任的社長竟不知道有此事。劉航琛只須一查帳，就發現了這筆款子共有六萬三千元，於是，除了給職工發齊工資外，還剩下了這張四萬五千元的銀票。

這件事，給王陵基留下了深刻的印象：劉航琛做事精細，並且靠得住。幫助整頓報社成功後，王陵基又提出請他幫助整頓銅元局。為此，王陵基還專門辦了一桌宴席，推心置腹地對劉航琛說道：「隨便哪個來做銅元局局長都發財，偏偏我來做卻賠本，已經虧損了四十五萬兩銀子了。」

王陵基請劉航琛幫助整頓銅元局，給他三個月時間。劉航琛想了想，提出了兩個條件：第一，必須全權交給他銅元局的大權，且王陵基平時不要過問銅元局的事情；第二，王陵基在銅元局的所有親朋好友一律要服從劉航琛的指揮。王陵基自然滿口答應。

劉航琛到職後，仍沿用收舊銅元鑄新銅元的辦法，不同的是，把市面上流通的當二百文的銅元以大改小，改鑄成「新二百文」，體積減小，重量減輕，貨幣市值相對提高。由此迅速由虧損轉為盈利，深得王陵基賞識。

此時，劉湘的部隊改編為國民革命軍第二十一軍，為了擴充武力，爭奪地盤，急需要大量軍費。而當時劉湘的財政支出異常緊張，常常入不敷出，負債達八九百萬元，負責籌辦經費的財政人員一籌莫展，劉湘為此也焦急萬分。於是後來在這麼一種背景下，王陵基推薦了理財奇才劉航琛。

時間是民國十八年（一九二九）元月中旬，劉湘約請劉航琛到督辦署談話。除了表示對劉航琛的欣賞以及對其工作成績的肯定外，還聘請他擔任四川善後督辦公署財政處副處長一職，並稱不用到署辦公，只需掛名即可，意在進一步加深兩人間的幕僚關係。

過了幾個月，劉湘再次約請劉航琛到辦公室談話，這次是讓他出任財政處處長。劉航琛以資淺力薄，不堪勝任為由推辭，劉湘沉默一會，擯退左右，態度誠懇地對劉航琛說：「我請你擔任財政處長，並非是請你來作官，乃是請你來共事業。應該做的事業，能力有餘自然順理成章做去，如能力稍嫌不足，亦應盡力為之，做到成功為止。」劉湘的話感動了劉航琛。接著，劉湘又向劉航琛坦誠心跡，推心置腹：「我們所共的事業就是統一四川。因為自民國六年（一九一七）以來，四川督軍署就無力負擔川軍軍餉，下令各軍就地籌餉，以後遂形成割據的局面。近年來群雄競爭，此起彼伏，此進彼退，毫無統一的跡象，老百姓的痛苦與日俱增。我隨時都在希望有個人出來完成統一四川的局面，對於國家民眾都是非常有利的事。但是等了十二年，仍沒有人來做這件事。因此我想，我應該當仁不讓，盡力為之。此即我心目中的事業。如果你認為值得從事，我極端歡迎你來與我共事。」劉湘這番話，說得劉航琛熱血沸騰，當即點頭稱是，遂決定追隨劉湘，共同奮鬥。

在二人這次單獨的談話中，除對有關財政的事權與責任問題加以區分澄清外，劉航琛還提出了兩點要求：一是劉湘不對財務事宜下手令（即不批條子）；二是執行預算不受任何牽制。兩點要求的中心內容是放權。劉湘十分爽快地答應了。多年後劉航琛回憶說：「自此日起，直到民國二十七年（一九三八）甫澄先生病逝漢口時止，前後將及十年間，賓主相處甚歡，因為甫澄先生始終恪守諾言，他不干涉我幹任何事與如何辦事，也從來未真正下過一張動支財務款項的手令。像這樣信任不疑，徹底授權的情形，在中國官場上可說是難能可貴的。」[6]

劉航琛承辦二十一軍財政，一變過去強索硬派的軍閥式掠奪方法，從捐稅、發公債、發行鈔票等方面入手解決。上任不久，便在重慶成立了稅捐總局，請劉湘兼任總辦，既使二十一軍各部屬不敢恣意藏留稅款，又把當時關卡林立名目繁多的苛捐雜稅合併稽征，受到了較為普遍的歡迎。有人將劉航琛的這一做法稱為「苛而不擾」。

劉航琛當上二十一軍財政處長後不久，發生了兩件事，使他名聲大振，不僅令金融界人士刮目相看，也讓軍政界人士對他再也不敢小看。

第一件事是擋回劉湘的手令。

一天，一個小科員拿著一張條子來找劉航琛支款。劉航琛一看，紙條上寫著「支政委會八萬元」，落款處雖然寫著劉湘的名字，旁邊的括弧裡卻注明「李大鈞代」。李大鈞是公署政務委員會副主任委員，劉湘是主任委員，這種在劉湘應允下代他寫的條子，從來都被視同劉湘手令，暢通無阻。

但是到了劉航琛這裡，他不僅沒有支款，還順手把那張紙條撕得粉碎。

李大鈞聽到這個消息，氣得臉色發青，拍桌子罵娘。他去找劉湘告狀，劉湘為了安撫他，二話沒說，拿出一張紙，同樣寫下了「支政委會八萬元」幾個字，並且端端正正地簽上了自己的名字。

6 周開慶編著《民國劉甫澄先生年譜》，第3～4頁。

李大鈞親自拿著這張條子來找劉航琛支款。劉航琛看過紙條，沒說什麼，也去找劉湘。見面的第一句話便是：「軍長，你少寫了一張條子。」劉湘感到莫名其妙。劉航琛接著說：「你少寫了一張免我職的條子。」劉湘怔住了：「這個……」劉航琛說，按照當初的約定，劉湘對劉航琛只有罷免權和槍斃權，其他財政事務一概由劉航琛自己作主。

這件事情最後的處理結果是，八萬元的款子沒有支付，由劉湘另外寫了張「前令作廢」的條子，將兩張條子釘在一起，以保今後備查。這件事情發生後，劉湘也引以為訓，後來再也沒有下過此類手令。

劉航琛做的第二件事是催取還款。

為了應付劉湘越來越大的軍費開支，劉航琛曾經大舉借債，向劉湘防區內的工商、金融大戶借款。按歷來老規矩，所謂「借」無非是個幌子，如同「肉包子打狗」一般，那些老闆和店主們也都知道這個潛規則，借出去的錢從來沒有指望要還。但是劉航琛卻破壞了這個潛規則，借款時間到期後，在大門口張貼公告，催促借款的老闆店家們快來兌現，有人沒有主動前來兌現的，劉航琛便派人上門去催。如此做法，很快在工商、金融大戶中間贏得了好名聲，商戶們感慨地說：「軍隊借錢還興還啵？真是稀奇事情。」從此，只要是劉航琛開口提出借錢，商戶們便會紛紛解囊相助。劉湘日益繁多的軍費開支，如果換了其他人，肯定是樁十分頭痛的事，然而在劉航琛手下卻輕鬆地被化解了。

一九三五年，劉航琛在劉湘的支持下，成功競選當上了四川省財政廳長，兼任四川省銀行總經理。他放手整頓四川財政，開辦了「財訓班」，培植了一批親信骨幹，派往全省各地財稅機關，掌控了四川全省的財政。

一九三八年一月，劉湘出川抗戰，死在漢口，由另一個大軍閥王纘緒代理四川省政府主席。劉航琛是劉湘集團的總管家，在處理財政事務時對王纘緒多有得罪，王纘緒以前只能忍氣吞聲，一旦大權在握，自然拿他開刀。藉口清查財政廳帳目的名義，突擊查了幾天帳，「問題」很快浮出水面，於是緊急下令逮捕劉航琛。幸虧劉航琛耳目眾多，提前打探到了消息，連夜乘船經漢口轉道去了香港，才躲過了一場大禍。

此後劉航琛雖說財運還算旺盛，宦途卻是多難。一九四九年十月，他攜帶家眷出走香港，收羅了原民生公司飄流在海上的輪船，打起民生公司的招牌，自任總經理。經營不久後又把公司轉到了臺灣，因為得罪了蔣介石——當年民國代總統李宗仁從香港逃往美國時，曾寫了張手令，從劉航琛掌管的經濟部取走了四十萬美金的公款。蔣介石與李宗仁積怨太深，李宗仁逃往美國後，滿腔怒火轉嫁到了劉航琛身上，認為劉航琛為李提供款項是協同叛國——蔣藉口劉航琛經濟事務交待不清，下令逮捕懲辦。多虧了何應欽、張群等國民黨內的高官說情，才被取保釋放。

劉航琛生性貪戀女色，尤其是他發跡之後，更是一發而不可收。他的部屬都知道劉航琛好這一口，以至於他每到一地辦事，其部屬為他準備的「節目」中，都少不了女色這一項。即便如此，劉航琛對女人的態度仍然有自己的道德底線，從不染指良家婦女，哪怕是寡婦也不碰。他經常掛在嘴邊的一句話是：「非賣品不能碰。做皮肉生意則是另一回事，男女雙方各得其所，誰也不欠誰的。」

他一生共結過三次婚。

第一個妻子是李世芹，前邊已經有所敘述。

第二個妻子名叫陳玉英，又名陳二，是漢口的一個名妓。此女豔麗美貌，膚色微黑，又被人喚作「黑牡丹」。娶陳玉英時劉航琛剛剛榮升四川省財政廳長，腰包裡漲鼓鼓的，在他看來，這位既會跳舞又善交際的摩登女郎堪稱尤物，於是花鉅款為她贖身，不久便帶回了重慶。沒料到劉航琛的母親是虔誠的天主教徒，見兒子帶回一個風塵女子，堅決不予承認，以保護兒媳婦李世芹的唯一合法地位。劉航琛只好「金屋藏嬌」，另外買了一幢別墅，把這只金絲鳥兒養了起來。這個陳二也非常精明能幹，後來隨劉航琛到了上海，與人合夥做起珠寶生意，大發了一筆。一九四八年，合夥人捲款潛逃印度加爾各答，陳二的上百萬美金被洗劫一空。經受不了這個沉重打擊的陳二，吞食安眠藥自殺了。

劉航琛娶的第三個妻子叫俞雪麗，是解放前上海著名的交際花。陳二在上海自殺後，劉航琛的朋友顧家棠當了一回紅娘，將俞雪麗介紹給他。然而，此後不久，身為經濟部長的劉航琛被蔣介石逮捕法辦，他身邊的部屬和下人們作鳥獸散，俞雪麗也悄然離開了這個家。對於一輩子愛在女人身上用情的劉航琛來說，這個打擊無疑是十分沉重的。

一九七五年九月二十九日，劉航琛走完了他最後的人生歷程，在臺北市中華開放醫院逝世，時年八十歲。他生前留下了一部口述實錄，書名叫《戎幕半生》[7]，敘述了他跟隨劉湘辦理財政的一些情況，是研究四川軍閥的寶貴史料。

話說「劉甫婆」

四川軍閥有很多桃色舊聞。儘管在辛亥革命後，民國政府明文規定實行一夫一妻制，但是這對掌控重權、稱霸一方的四川軍閥們來說，起不到半點約束作用。比如說劉文輝，就先後娶了三個妻子。這還算是生活作風比較檢點的。另一個大軍閥楊森，共娶妻妾十二名，子女達四十三人之多，讓人瞠目結舌。

在家庭方面，劉湘私生活檢點，作風嚴肅。

劉湘的夫人姓周，名叫周玉書，家庭出身貧寒，是大邑鄉下一位農民兼裁縫的女兒。據說，周玉書剛嫁到劉家時並不叫這個名字，人們稱呼她為「周氏」，後來劉湘發跡了，覺得自己的太太沒

7 臺灣文海出版社1989年出版。

有個名字不好，才請幕僚甘典夔給她取了個「玉書」的芳名。稍後，又根據民國《民法》規定的「妻冠以夫姓」，將其名字改成了「劉周玉書」。不過，這個洋派的名字並沒有多少人叫過，因劉湘字甫澄，他成了「四川王」後，被人稱作「甫公」，妻以夫貴，劉周玉書也被人喊作了「甫婆」，久而久之，她的真實姓名反倒沒有人叫了。

劉甫婆比劉湘大三歲。俗話說，女大三，抱金磚。劉湘娶了這個女人，確實為家庭瑣事少操了不少心。劉甫婆生性勤勞肯做，又十分節省，在劉湘早年出外求學以及當兵打仗的那些日子裡，她一個人支撐門戶，孝敬公婆，撫養兒女，堪稱賢妻良母。劉湘發跡後，將她接到了重慶，她仍然是原先的那個作派，穿件老藍布衫，腦後蓄著個「大粑粑」的髮髻，自己漿衣洗裳，燒茶煮飯，不像其他軍閥太太打扮得妖裡妖氣，動輒呼奴喚婢的。再加上她為人作風潑辣，敢作敢為，因此，劉甫婆成了個讓人敬畏的人物。

劉甫婆賢慧聰穎，善理家政，她對於劉湘的生活，照料得無微不至，但對劉湘的管束也相當嚴厲。她可以允許劉湘吸煙、喝酒、打牌，但絕對不容許劉湘接近女人。對於來到劉家的年輕漂亮的女性，一概採取不歡迎的態度，即使是其他軍官的太太，也不例外。

有一次，劉湘手下新上任的參謀長郭昌明帶著花枝招展的太太，專程前來劉公館拜訪劉夫人，剛一進門，就被劉甫婆來了個下馬威。當時劉甫婆正在院子裡洗衣服，郭昌明上前問道：「大嫂，請問軍長夫人在家嗎？」劉甫婆停下手中的活計，拉扯一下揉皺的衣服，冷著臉說：「你看我像軍長夫人嗎？」又指著郭昌明身後的那個女人，扯起嗓子大聲嚷嚷：「從哪裡哄騙來的一個小婆娘，像個妖精。」幾句話說得郭昌明哭笑不得。據說，郭昌明新娶的妻子回家後和丈夫大吵了一通，要他交待共哄騙了多少女人，並發誓再也不登劉家的大門。

劉甫婆還是個好奇心特別強的女人。劉湘身邊的幕僚都知道她有個醋意十足的毛病，便想方設法搞了一通惡作劇。一次，劉甫婆又躲在門背後偷聽他們議事，幕僚們你一言我一語演開了戲。這個說，軍長最近看上了個女戲子；那個說，軍長準備為那個女戲子買別墅呢。說話的人一個個裝得神秘兮兮，煞有介事的樣子。劉甫婆在門外聽得怒火沖天，猛地闖進大廳，無論見到什麼東西提起就摔，桌上的茶壺、茶杯、花瓶等物被她摔滿一地，又抓起文物擺設和椅子出氣。最後還是師爺甘典夔出面解釋，說大夥是開玩笑的，壓根沒有這回事，劉甫婆依然不依不饒，將在場的幕僚們指著鼻子挨個罵了個遍，才罷干休。

有這樣兇狠的老婆，劉湘在家裡自然成了「粑耳朵」（怕老婆的人）。據說，劉湘手下的軍電務處長王用賓，曾為劉物色了一個秀外慧中的華美女校學生，那些幕僚們也為之撮合，從旁推波助瀾，說得劉湘很有些動心了。但是當女學生得知劉甫婆的脾氣後，無論如何也不肯答應，事情就此黃了。

抗日戰爭爆發後，劉湘率十萬大軍出川抗戰，不料胃病發作，住進了漢口一家德國醫院治療。在此期間，蔣介石授意安排了一名女護士，負責照料劉湘的起居飲食。這名女護士姓陶，老家是安徽宣城人。起初她認真執行國民黨軍統特工頭子戴笠的指令，監視劉湘的一言一行，按時向上級報告。過了段時間，這位單純善良的陶護士竟迷戀上了劉湘，二人朝朝暮暮，難捨難分，大有相見恨晚之慨。可惜劉湘此時已是病入膏肓，他和陶小姐之間的愛情故事，成了生命最後的一曲淒美絕唱。

等劉甫婆乘坐飛機趕到漢口時，劉湘已經盍然長逝。一下飛機，見前來迎接的人胸前清一色戴著小白花，胳臂上纏著黑紗布，心裡已經明白了怎麼回事。到了弔唁大廳，劉甫婆脫下身上的狐皮大衣，一邊哭嚎，一邊用穿著尖頭皮鞋的小腳亂踢，隨手抓起花瓶、茶几和筆墨紙硯到處亂砸，哭鬧著說蔣介石逼死了抗日英雄劉湘，她要去找蔣介石拼命。

陶小姐哭著對劉甫婆說：「夫人，我沒有親人，讓我跟你回四川，服侍少爺小姐一輩子吧。」來漢口之前，劉甫婆對這位陶小姐已有所耳聞，如今見她這麼說，心裡原先的猜想被驗證了。不過，這一次劉甫婆表現出了她從來沒有過的大度，她沒有絲毫責罵陶小姐的意思，甚至還柔聲細語地安慰了幾句，然後吩咐手下人給了陶小姐一筆錢，還清了老公劉湘生前的這筆風流債。

劉湘既死，劉甫婆向蔣介石提出了四個條件：一，讓劉湘之子劉世英、劉世哲繼承他老子的職位，當四川省主席；二，給劉湘修建一個像中山陵那麼大的陵墓；三，辦一所甫澄大學；四，發給喪葬費十萬元，在四川各地輪流開追悼會。劉湘和劉甫婆的大兒子叫劉世英，二兒子叫劉世哲，其時年齡尚小，還在四川甫澄中學讀書。劉甫婆的如意算盤，是想讓這兩個兒子繼承父親的衣缽，繼續做「四川王」。可是蔣介石也不是那麼輕易好對付的，劉甫婆披散著頭髮又哭又鬧，經過一番討價還價，蔣介石終於鬆口，給那兩個小屁孩授予了少將軍銜才算了事。

四川甫澄中學是劉湘生前出資創辦的一所學堂，劉湘對這所現代學堂非常重視，親自擔任學校的董事長，無論是校舍、經費還是師資力量，在當時的成都都是第一流的。曾經請一位叫周虛伯的老先生創作了一首校歌：「昭烈蹕宮丞相祠，蔥蔥郁鬱廬舍傍屋脊。勸學從仕，學季堪追，例比十二儒行，會此五百昌期。文翁邈矣，高振繼之；均平既如，相如為師；望古承昨，養氣隨時。大業能經國，危瞻賴扶持。」如今看來，這首校歌的詞句雖然古奧艱澀，但以鄉賢為號召，激勵後生學子奮發向上報效社會的精神仍值得嘉許。

當時，劉湘有兩個兒子劉世英、劉世哲就在這所學校裡上學。被蔣介石授予少將軍銜後，劉世英、劉世哲經常愛佩帶著一塊金板加一顆金星的少將軍服進出學校，學校裡的同學平時就對這兩個孩子有意見，如今見他們被授予了少將軍銜，心裡更不服氣，在背後議論說：「找個錘子，當老子的是軍閥，當老娘的是吸血鬼，禍國殃民，全靠發國難財。」這些議論被劉世英、劉世哲聽到了，回家向劉甫婆告了一狀。

劉甫婆一聽，氣惱得肺都快要炸了，吩咐來勤務兵趕快安排汽車，立馬趕到甫澄學校，將校長猛訓了一頓，然後通知全校學生停課，全部集中到操場上聽她訓話。劉甫婆沒有什麼文化，說話又帶有濃濃的四川鄉音，一上講臺，開門見山，尖著嗓門幹嚷：「你們天天軍爬、軍爬（軍閥）的，老娘莫非爬了哪個的么妹不成？」一通開場白，說得校長、老師和全場學生們目瞪口呆，劉甫婆停頓一下，喝口水潤了潤嗓子，又接著說：「現在有很多人說老娘發了財，賺了黑心錢，真是豈有此理。古時候的孔聖人就曾經說過，『臨財母狗得，臨難母狗免』（原文為『臨財毋苟得，臨難毋苟免』）既然母狗都可以發財，老娘難道連條母狗都不如？將本求利，做生意賺點錢，又有哪點要不得？老娘如果不賺錢，哪裡來的這所甫澄學校？你們如今倒好，讀書的不好好讀，教書的不好好教，還躲在背後罵起老娘來了。把老娘惹冒了火，把學堂關了，還看你們罵不罵！訓話完結！」

她訓完話，台下一片譁然。劉甫婆沒有什麼文化，又是在氣頭上，說起話來口無遮攔，沒想到她的幾句激憤之詞，卻換來了個不雅的綽號：母狗。——當然，人們只敢在背後議論，當著劉甫婆的面，仍需表現出十二萬分的尊敬。

劉湘的靈柩運到成都後，那些軍政大員郊迎十里，扶柩進城，臨時安放在文殊院內。一時間，鋪天蓋地的輓聯、祭幛堆滿了文殊院附近的幾條街。大出殯的前一天晚上，在寺院內舉行了一場公祭，劉湘昔日的部屬來了不少，有王纘緒、范紹增、潘文華、唐式遵、劉從雲、陳益廷、廖澤、李根固、傅真吾等等二三十人之多，站成兩排，在劉湘靈前俯首肅立。劉甫婆領著兩個「少將」兒子，披麻帶孝，手拿哭喪棒，匍匐在側邊陪祭。

身穿藍布長衫的禮儀先生在誦讀祭文，抑揚頓挫的男中音響徹整個大廳。祭文剛一念完，劉甫婆忽然幾步竄出來，披散著頭髮，拿著一根哭喪棒，朝劉湘昔日那些舊部屬劈頭蓋腦一陣打，一邊打一邊哭訴：「你們這些砍腦殼的，太不爭氣了，把甫公活活整死了，嗚嗚，這下子你們安逸了，可以去升官發財了，嗚嗚，老娘這一家怎麼么台啊……」被她打散的那些將領們個個面面相覷，勸也不是，不勸也不是，不知道如何是好。

正在鬧得不可開交之時，只聽外邊響起了王陵基的聲音：「對不起，對不起，我來晚了。」進了祭悼大廳，一見眼前的情景，心中明白了多半，看到那些挨打的將領們委屈的眼神，王陵基再也憋不住了，走到劉甫婆面前正顏厲色地說：「劉太太，這也鬧得太不成名堂了。俗話說，怪人不知理，知理不怪人，甫公仙逝，大家心裡都很難過，可是這怪得了大家嗎？大家今日來公祭，來的都是客，哪有像這樣待客的？我們是甫公多年的袍澤，大家平時都當兄弟一樣看待，你說，我們能丟下你們一家不管嗎？這樣鬧，傳出去了大家臉上都無光，丟人吶。」

王陵基與劉湘有師生之誼，在劉湘手下當過師長，向來以治兵嚴厲著稱，平時說話也敢仗義執言，因此在四川軍閥中頗有威望。一席話之後，劉甫婆一屁股坐在地上，像個孩子似的嗚嗚咽咽哭了起來。眾將領一個個這才敢上來勸說，有的安慰，有的表忠心，總算平息了一場風波。

生活中的劉甫婆不僅潑辣，而且是個節儉的女人。最初劉湘接她到重慶時，每月只給她一百元零花錢。可是每個月下來，劉甫婆都基本不會動這一百元。到了後來，劉湘在經濟上對她完全放手，所有家庭收入一律都交給她安排。劉甫婆也很會聚財，平時積積攢攢，捨不得用，存下來的錢全部拿去買田地房產。買的太多了，嫌每次寫契約麻煩，就印了許多空白的契約單，每當買田地房產時就填一張了事。

劉湘去世之後，她學會了做生意。買賣糧食，販運煙土，什麼生意賺錢就做什麼，很快成為四川眾人皆知的一個女財神。

劉湘和劉甫婆夫婦共生有三子一女。大兒子劉世英、二兒子劉世哲分別死於戰亂中，只留下了小兒子劉濟殷和女兒劉蔚文。一九四九年秋，劉甫婆攜一子一女離開大陸去了香港，後又從香港移居汶萊。一九七一年，劉甫婆在汶萊去世。其子劉濟殷，畢業於四川大學政治系，後在南洋及美國經商。曾供職於美國洛杉磯一家跨國公司，後成為美籍華裔企業家。濟殷娶妻鄭巧雯，生一女，名秀慧。劉湘之女劉蔚文，畢業於成都華西大學哲學系，夫婿何永林，生兩子一女。長子何應文，次子何應達，女何應蒂。

第三章 叔侄爭霸

劉文輝發跡史上離不開的幾個人

劉文輝十三歲時離家赴成都讀書。送他到省城的是他的大哥劉文淵，字升庭，生於一八七四年，是前清秀才，擔任過四川省諮議局議員。在劉氏家族內部，劉文淵一直是實際上的掌門人，也是劉氏祠堂聲望頗高的族長。

四川省諮議局成立於一九〇九年十月十四日。清朝末年，立憲派呼聲空前高漲，清廷不得不順應民意，在各省成立諮議局。這是以官僚、士紳和社會名流為代表的一個地方民意機構，各省選出來的議長如江蘇省張謇、湖北省湯化龍、四川省蒲殿俊等，大多是立憲派著名人物。各省諮議局的成立，使立憲派獲得了進行合法鬥爭的場所。在清政府制定的《各省諮議局章程》中，對諮議局議員和選秀才資格作了如下規定：「男子須滿二十五歲，曾辦學務或其他公益事業滿三年以上著有成績者，中學或同等學堂以上畢業者，有五千元以上營業資本及不動產者，始有被選舉權。」從這個條款看來，要求確實不低。劉文淵能名列其中，也說明了他當時的社會地位。

辛亥革命後，劉文淵又考入四川省法政學堂。這所學堂始創於一九〇三年，初稱「課吏館」，又稱仕學館，一九〇五年四川總督錫良將其改辦為四川法政學堂，是四川大學法學院的前身。劉文淵從這所學堂畢業後，曾在大足、安岳縣任過知事等職，後來也擔任過四川省高等審判廳廳長。劉文輝是劉家的老么，從小便得到全家人的呵護，作為劉家的老大，劉文淵對老么尤其盡力。

一九一七年，孫中山在廣州發動護法運動。那年夏天，劉文輝從保定軍官學校畢業。劉文輝第一個投奔的是他的同學鄧錫侯。鄧錫侯（一八八九～一九六四），號晉康，四川營山縣人，家庭出身貧寒，八歲喪母，十歲喪父，全靠舅母文氏撫養成人。少年時就讀於鄉間私塾，後被保送到保定陸軍軍官學堂第一期深造。辛亥革命前夕，鄧錫侯結識了一些革命黨人，在這種環境的薰陶下，鄧錫侯尚未從保定軍官學堂畢業，就毅然回四川參加了新軍，在第十七鎮六十五標當教練官和幫帶。劉文輝晚鄧幾屆入學，又規規矩矩讀完了全部課程，等到劉文輝畢業時，鄧錫侯已經升任川軍第二十三軍二師五團團長，駐防在成都市北校場。

對於劉文輝的到來，鄧錫侯表現出了非常的熱情。趁著酒醉話熱說出了想法，要將劉文輝留在自己部下。鄧錫侯是個性情直爽的人，同時又說了他的擔心：「我這兒池子小，不一定能養得了你這條大魚，是留還是去，完全由你自己決定。」劉文輝躊躇片刻，回了句話：「等我先回安仁拜見父母，工作的事以後再從長計議。」其實，他心裡的真實想法是，自己也是從保定軍官學堂畢業的，在大不了幾歲的同學手下幹事有點不光彩。另一方面，畢業前夕大哥劉文淵已經託人給他帶了信，讓他迅速回家，工作之事已有安排。

所謂「安排」，是想讓劉文輝到此時已經發跡的劉湘部下做事。劉文輝在安仁老家休息了幾天，就由大哥劉文淵陪伴趕赴成都，直奔劉湘公館而去。這天，劉湘安排了一頓豐盛的午餐，席間，對這個剛從軍官學堂畢業的小叔讚不絕口。然而出乎意外的是，一談到安排工作之事，劉湘卻將話題轉開了。劉文淵聽得有點不耐煩，單刀直入地問：「小六叔的事，到底安排還是不安排？」此時劉湘也只好實話實說：「不是我不安排，早先我曾立了條規矩，不在軍中安排自家的親戚。如今破了規矩，恐怕有人要說閒話。」劉湘說的是實情，在四川軍閥中，劉湘確實是在這方面做得比較好的一個。

不過，對於小六叔劉文輝的工作，劉湘也早已有所考慮。他不肯把劉文輝安排在自己的部下，當即給川軍第二師師長劉存厚打了個電話，又寫了一封信，讓劉文輝去見劉存厚。就這樣，劉文輝成了劉存厚部下的一名上尉參謀。一畢業就當上了上尉，不能不說是劉存厚的特殊關照，當然其中也少不了劉湘的深情厚意。

對於這一番求職的際遇，劉文輝、劉文淵兄弟間曾有過一次交談。

劉文輝說：「要講真心話，縱然是他（劉湘）留我，我還要考慮考慮，叔侄在一起做事礙手礙腳，不是個味道。你升了官，人家說是抱了粗腿憑路子。我偏要自己去闖，我就不信，勝不過他劉湘。」

劉文淵聽出了他話中的危險信號，擋住了話頭說道：「年少意氣盛，固然也算正常，但是為人謙虛謹慎，更是至關重要，請六弟切記。」

劉文淵帶著劉文輝到了劉存厚那兒。劉存厚滿面春風迎出大門，和劉湘的態度形成了鮮明的對照。劉存厚是晚清派往日本留學的「士官生」，應該說是個見過世面的人物，他對劉文輝的才華十分讚賞，這讓劉文輝感到頗有幾分得意。私下裡和朋友聊天，劉文輝語氣中帶有一絲憤懣，譏笑劉湘有眼無珠，不識人才。這話後來傳到劉湘耳邊，他也只好裝作沒聽見。

劉文輝在劉存厚部下任上尉參謀期間，四川發生了一系列糾纏不清的內戰。如前所述，劉存厚這個軍閥奉行的是「有奶便是娘」那一套，哪個勢力大就跟隨哪個。打來打去，國內政治形勢又是一變，張勳擁護溥儀復辟時，封了劉存厚四川督軍，並授予三等男爵。但是劉存厚沒有高興幾天，隨著孫中山在南方成立軍政府發動北伐，劉存厚被眾人指作復辟派，被唐繼堯領導的靖國軍趕出了四川，逃往陝西去了。

在這種情況下，讓劉文輝再依附於劉存厚已經沒有任何實際意義。於是劉湘又出面援手相助，在詢問了劉文輝的想法後，將這位六叔推薦給川軍駐樂山第八師師長陳洪范。天地混沌，風雲際會，各個軍閥之間都在謀求發展，差的是人才。聽說劉文輝是保定陸軍軍官學堂畢業的，又是劉湘的小六叔，陳洪範做了個順水人情，剛一到任，就任命劉文輝為第二十九團第二營營長。其後五年間，劉文輝的官職一升再升，先是當上了第二十九團團長，然後當上了第一混合旅旅長，直接隸屬於劉湘領導，很快完成了由一名下級軍官到川軍將領的過渡，同時也意味著，劉文輝翅膀硬了，他可以自立門戶了。

事情後來的發展也正是按照這條軌跡進行的。

幾場軍閥混戰打下來，四川出現了封建割據的局面，軍閥們占山為王，各自劃出一片防區，徵糧徵稅，搜刮百姓。劉文輝在外頭混了幾年，對這一套手法已經十分熟悉，帶領部隊馬不停蹄直奔敘府（今宜賓市），發動敘府人掀起了一場驅趕滇、黔軍的運動。中國人固有的家鄉觀念幫了他的忙，敘府人和其他四川人一樣，對那些愛在他們面前指手劃腳的雲南、貴州軍人早已感到深惡痛絕，聽說劉文輝要為四川人撐腰，一時間城內標語傳單滿天飛，遊行隊伍不斷。得民心者得天下，沒用多長時間，劉文輝便牢牢地佔領控制了敘府這塊地盤。

劉文輝在總攬了駐防敘府地區的軍、政、財、文教大權後，為了進一步擴大勢力範圍，開始了至關重要的一著棋：請他的五哥劉文彩出山，來敘府擔任船捐局局長兼四川煙酒公賣第二十分局局長。從此以後，劉文彩成了劉文輝軍事集團的財政總管。

敘府地處川南，管轄十三個縣，是長江起點第一大城，又是雲南、貴州入川交通要道。劉文輝控制敘府後，經過兩年多的經營，便是一片歌舞昇平的景象，恍若太平盛世一般。有一天黃昏，劉文輝站在城外的翠屏山上，凝神環眺滾滾東去的長江，心裡不由得升騰起滿腔得意之情。扼守住了敘府，他就等於佔有了天府四川的半壁江山，這裡正是他今後統一全川的策源地啊！

劉文輝的婚姻和家庭生活

劉文輝十六七歲的時候，由他父親劉公贊作主，為這位在外求學讀書的兒子訂了一門親事。女方姓高，是安仁鎮附近塘場一位土財主的女兒，人長得一般，但符合劉公贊心目中的審美標準，豐乳肥臀，一看就是個能幹活、能生娃兒的女人。那時候劉文輝正為自己的前途操心，夏天學堂放假回家時，他見到了這個女人，心裡並不太願意。但是想到父母之命難違，也不好多說什麼，悻悻地走了。

保定陸軍軍官學堂的前身，是袁世凱擔任直隸總督時創辦的北洋武備學堂，從歷史淵源上講，是清末北洋各軍事學堂的延續和發展。辛亥革命後，袁世凱當上中華民國臨時大總統，其在保定開辦的北洋武備學堂也隨遷北京，同時在原地開辦了保定陸軍軍官學堂。這是一所相當於日本陸軍士官學校的軍事學校，較之以往的中國軍校，保定軍官學堂形成了完整、正規的規章制度。國民黨許多高級軍官都是畢業於這所學校，如蔣介石、陳誠、張群、孫傳芳、李濟深、商震等。

能進入這所學校裡讀書，對於劉文輝來說是人生的一個重要轉折。

保定軍官學堂奉行西方「軍人不得干政」的原則，對學生實行嚴格管理，要將學生塑造成無條件服從命令的職業軍人。學堂裡的學生成分複雜，有的來自南方，受革命思想影響較重；有的從不過問政治，只顧埋頭讀書；有少數滿族權貴的後代，雖然腦後少了根長辮子，思想上仍然是清王朝的遺少；也有出身官僚富豪家庭的學生，受不了學校清規戒律的管束，暗地裡吃喝嫖賭，貪圖享樂。在這麼一種複雜的環境中，劉文輝自重自律，課堂上認真鑽研功課，課餘時間三五成群，或漫步郊外踏青，或集聚靜室討論，日子過得也還愉快。

只是有一件事，在劉文輝心中難於釋然。暑假回家時，父母媒妁之言為他相中的那個小媳婦高氏，成了他的一塊心病。依了父母的意思同高氏結婚吧，確實心有不甘；不依呢，又覺得對不起父母的一片苦心。一九一三年除夕這天，劉文輝和一群同學出外郊遊，回到學校後，心中不知為何空落落的，莫名其妙泛起一陣惆悵。他佇立在窗前沉思了一會，折回來坐到桌前，展開信箋，提筆給父母親寫了一封信：

父母親大人鈞鑒：

今夕何夕，新歲之除夕也，遙望雲天，能不馳慕！

兒來京師，已二年矣，惟見故都城牆雄偉，宮殿壯麗，廟堂宏闊，牌樓諧趣……凡此皆非言語所能狀述。昔讀古文，常以兩都作為佳作，蓋張衡盡述東西兩城之繁華妙景也。如張衡再生得見今之北京城，恐將為其作品羞也。蓋京師之繁華猶十倍於古兩都也。然亦毋庸責彼，時代不同有以至此耳。

蒙雙親憐愛，為聘高氏女，然校規甚嚴，在校不予婚假，故婚期以延緩為宜。

新年臨近，春回大地，至望全家老少，均各安泰，專此恭請福安。

寫完落款和日期，劉文輝把信又從頭到尾看了一遍。第二天，他將這封信寄出去後，心情忽然覺得好了許多。

不過該來的總歸是要來的。不久，劉文輝收到了家裡的回信。回信由大哥劉文淵執筆，除了鼓勵他好好學習，為國效力外，關於與高氏結婚一事，信中轉達了父母的意思：婚姻大事已定，不能當做兒戲，聘禮也早已送到女方家中了，鄉梓鄰里都已知曉，盼望劉文輝能早日回鄉成親，了卻父母親的一樁心願。

一九一四年夏天，劉文輝利用學校假期回到了安仁老家，正式與高氏舉行了婚禮。婚事辦得十分熱鬧，劉文輝是劉公贊家的老么，又是在外讀書的洋學生，鄉親們自然格外看重。劉公贊也慷慨解囊，拿出了平日的積蓄，要把么兒子的婚事辦得風光體面。

這次結婚，劉文輝一共在安仁老家待了十天。

然而這短短的十天，也是劉文輝與高氏之間的全部婚姻生活。

婚禮結束後，劉文輝告別家人和新婚的妻子，回到了保定軍官學堂。這一去就是整整三年，直到一九一七年從保定軍官學堂畢業，劉文輝才重新見到了妻子高氏。可是這時候的高氏，已經失去了早先的光鮮和靈性，像是變了一個人似的，木訥而呆滯。

劉公贊有六個兒子，劉文輝是最小的老六，他娶的妻子高氏，自然是劉家的么媳婦。過去那些大戶人家，有數不清的規矩和繁文縟節，她不僅需要處理好與公爹公婆的關係，還需要處理好與那些妯娌之間的關係。對於一個才十四五歲的小媳婦來說，要處理好這些關係並不是件容易事。另外，丈夫劉文輝與她結婚後，對她的態度始終不冷不熱，每次對她說話總板著一張臉，彷彿是她上輩子的債主，這一切都被妯娌們看在眼裡。何況，劉文輝結婚三年沒有回家一次，顯然是對高氏沒有什麼興趣，這更是使得那些妯娌們看低了這個么媳婦。久而久之，高氏變得越來越呆板。叫她掃地，她經常拿著掃帚站在門口出神；叫她收碗，又往往會將碗碟掉在地上摔碎。隨著時間的推移，她的病情越來越嚴重，等劉文輝從保定軍官學堂畢業時，高氏已經成了個神經輕微錯亂的病人。

劉文輝在劉存厚部下擔任營長後，曾經回過一趟老家，完成了他人生中的另一樁大事：娶了第二位妻子李氏。

這一樁婚事，仍然是其父劉公贊「干預」的結果。眼看著高氏瘋瘋癲癲，劉公贊心中直叫苦，有時候甚至當著高氏的面公開埋怨：「瘟神呀，怎麼把瘟神請到家裡來了？」劉公贊讓長子劉文淵代他寫信，徵詢劉文輝的意見。劉文輝顯然對婚姻喪失了信心，每次回信都是避而不提婚事。後來，終於還是經不住家裡人的軟磨硬泡，總算鬆口答應了一句話：有合適的也行。劉公贊就是等著這句話。收到信後立馬放出口風，劉家老么要再娶媳婦。話一傳出，說親的媒人踏破了劉家門檻，經過一番反覆比較挑選，選定了李某的女兒李氏。

李氏雖然不是出身名門，卻也是個大家閨秀，生得眉清目秀，儀容端莊，且長於女工，能做一手精緻的刺繡活。劉文輝請假回到安仁與她見了一面，心裡有幾分滿意。但是，李氏卻提出了一個條件：她不能和高氏在一起生活。

李氏提出的條件既合情又合理，沒有不答應的理由。經過和家裡的父母、大哥等人商量，決定讓高氏仍然住在安仁劉家，新娶的太太李氏則跟隨劉文輝，在樂山縣城北街租了兩間民房住了下來。也許是劉文輝感覺對第一個妻子高氏有愧，現在娶了新妻，態度變得格外殷勤，每有閒置時間，便教她讀書寫字，不到兩年時間，李氏就已經能夠看懂一些簡單的通知、便條了。劉文輝對李氏的評價比較高：「娘子心靈手巧，應學識字讀書，交際場中，可以出面應酬。」後來還給她取了個名字：李助乾。[1]

一九一九年，劉文輝人生中接連遭遇了幾樁大事。

這年他剛參加驅逐滇軍之戰，一連打了幾個勝仗，正當慶功之時，從老家安仁傳來了父親去世的噩耗。這個消息恍若晴天霹靂，使劉文輝十分悲痛。當時戰鬥正在緊急時刻，不能回家奔喪，劉文輝只好寫了一封信，在這封信中他寫道：「兒文輝奉命參戰，忠也；回家奔喪，孝也；忠孝不能兩全，舍孝取忠，非兒之決裁，實乃形勢所迫。父臥病床，兒既未能親侍湯藥，父瞑目長眠，又未

1 彭迪先、舒國藩主編：《劉文輝史話》，第31頁。

能扶柩入土，人子之罪，無以倫比。」過了三個月，又傳來他母親去世的消息。

也是在這一年，妻子李助乾生下了大女兒劉元愷。但是，自從這次生育後，李太太再也沒有生過孩子。究其原因，是連綿的戰爭期間跟隨劉文輝行軍打仗，帶著未滿月的嬰兒在山路上流離顛簸所致。不僅不能生育，還留下了關節炎、風濕病等一些病症。

「不孝有三，無後為大。」劉文輝和李助乾結婚七年，只生了一個女兒，按照傳統的道德觀念看，沒有兒子等於沒有後代。為此，劉文輝心裡不免有點暗暗著急。或許是李太太看出了劉文輝的心病，找到一個機會，對丈夫推心置腹地說：「自乾，我對不起你。每當看到別的人家那些男娃兒，我就心如刀絞，我不能讓你沒有後代啊。」

劉文輝一邊安慰她，一邊在心裡盤算。其實，他對這件事早已有所打算，幾個月前給遠在安仁老家的大哥寫了封信，談到了自己的苦惱。前不久，已經收到了大哥的回信，說在大邑唐場物色到了一個女子，名叫楊蘊光，日前已託媒人說妥，只等劉文輝抽時間回安仁老家辦理這樁婚事。這個夜晚，劉文輝拿出了大哥的信，將事情的原委給李助乾說了。李助乾心裡像塞堵著一團亂麻，內心充滿了矛盾。面對即將再娶新妻的丈夫，她默然掉下了一顆淚珠。劉文輝替她抹掉了眼淚，撫慰良久。直到李太太點了頭，夫妻倆才安然入睡。

楊蘊光人長得十分清秀，豔麗中透出聰慧，嫵媚中透出精明，有風韻有魅力，又天生是一副大膽潑辣的性格。自從劉文輝將她娶進門後，這位「辣美人」深得寵幸，劉家家庭內部的事務無論大小，全都交給了楊蘊光處理。有時候她連軍務也愛插手，被人訕稱為「半個軍師」。劉文輝手下的部屬有什麼事，往往事先要走她的路子。

有這麼一件事。劉文輝的親信副官楊炳雲早先當過土匪，後被劉文輝收編，因他是袍哥[2]頭子，在江湖上吃得開，劉文輝頗有倚重之處，因此在許多事情上，對他睜一隻眼閉一隻眼，並不怎麼認真。放縱的結果是楊炳雲膽子越來越大。有一次，楊炳雲帶著幾個兵去綁了一個「肥豬」，被綁的「肥豬」名叫白治平，綽號白胖子，是楊森手下師長白駒的三哥，家中極為富有。楊森下野後，其部下也隨之失勢，白胖子便跟著倒楣。綁架那天，偏偏白胖子的辦公處有很多人，見穿著軍裝的楊炳雲公開「綁肥豬」，圍著那輛吉普車不讓走，口口聲聲嚷嚷要去報警。楊炳雲氣急敗壞，從腰間掏出手槍朝天放了幾槍，罵罵咧咧吼道：「格老子的，再不上車斃了你個龜兒子！」不巧的是，這件事正好被前來成都公幹的國民黨要員伍朝樞親眼看見了，心中憤憤不平，第二天便上門來找到劉文輝，責令他派人調查。劉文輝聽後大為光火，當即下令把楊炳雲押往「三軍聯合辦事處」（相當於城防司令部），準備處以極刑。楊炳雲的老婆得知消息後，嚇得魂飛魄散，來向楊蘊光求

---

2 在四川的哥老會成員被稱為袍哥。袍哥會，在某些地區被稱為哥老會，是清末民國時期四川和周邊省份部分相鄰地區盛行的民間幫會。袍哥會與天地會息息相關，發源於晚清，盛行於民國時期，與青幫、洪門為當時的三大民間幫會組織。
辛亥革命之後，它長期成為四川大多數成年男性都直接加入或間接受其控制的公開性組織。袍哥會對四川和重慶社會各方面都有極為重要的影響，這一特點是其他地區未有過的。

情。楊蘊光為難地說：「這件事確實讓軍長面子上難堪，如今人在軍法處，只怕要回來也難，再說也不好開口呀。」楊炳雲的老婆知道楊蘊光有貪財的毛病，忍痛割愛拿著一件價值萬元的稀世珍寶再來求情。楊蘊光見了寶物愛不釋手，不知給劉文輝吹了多少枕邊風，終於把人放了。

為了聚斂錢財，維繫軍閥集團的收支平衡，劉文輝專門有一支販運煙土的軍隊。這支軍隊的頭頭叫鬍子運，名義上掛著塊禁煙處處長的招牌，暗地裡從西康往成都販運煙土。在成都方正街的劉公館裡，專門設有一座煙庫，鑰匙由楊蘊光親自保管，每次到了煙土，也由楊蘊光經手分配，由此可見楊太太在劉家的地位。

劉文彩曾經在安仁為其胞弟劉文輝修建過一座公館，一九四二年春，劉文輝回老家接收房子，楊蘊光陪伴隨行。按照劉文輝的安排，公館的房子分配給二太太李助乾和三太太楊蘊光各一套，楊蘊光特地選定了一套寬暢的院落，自己又不想住，乾脆讓娘家親戚搬進去住了。二太太李助乾分到的那套院落小一點，她情緒上不大愉快，再說一時也用不上，於是這套院落只好託給劉家管田產的一位何姓管事照看。至於那個神經錯亂的大太太高氏，根本就沒列入分配人員的名單上。

有趣的是，楊蘊光分到那套院落後，一直沒有搬進去住過，但卻大興土木，對房子內部進行了一番翻修改造。劉家人私下嘀咕：「費錢費力建了房子送她，她還不滿意呢！」認為楊蘊光如此做使劉家很傷面子，因為改建之前也沒打聲招呼。這話傳到劉文彩耳邊，他笑著對幾位弟兄解釋說：「楊蘊光畢竟是見過大世面的人，眼界自然也高，她看不慣，覺得公館修得土氣，要改建一部分也屬正常。」十幾年後——那已經是建國以後的事了，報紙上將公館內部修建有金庫一事披露出來，劉家的後裔們這才恍然大悟，原來當年楊蘊光改建房子，是在修建地下金庫。從這件事上可以看出，楊蘊光不僅很有斂財手段，其掌管的財富也絕對是不容小瞧的一筆數目。

軍閥們弱肉強食的「魚蝦規則」

唐德剛先生認為：中國近現代史上最糟亂的一段時期，是民國初年的軍閥時期。這個軍閥時期是從袁世凱死亡之後才正式開始的。因為在帝制前，袁氏主政下的北京政府，還勉強是一個可以號令全國的政府，地方軍事頭目還不能目無國家法紀，肆意橫行。袁氏一死，國家癱瘓，全國皆兵，政客縱橫，中國近現代史正式進入一個軍閥時期。所謂「軍閥者」，便是一個軍人擁兵自重，甚或割據一方，在名義上，他還是國家軍政體制上的一個有名分的單位，但是在實際運作上，則是不受政府法令約束、自作自為的獨立王國。在中國的傳統歷史裡，通稱為藩鎮。用句直白的話說，就是地方上的土皇帝。

具體到四川軍閥，這些軍閥們「比較年輕，缺乏外事經驗，遠離中國的革命中心，在地方軍隊中升遷甚早，而且升遷的目的就是為了升官，並不是為了什麼主義。這種狹隘眼界所造成的一個結果，就是堅持頑固的地方主義。他們對個人軍隊和地盤的關心，往往超過他們對整個四川的福利的關心。」[3]

一九二六年前後，劉文輝佔據了以敘府為中心的二十多個縣，實力日漸強大。有句話說，後來的強盜總是比前輩強盜更膽大。作為四川軍閥的後起之秀，劉文輝充分彰顯了軍閥內部「大魚吃小魚，小魚吃蝦米」的弱肉強食的規則，在兼併、收編、挖牆角、擴充武裝實力方面毫不遜色於他的前輩。

當時劉文輝的軍部駐在成都，而從敘府、樂山至成都的通道，則為盤踞在雅安、西昌、彭山、雙流等縣的西康屯墾使劉成勳所遮斷。這就成了劉文輝的一塊心病。

劉成勳（一八八三～一九四五），字禹九，四川大邑縣人。一九〇二年，劉成勳、陳洪範等五個大邑考生考入四川武備學堂，這件事成為轟動地方的一件大事，給年幼的劉湘、劉文輝留下了極為深刻的印象。小時候，劉氏家族的孩子們是把劉成勳當作英雄頂禮膜拜的。劉成勳曾先後當過四川陸軍參謀長、旅長、師長、軍長。一九二二年，他被推舉為四川省臨時省長。

提到劉成勳當臨時省長的過程，也頗有趣。省議員們開會那天，劉成勳事先收買的一夥人喬裝打扮成樵夫模樣，挑著柴草，別著腰刀，分別沿著不同的路線來到省議會大院門口。忽然，後邊有幾個手持木棍的人追趕過來，樵夫們跑進會場，後面手持木棍的人也追進會場，不分青紅皂白一頓

3 ［美］羅伯特・柯白：《四川軍閥與國民政府》，第36頁。

亂打。剎那間，桌椅板凳和門窗玻璃被砸得七零八落，正在開會的議員們不知發生了什麼事，木訥的站著發呆，機靈的拔腿就跑。省議會廳被砸，使議員們認識到劉成勳不好惹，第二天重新召集開會，議員們已經很乖巧了，選舉省長時紛紛投了劉成勳的票。因此，事後有人說，劉成勳的「民選省長」一職，是靠打砸搶得到的。

劉成勳有個綽號叫「劉水漩」。在四川話中，「水漩」有不負責任、老奸巨猾的意思。他長期佔據雅安一帶，為人不講信義，做事像「水漩」一樣圓滑，性情也讓人難以琢磨。據他家祖傳的家譜記載，劉成勳是劉備的後人，平時劉也喜歡以劉備後人自居。遺憾的是，這個自命為劉備後人的人並不是什麼好貨，他在防區內巧立名目，大肆搜刮雜稅、特捐和煙捐，老百姓十分反感。搜刮來的錢財，他首先想的是裝進自己的腰包，對士兵的薪餉經常拖欠，因此部屬也同他離心離德。更要命的是，當時四川邊區經濟困難，糧餉缺乏，劉成勳便下令讓部隊在荒山野嶺開荒種鴉片，如此一來，大多數士兵成了癮君子，軍心渙散，紀律鬆弛，沒有什麼戰鬥力。

一九二六年春夏之交，劉文輝策劃了一齣「夜襲蔡州」的好戲，準備突奪新津、直搗雅安。可惜好戲還沒來得及上演，就被劉成勳偵察得知。他嚴加防範，使劉文輝的行動未能得逞。

第二年年初，聽說劉成勳投靠劉湘，準備組成聯合陣營向「保定系」開刀，劉文輝大為不滿，乾脆撕破臉皮，直接向劉成勳叫板。劉文輝有個幕僚班子叫做「編纂委員會」，網羅了一批政客和文人，作為劉掌控輿論的班底，劉文輝授命這班人起草了一份聲討劉成勳的通電，洋洋二千餘言，在列舉了劉成勳的大量罪行後寫道：「雖不能護革命之幸福，豈能長受軍閥之余殃。應請將誤國誤民、非驢非馬之假革命劉成勳，奪去軍長頭銜，交付人民審判。」[4]

在討伐劉成勳的通電剛剛發出後，馬上就有劉成勳部下第一、二、三師的三個師長劉國孝、陳鳴謙和孫涵見風使舵，被劉文輝分別委以第五、六、七路司令職銜。劉成勳部的邊防軍正副師長羊清泉、賀中強，也被劉文輝委任為川康邊防軍正副司令。其他如三師副師長楊芳毓、旅長敖向榮等，也在一夜之間由劉成勳的部下變成了劉文輝的部下。利用金錢拉攏收買人心，是劉文輝的慣用手段。這一次，他又是做得神不知鬼不覺，部下紛紛倒戈時劉成勳還不知道怎麼回事。還沒有動手，劉成勳的部屬已被肢解，其防地已成了劉文輝的囊中之物。

是年六月初，劉文輝組織三路人馬對劉成勳發動猛烈攻勢。兵臨城下，劉成勳也發了一個通電，電文中說：「勳與輝同鄉共事，自問有德無怨，突來攻擊，其目的何在，索解殊難。」字裡行間透露出的委屈和不解，也讓人有幾分同情。但劉成勳在軍閥中混了那麼久，有個道理他不知是沒弄明白還是裝糊塗，在那個靠武裝實力說話的年代，抓住了槍桿子就得到了天下，人家要打你，是不需要什麼理由的。套用現代的一句話：落後就要挨打。

4 《四川軍閥史料》第四輯，第404頁。

包圍了劉成勳之後，劉文輝給對方打了個電話：「劉軍長，你是老前輩，如今時代不同了，請你打個讓手，我要到雅安來。」雅安是劉成勳的防地，劉文輝在電話中公開攤牌，意思很明瞭，什麼這主義那主義，其實都無甚關係，他要的就是對方的防地。

圍城之中，劉成勳已如驚弓之鳥，只顧自己落荒逃命。逃到滎經縣，他原先的部下羊清泉已經倒戈，城頭變換大王旗，此時也拒絕讓劉進城，劉成勳只好折身再找去處。屋漏偏遇頂風雨，正當狼狽逃命之際，又遇到一群土匪的襲擊，劉成勳僥倖逃脫，面對跟隨的幾十個殘兵敗將，他百般無奈，感歎不已，只好讓部下通電劉文輝，聲稱即日下野。劉文輝接到通電後，嘴角露出勝利者的微笑，通電讓各部「保護禹公回籍」。

劉文輝兼併劉成勳的部隊之前，劉成勳部有槍一萬四千支。經過短短幾個月時間，劉文輝翻手為雲，覆手為雨，迅速將這支人馬收編為手下部屬，他的隊伍再一次壯大了。

而劉成勳下野後，回歸故里大邑縣當了一名寓公。他在銀屏鄉鴛鴦村修建了一座公館，共有房屋二十多間，每天飲酒解悶，越喝酒量越大，據說最多一次能飲三斤瀘州大麯。平時無客人時，便獨坐「望月樓」中靜悟參禪。一九四五年十二月，劉成勳突然中風病死家中，此後，其妻劉太太將全家遷入大邑縣城城隍廟街劉府居住。過了兩三年，劉家失竊，孫中山當年饋贈給劉成勳的三件寶物——象牙寶塔、象牙球和狐皮裘短大衣被盜，案發後劉太太到縣府告狀，縣長將這個情況呈報給時任省政府主席的王陵基，王拍案大怒：「川軍老首長家也遭搶了，這還了得！非查個水落石出不可。」後來縣府查案半年多，也沒有著落。建國後，這三件寶物竟在劉文彩的公館裡查出。據說，是大邑地方的土匪頭子郭保之搶劫後，獻給安仁公益協進社總頭子劉文彩的。歷史的恩怨總是這麼錯綜複雜地糾纏著，讓人欲說還休。

軍閥之間的派系，多是緣於利益關係而結成。即使同一個派系的盟友，也並非鐵板一塊，睡一覺，第二天早晨醒來，便有可能已經轉變成了政敵。比如劉文輝最引以為得意的「保定系」，原是為對抗劉湘、楊森為首的「速成系」而結成的軍事集團，也曾經因爭鬥利益而到了土崩瓦解的邊緣。

「保定系」的幾個代表人物是劉文輝、鄧錫侯、田頌堯。鄧、田兩人中，田頌堯雖說是國民軍第二十九軍軍長，但軍事實力不如劉文輝。因此凡事總得讓著劉文輝幾分。加上此人性格圓滑而平庸，劉文輝便經常取笑他。有一次，田頌堯撣帽子上的灰塵，不慎將帽子掉落在了地上，劉文輝乘機挖苦說：「連帽子都拿不穩，位子只怕也要丟囉。」類似這樣的話聽多了，田頌堯嘴上沒說什麼，心中的鬱悶卻是可想而知的。

矛盾和積怨是一點點增加的。田頌堯控制著四川兵工廠，委派其部下師長王思忠掌管，所造出的武器打算用以擴張自己的部隊。這個王思忠膽子也大，造出的槍彈竟敢不交給軍部，全拿去武裝了自己的隊伍。田頌堯忍無可忍，關了他的禁閉。誰知劉文輝卻乘虛而入，秘密派人前來說服王思忠，將其一個旅的部隊收編到了自己名下，並且派人偷襲兵工廠，搶走了一些槍支彈藥。這種挖牆角的舉動使田頌堯大為光火。過了不久，劉文輝又故技重施，將田頌堯的教導團團長師國禎收編，委為第十三旅旅長。至此，田頌堯與劉文輝的矛盾逐步升級，漸趨表面化了。

恰在此時，劉文輝又因為一件小事得罪了「保定系」的另一位老同學。此人叫余安民，曾當過川軍旅長，後來告別軍旅生涯回溫江老家賦閒。劉文輝和余安民原來關係不錯，但是劉文輝是個倨傲待人的性格，這幾年宦途升遷順利，更是變得躊躇滿志。他在大街上見了老同學余安民，當著眾人的面說道：「你不是在家打醬油嗎？」說人打醬油在四川是看不起對方的意思，正巧余安民家裡也開了一間醬油鋪，余安民認為這是莫大的侮辱，當時扭頭便走，心裡發誓要想辦法整垮劉文輝。

得知劉湘與劉文輝叔侄之間矛盾很深，余安民決定去劉湘處遊說。他給劉湘出的主意是聯合田頌堯對抗劉文輝，並拍著胸膛表態，他願意前往田頌堯部做聯絡工作。劉湘欣然點頭，當面許諾：如果聯田打垮劉文輝成功，便委任余安民為師長，並奉送十萬大洋。

余安民到了田頌堯的駐地，將劉湘的意思添油加醋地一說，田頌堯滿口答應。就像一個裝得滿滿的炸藥桶，現在只差一根導火線了。過了幾天，這根導火線終於被點燃了。劉文輝有個副官叫李全安，原是個袍哥小頭目，打探到田頌堯的隊伍要從成都到綿陽，準備在途中攔劫。這個陰謀傳到田頌堯耳裡，他大發雷霆，咬牙切齒，決心與劉文輝一決雌雄。

雙方爭鬥的焦點是田頌堯掌控的四川兵工廠。一九三二年十月下旬，劉、田兩軍在成都街衢巷口構築工事，雙方摩拳擦掌，又一場惡戰眼看就要開打。成都士紳及社會名流連夜在市商會召開緊急會議，公推曾經當過四川都督的尹昌衡等會晤劉文輝、田頌堯。尹昌衡憤憤地說：「日前已和袞袞諸公議定，避免省會地方糜爛。當時劉文輝、田頌堯滿口表示贊成。言猶在耳，而夜間又大幹起來，置全市民眾生命和財產於不顧，劉、田二氏失信於民，無人格，至於此乎！」尹昌衡親自去找劉文輝、田頌堯，可是剛剛出門，城內槍聲大作，著名的成都巷戰已經打起來了。

戰爭最終以田頌堯的戰敗而告終。見田頌堯處於被動挨打的境地，另一個保定系的人物鄧錫侯出面了。他的角色是和事佬。鄧錫侯出面約請劉、田雙方在他的軍部會面，一手拉著劉文輝，一手拉著田頌堯，說道：「你們兩個都不對，彼此認個錯，以後好生過。來，你們兩個互相鞠個躬！」鞠過躬後，劉文輝臉色變得和悅起來，說道：「我們保定系以後要團結，共同對付劉湘。」田頌堯脾氣倔強，腦子一時半會轉不過彎，不服氣地說：「此次戰事好比一場賭博，我不幸而輸，沒有話說。現在願將部隊交出來，任憑收編。本人自願下野。」

他說這番話並非本意。何況，即便田頌堯願意下野，他的那些悍將驕兵也不會答應。果然，這次「和談」之後一星期，劉、田雙方的軍隊又打了起來。再打的結果還是田頌堯戰敗。田頌堯被圍困在成都北門文殊院寺院裡，彈絕糧盡，他與胞弟田澤孚抱頭痛哭：「天吶，想不到我的事業就此完了。」圍繞在他左右的侍衛為之動容。

田頌堯失敗了，他只能暫時夾起尾巴做人。四川軍閥間的混戰，頭緒眾多且情況複雜，今天的勝者明日也許成敗將，今天的敗將明日也許是勝者。田頌堯像頭受傷的野獸，靜靜地蟄伏在一個角落裡舔著傷口。等到條件一旦成熟，他將東山再起，再為自己的政治利益而戰。而他與劉文輝的關係，也要根據各自的利益經常進行適當調整，沒有永恆的朋友，也沒有永恆的敵人，四川軍閥玩政治就是這麼簡單直接。

劉文輝、田頌堯在成都的這場廝殺，劉軍死六千多人，田軍死四千多人。雙方傷者又有萬餘人。據當時華大社會調查團與紅十字會統計：成都四聖祠、平安橋、衣冠廟、文昌宮等地死亡百姓八千一百四十多人，因戰禍逃走他鄉的難民兩萬七千兩百人。[5]

「四川王」的陸、海、空、神四路縱隊

四川軍閥混戰，長期廝殺，此消彼長，到一九二七年，只有兩大對立的派系最為龐大。一是以劉湘為首的速成系，主要骨幹有楊森、唐式遵、潘文華、王纘緒、王陵基、郭昌明、鮮英等；另一是以劉文輝為首的保定系，主要骨幹有鄧錫侯、田頌堯、向育仁、孫震、陳書農、黃隱、夏首勳、董長安等。

5　肖波、馬宣偉著：《四川軍閥混戰（一九二七～一九三四）》，第243頁。

劉湘據有川東防地，以重慶為根據地，控制長江上游咽喉。他的野心很大，曾經在萬人大會上放出狂言：「中國歷史上四川人沒有出過投鞭黃河，飲馬長江的人物。」言下之意不表自明，他不僅要獨佔四川，還覬覦中原。而要實現這個野心，靠的是軍隊。

劉湘的軍隊，有陸、海、空、神四個軍種，人們稱之為「四路縱隊」。

陸軍：第一師師長唐式遵，第二師師長王纘緒，第三師師長王陵基，第四師師長范紹增，教導師師長潘文華，模範師師長劉湘兼任。還有機關槍司令劉炳勳，工兵司令藍田玉，川東邊防軍第一路司令陳蘭亭，川東邊防軍第二路司令穆瀛洲，川東邊防軍第三路司令魏楷。此外，在重慶臨江門楊家花園有座兵工廠，有三百台機床，三千工人，製造手槍、捷克式機槍和中、小迫擊炮。

而劉湘的軍隊中最有特色的是空軍、海軍和神軍。

一九二九年，劉湘著手籌建空軍。先派吳蜀奇等人到法國購買飛機、學習飛行技術、聘請教官和機械師。一九三一年春天，劉湘的航空司令部在重慶廣陽壩成立，劉自兼空軍司令，委任蔣逵為副司令。

蔣逵，又名蔣正鴻，字雲逵，四川巴縣人。中華民國成立後，蔣逵是袁世凱派往英國學習的第一批飛行員。蔣逵學成歸國後，曾參與過為北洋政府籌建空軍的工作，隨著北洋政府的衰落，他除了幾次「免費空中旅遊」外，似乎什麼也沒有做成，滿腔抱負一直得不到施展。劉湘得知有這麼個人才，便熱情相邀。蔣逵一到四川，即向「四川王」劉湘提出創建海軍、空軍的建議，劉湘拍手稱快，大為讚賞，並對他委以重任——不僅讓他擔任空軍副司令，還在海軍中擔任川江艦隊司令兼「長江」號艦長。

劉湘對新創建的空軍、海軍抱有很高的期望，可是實際效果卻不盡如人意。

一九二九年九月，廣陽壩飛機場破土動工。劉湘調集了一個團的兵力，當年就將這個占地二百畝的機場修好了。所謂「飛機場」，在今天看來很不像個樣子，僅僅只是一個平整了的土壩子而已，只能應急性起降小型飛機。但是在從來沒有見過飛機場的劉湘眼裡，這個土壩子承載了他的太多夢想。剛剛修好，他就迫不及待地從美國購回了一架「華可」型飛機，高薪聘請了德國人亨利進行試飛表演。十分糟糕的是，表演時亨利意外地將炸彈投到了參觀表演的軍隊學員隊伍中，當場炸死炸傷學員一百多人，搞得「四川王」很沒面子。

不過劉湘毫不氣餒，一九三一年春，他又從法國購回一架新式戰鬥機，並選擇了一個黃道吉日進行試飛。不過試飛那天，飛機衝上藍天，在高空中翱翔盤旋了幾圈，劉湘激動得站起來，頻頻朝空中招手致意。正在得意之時，那架飛機拖著一尾白煙，突然在眾目睽睽之下栽了下來，一頭紮進了長江。飛行員王仲榮再也沒有浮出水面。

接連遭遇了兩次失敗，劉湘變得謹慎了些，但是發展川軍空軍的初衷卻並沒有改變。之後，在蔣逵的指導和幫助下，終於試飛成功，劉湘的空軍夢總算成真了。然而成功僅僅只是象徵性的，在實際戰鬥中起不到多少作用，劉湘當時購買的飛機多半都是些過時了的雙翼民用飛機，根本不具備轟炸能力。每次去扔炸彈，都需要士兵們將迫擊炮彈裝進機艙，帶到天上去再用人工投擲。有時候引信失效，迫擊炮彈落在鬆軟的地上，並不能起到轟炸作用，只能在地上砸個坑。四川當時著名的民間詩人劉師亮，有一句打油詩吟誦的就是這個現象：「炸彈落地三尺坑，有人受驚有人笑。」

如果說劉湘的空軍如同兒戲的話，其手下的海軍則更加搞笑。起初，是買的幾艘普通小輪船，四周焊上鐵板作裝甲，再安裝兩門陸軍用的小鋼炮就稱作「軍艦」了。因為船的噸位小，馬力不大，每次打出一炮後，船身都要倒退一大截。如果想要再開炮，還得起錨，調整輪船的位置，停好了再發炮。這樣的「軍艦」其戰鬥力可想而知。而且，這些「軍艦」還愛出機械故障，打起仗來經常「停擺」，不僅不能增加戰鬥力，還往往成為劉湘部隊的包袱。因此所謂「海軍」，也只是一個好聽的名稱而已。

早年留學日本、曾經擔任過《北京晨報》主筆的張必果是劉湘手下的幕僚，曾經寫過一首詩，向長江沿岸的老百姓告示：「好個巴渝大兵船，由渝開萬才七天。一切設備都齊整，外有纖藤兩大圈。若非拉灘打倒退，幾乎蓋過柏木船。佈告沿江船夫子，浪沉兵船要賠錢。」渝指的是重慶，萬指的是萬縣，「由渝到萬才七天」是說這段路程水上航行需要七天時間。最搞笑的是最後一句，過往民船如果浪沉了「軍艦」，那可是要賠錢的哦。

劉湘有志於打造自己的「海軍」，不惜血本投入。他派財務總管劉航琛到南京活動，得到蔣介石的默許和支持，又派蔣逵到上海合興、大中華兩家造船廠，以每艘十五萬銀元的價格訂購了兩艘淺水炮艦，一艘取名為「巴渝」號，另一艘取名為「長江」號。

之後，劉湘仍感到這支海軍隊伍不夠強大，又花二百萬銀元從法國買回了兩艘商輪，可笑的是，這兩艘商輪早已到了「退休年齡」，是即將拆毀的報廢品，竟被劉湘當作寶貝買回四川。他委託蔣逵對兩艘商輪進行改造，在船頭和兩舷包了一層鋼板，在鋼板上鑿開一排排圓窟窿做射擊孔，又在船頭領江台上裝了一門小鋼炮，船尾左右兩側各安裝一挺重機關槍，然後在船頭船尾立上一根桅杆，拉起一排無線電天線。航行在長江上，也還威風凜凜。劉湘興致勃勃，為這兩艘船分別取名「嵯峨」、「修渝」，並將幕僚張必果寫的那首「公告詩」親自加以改造，成了另一首「公告詩」：「嵯峨修渝兩軍艦，從萬到渝走八天。上水不用繩子牽，下水不用掛風帆。洋船走起好風險，碰壞洋船要賠錢。」詩中的所謂「洋船」，即為劉湘改造後的「軍艦」。

圍繞這兩艘法國商輪，還有一些有趣的掌故，從中能夠看出軍閥生活的片斷和細枝微節。比如說，前往法國購買這兩艘商輪時，劉湘派了他的小舅子周成虎（劉周玉書的弟弟）前往洽談，周成虎不願坐汽車，偏要坐「滑杆」，非要把「滑杆」帶到法國，甚至連抬「滑杆」的轎夫也要一起帶去。據說，周成虎在巴黎街頭坐「滑杆」成為當時轟動一時的新聞，法國海軍軍官「滑杆」興趣濃厚，一個個不惜出重金試坐。

「嵯峨」號和「修渝」號軍艦改裝後，除了在長江上下遊弋顯擺威風外，另一個用途就是走私煙土了。至於水上作戰，基本上沒派到什麼用場。後來在與劉文輝開戰時，劉湘曾經派「嵯峨」號從重慶起錨去攻打瀘州，增援陸上部隊。到了瀘州城附近，經過一番調整航向、方位、校準主炮等緊張動作後，艦長下令發炮。結果剛開了幾炮，「軍艦」便連連往後坐，不一會就擱淺到了沙灘上，越陷越深。劉文輝的守城部隊見此情景，立即展開反攻。「嵯峨」號艦長只好讓船員往長江裡扔東西，減輕重量，最後甚至讓水手集中站到船頭，壓得船尾翹起，這才從沙灘中脫險，掉轉船頭狼狽逃竄。

一九三五年，國民黨中央軍入川後，劉湘的海軍撤銷。幾艘軍艦「解甲歸田」，賣給了盧作孚的民生公司做客船。只有「嵯峨」號，劉湘捨不得賣掉，歸附到了國民黨兵工廠之下。抗戰開始後，「嵯峨」號被改成了「建中」號，擔當了部分運送武器彈藥的任務，到了一九五〇年，這艘輪船被移交給瞭望江兵工廠。當時負責接船的技術人員對這艘船作了如下細緻的描述：「船長約三十米，形狀較為獨特，首尾尖細，狹長高聳，活像一頂貝雷帽。前部上層建築為兩層，鋼板焊成，比同樣長短船隻明顯高些，前甲板艙內設有木制長桌，三面是馬蹄狀條凳，可供二十人就坐議事和休息。船舷也較同樣大小船隻高，前部底艙水線上端，靠甲板處，左右兩側各有五個圓洞，可供瞭望、射擊。動力是燃煤蒸汽機，煙囪較一般的高且粗大。整個船塗著黑色，給人第一印象是莫名其妙，不大舒服。」

就是這艘讓人「莫名其妙、不大舒服」的輪船，在後來的幾十年卻又書寫了另一段歷史。建國後十幾年先是拖貨和運載乘客，一九六七年，全國「文革」武鬥進入高潮，「建中」號被重慶造反派重新進行武裝，把望江兵工廠生產的三十七釐米高射炮安裝到船上，溯江而上，來到重慶朝天門碼頭前，對準對方的工事一番狂轟亂炸，釀成了一段震驚全國的重慶海戰歷史。當然這是後話，不過歷史的臍帶卻連接到了四川軍閥。

提到劉湘的「神軍」，自然會想到「劉神仙」。在民國初年的歷史上，「神軍」和「劉神仙」影響深遠，對整個四川的政治、軍事乃至社會都曾發生過不小的作用。

「劉神仙」本名劉從雲，道名白鶴，四川威遠人，生於一八八三年。劉從雲人很聰明，幼年時讀過幾年書，後來跟著一位江湖術士學術數，無論是拆字、看相、算命、卜卦，他都很少砸過鍋。時間一長，聲名鵲起，遠近的官吏、富紳、豪商、袍哥頭子都來拜他，認為此人的法術靈驗。實際上劉從雲是個心機很重的人，據曾跟從過他的道徒蔣尚朴在《劉神仙與四川軍閥》[6]一文中介紹，劉從雲吸引人的最大法寶是「點道作功」：「作功運氣時要從兩腰和肚臍眼中間起，透出喉管，離頂命心衝出來一寸三分高，顯出一條紅線，紅線頂上現出一顆紅珠。無論行走坐臥都要想到這顆紅珠，自然會起變化，而且變化無窮，隨心所欲。但必須嚴守秘密，雖夫妻間也不能洩露。」

所謂「紅線」、「紅珠」，無非是一些幻覺，但是劉從雲為了矇騙更多人，先是訓練了幾十個幫手，在他乩亂降休之時裝模作樣配合，用現在的話說叫做「逗籠子」。隨著時間的推移，「劉神

6　《文史資料選輯》第七輯，160頁。

仙」的影響越來越大，他選擇了一批有點社會名望的道徒，湊成了一百單八將星，其勢力範圍和影響也逐漸擴大。

劉從雲創立的教派叫做孔孟道。到一九二五年，教徒已有一萬多人，分佈在四川威遠、榮縣、內江、富順一帶。在道徒劉沸澄的介紹下，劉湘認識了劉從雲，一番交談之後大為傾心，主動要求加入了孔孟道，道名玉憲。隨即，劉湘又介紹他手下的部屬統統加入孔孟道，並且全都取了道名。潘文華道名玉羽，唐式遵道名玉美，王纘緒道名玉道，王陵基道名玉豹，范紹增道名玉泉，楊森道名玉勇，等等。劉湘不僅要求其部下加入孔孟道，還要求部下絕對服從劉從雲的指揮。有人不解，問劉湘為何迷信神仙，劉湘笑著反問：「你們要那麼多小老婆都可以，我要個神仙都不行？」雖說是玩笑話，也能看出劉湘對劉從雲的喜愛。

一九二九年夏，劉從雲提出要為劉湘建立一支「神軍」，立即得到劉湘的大力支持，電令各部通力合作，共同籌款。有劉湘的號令，部屬們紛紛響應，在很短的時間裡便籌齊了銀元二十三萬多元，指派蔣尚朴、劉曉嵐迅速到上海採購槍械。到一九三一年，神軍擴大到一萬三千多人，劉湘將其改編為模範師，師長劉湘自己兼任，實際上由劉從雲掌控。

於是，在劉湘的軍事會議上，經常會出現荒誕不經的場面：劉湘召開高級軍事會議時，川軍各將領身著戎裝，分坐左右兩排，神仙劉從雲卻穿著拖地長袍，頭戴紅頂瓜皮帽，臉上塗抹幾筆油彩，坐在一幫威嚴的軍人之中，顯得不倫不類。偏偏劉湘迷信至極，每逢劉從雲乩亂之時，便要川軍將領在「劉神仙」面前跪下。軍閥中也有不買帳的，比如有一次楊森就嚷嚷起來：「我媽死了我都沒磕頭，肯定不能給劉從雲跪的。」劉湘手下師長范紹增，每當碰到給劉從雲下跪的場面，他便跪在地上，心裡暗罵：「劉從雲我日你媽！」事後還經常吹噓：「什麼神仙，龜兒子，老子罵他媽他都不知道！」

在後來圍攻川陝紅軍的時候，劉湘讓劉從雲當了軍事委員會的委員長，統一指揮圍剿幾路川軍的戰鬥。進攻打仗前先擺開陣勢做一陣法事，拿乩語當軍令，這樣的仗怎麼打得下去？劉湘手下大多數部將雖然不敢明說，心裡卻窩著一肚子火。老牌軍閥王陵基在發給劉湘的電報中直截了當地說：「鈞座（指劉湘）之命絕對服從，劉妖（劉從雲）之令，誓死反對！」劉湘拿王陵基沒有辦法，不換思想就換人，只好撤了王陵基的職。結果，這次戰役輸得一塌糊塗，許多軍官主張殺劉神仙以謝川人，劉湘想保他也保不住了，無可奈何，只好讓他收拾乩盤走人。一九三五年初，劉湘派人把劉從雲送出了川境，任他繼續去江湖上蒙混。建國後，劉從雲被政府逮捕改造。

「二劉大戰」的導火線

在四川軍閥的牌局中，劉文輝很會審時度勢，先是攀附劉湘站穩位置，然後又靠「保定系」這張牌贏了個「大胡」，軍事實力直線攀升，政治地位扶搖直上，很快就超過了鄧錫侯、田頌堯等人，成為和劉湘並駕齊驅的川中軍界大人物。二劉各自擁有重兵十餘萬人，都想獨攬權力，雙方互不買帳，彼此的關係逐漸由合作走向對抗。

「二劉大戰」前，劉文輝以二百萬銀元的鉅資從國外購買了飛機，拆散分裝在五金箱內，從上海運往成都。途經萬縣時，被劉湘手下師長王陵基扣留。對這件事，劉文輝感到十分惱火，決定親自前往重慶與劉湘交涉。然而到重慶後，不巧正趕上劉湘喪母，藉口這個原由，頭兩天劉湘躲著沒同劉文輝見面。從輩分上說，劉文輝是劉湘的小六叔，他直接闖到劉湘家中，明裡是奔喪，實際內容是與劉湘談交易。劉湘灰頭土面，一臉的無辜和茫然，聲稱母親新喪，情緒低落，對劉文輝所說的飛機被扣留一事不太清楚，他對這位小六叔說：「這是王靈官（王陵基的綽號）搞的，你直接去找他。」劉文輝去找王陵基，王又躲起來避而不見。無奈之下只好折回頭再找劉湘，劉湘連連搖頭推託，說等辦完母親的喪事再來處理。

這麼一來二去，劉文輝早已不耐煩了，便伺機還以顏色，暗中以鉅資收買劉湘所部師長范紹增和藍文彬。挖牆角是劉文輝的拿手好戲，但是這一次演砸了鍋，他分別向兩位師長送了二十萬銀元的賄款，不料事機不密，不知怎麼走漏了風聲，被劉湘知道了。劉湘不動聲色叫來范紹增，問劉文輝最近來重慶，他可有什麼收穫？范紹增人稱范哈兒，是電視劇《哈兒師長》中的主角原型人物，雖說沒有什麼文化，腦袋瓜子卻特別機靈，聽劉湘這麼問，心知已經露餡，「撲通」一聲跪在地上，連聲說：「我有錯，我有錯。」接著將劉文輝收買他的經過添油加醋說了一通，立馬要回家去取賄款上交。劉湘攔住了他，笑著說道：「這筆錢既然送你了，你就拿去花吧。」范紹增一愣，站在那兒不敢動彈，他看劉湘的臉色和語氣都不像是在說反話，一顆心這才落定了。這之後，范紹增果然拿著這筆賄款，帶著他一生中最為鍾情女人十七姨太，到燈紅酒綠的上海去玩了一趟，盡情享樂，並與上海灘巨頭杜月笙等人打得火熱。有好事者將其編撰成《十七姨太外傳》，轟動坊間。

另一位受賄者藍文彬可就沒有這麼好的運氣。開始幾天，劉湘還在等藍文彬自覺坦白，主動交待。結果他卻沒來，這讓劉湘失望。幾天後，劉湘打了個電話，通知藍文彬來談話。一進門，首先看到的是幾個荷槍實彈的士兵，虎視眈眈地盯著他，看見這個架式，藍文彬心裡已經明白了，只好低下頭任憑處置。劉湘歎了口氣說：「我等了你幾天，可你就是一直不來，現在也晚了。」說著吩咐手下侍衛摘掉藍文彬的手槍，宣佈免除他的職務，並以「販賣毒品」、「破壞法令」的罪名將他收監，由座上賓變成了階下囚。

最後點燃「二劉大戰」導火線的，是劉文輝所倚重的五哥劉文彩。

劉文彩知道了劉文輝與劉湘的紛爭後，大罵劉湘不是東西，小侄竟然爬到叔子頭上撒尿。他是個地痞流氓式的人物，所能想到的解決辦法，無外乎也是地痞流氓的方式。他召集了安仁鄉楊德壽、鄭松廷等幾個混混，經過一番秘密策劃，決定出一筆錢，通過劉湘部下手槍大隊長劉樹成的關係，潛入劉公館後花園中，對劉湘施行暗殺行動。

劉文彩無異於是異想天開。劉湘早已不是當年趕車販穀的那個土老帽，如今他出出進進，身邊都跟著一大溜警衛，即使想見一面也不容易，要攏身更是困難。劉文彩派出的楊德壽、鄭松廷等五個鄉村小混混有的藏在假山背後，有的趴在樹上，在劉湘的後花園裡躲了幾天，又凍又餓，實在受不了了，想出去找點吃的。剛一露面，就被警衛員抓住了。送到審訊室訊問，小混混們起初還挺堅強，一問三不知，然而經不住軟硬兼施，終於還是把暗殺劉湘的計畫合盤托出，並且編造了個謊言，說是劉湘的心腹親信劉樹成放他們進來的。

聽說是劉樹成放殺手潛進花園的，劉湘氣得說不出話來。叫來劉樹成問話，劉樹成既感到冤枉，又覺得莫名其妙，他實在不知道其中內情，更不清楚這幾個老鄉是來殺劉湘的殺手。為了洗清自己，劉樹成要把楊德壽、鄭松廷等幾個小混混拖出去斃了。劉湘搖了搖頭，低聲說：「把他們送回安仁，交劉文彩處理吧。」就這樣，五個刺客被禮貌地送回了安仁。

叔侄之間的衝突升級：從文戲到武戲

劉文輝到重慶時的身分是四川省政府主席。他帶著一連手槍兵以及一大幫幕僚，從成都經隆昌、瀘州，轉乘輪船順江而下，威風凜凜抵達重慶。見過劉湘之後，便讓手下幕僚積極活動重慶新聞界媒體，銀子是少不了的，那個年代的媒體記者也需要收了紅包才能提供有償服務。在重慶士紳歡迎省主席劉文輝的招待會上，劉文輝上臺侃侃而談，提出了一大套建設新四川的綱領性意見，隨後話鋒一轉，說現在四川最根本的問題是必須實行行政、財政、稅收、糧政的統一，重新編遣軍隊，打破防區，要求各軍通力合作，在省政府的領導下建設新四川。洋洋一個多小時的演講，其言下之意重點在於最後幾句話：在省政府的領導下——也即在省政府主席劉文輝的領導下。重慶的報刊早已被劉文輝用銀元收買了，此時完全成了劉主席的留聲機，按照他定下的調子，大吹特吹四川的統一和新生活。吹吹彈彈的一場文戲，搞得一直坐鎮重慶的劉湘很被動。

劉湘展開的反擊是「文戲武唱」。他授意其手下心腹師長唐式遵，在川軍中聯絡了九十四位師、旅長以上級別的將領，於一九三二年十月十二日向全省發了一個《治川綱要十六條》的通電，在敘述了一通「四川久無政府，各軍均不相上下，派系貽害地方至大，冗軍應按比例裁減，軍民財政徹底公開」的言論之後，重點提出「如有私心自用，欲囊括四川，造成獨有軍隊，及本綱要意旨違反者實行聲討之」[7]。這個通電，實際上相當於一份宣戰檄文。

緊接著七天後，以唐式遵為首的九十四位川軍將領又發出了一個自告電，措詞更加嚴厲，語調更加不留情面：「獨有主席兼二十四軍軍長劉文輝，重權輕義，素性猜狠。在個人非載福之器，在國家非任重之材。」[8]自告電鋒芒直指劉文輝，稱他為四川「禍根」，必欲除之而後快。劉湘的

7　肖波、馬宣偉：《四川軍閥混戰》（一九二七～一九三四），第206～208頁。
8　肖波、馬宣偉：《四川軍閥混戰》（一九二七～一九三四），第206～208頁。

「文戲武唱」，不僅在四川省軍政界引起了激烈反應，連劉文輝部下的官兵也為之感到震懾。

兩份電文，使劉文輝顏面掃地，處境尷尬。他以叔父的身分給劉湘發了一封電報，拿腔扭調地說：近日聽到許多傳言，重慶軍隊要向成都攻擊，並已開始行動。主其事者，吾侄也；被攻擊者，文輝也。一時間，世人為之驚詫，百姓惶惶不安，擔心大禍將至。各方勸阻文電如今已紛至遝來，希望吾侄能明辨是理，回頭是岸。如果一意孤行，文輝也將會為民請願，揮戈迎戰，還以顏色，不然吾侄恐怕會認為文輝膽怯也。

文戲演不下去了，就換作了武戲。劉湘用他的陸、海、空、神四路縱隊圍攻瀘州，效果不佳。正當苦惱之際，其部下潘文華前來獻計，採取孫悟空鑽進鐵扇公主肚皮的辦法，通過「袍哥情誼」策反。讓他手下的禮字袍哥周瑞麟進城，策動劉文輝部下的禮字袍哥汪傑、李宗璜倒戈，裡應外合，拿下瀘州。劉湘認為這個辦法可行，於是令周瑞麟悄然進城洽談。

汪傑和李宗璜都是團長，屬旅長楊尚周管轄。袍哥出身的人，舊川軍中，很多軍人都是袍哥出身，既擔任軍中職務，又擔任袍哥職務，經常出現軍事對立的雙方卻是同一袍哥組織的情況，他們特別講哥們義氣，但是一旦翻起臉來也會六親不認。經過周瑞麟的策反工作，汪傑和李宗璜開出的條件是：擊斃旅長楊尚周、田冠五後，兩人要升為旅長，合編為一個師，推舉大袍哥頭子陳蘭亭為師長。周瑞麟從瀘州城潛出，向劉湘報告了談判結果。劉湘皺著眉頭想了一會，制止說：「我們大家都是帶兵的，如果團長打死旅長，便升旅長，這個兵誰還敢帶？將來又何以服眾？此例無論如何不能開。」按劉湘的意思，只需要汪傑和李宗璜脫離劉文輝，把兵帶過來就行了。

有了內應，劉湘底氣更足，放心大膽地進攻瀘州。沒過幾天，旅長楊尚周支撐不住了，致函劉湘說道：「尚周此次守城，實非所願。連日來，我部傷亡連長兩名，士兵數百，瀘縣縣長也在大炮中喪身，三十名傷亡的縣府官吏送到本部，擺放在大廳裡，哭聲震天，慘不忍睹。茲代表全城百姓，懇請貴軍少施攻擊。」

這個類似求饒信的公函，多少在劉湘這兒起了點作用。四川軍閥長期混戰的遊戲規則是，只要對方俯首稱臣，一般也不會趕盡殺絕。十月二十三日，這場歷時二十九天的瀘州攻防戰結束。劉湘進城後，令楊尚周旅移駐富順，田冠五旅移駐田壩，進行整頓改編。

二劉之間的最後一場決戰，是在四川榮縣、威遠一帶展開的。

據《四川軍閥史》載：「一九三二年十二月四日，二劉榮威大戰在寶馬場打響。十二月十日，戰鬥全面展開，劉文輝投入七萬兵力，劉湘亦出動五萬人馬。劉文輝部一開始就發動凌厲的攻勢。劉文輝指揮冷寅東、陳鴻文兩師反攻榮縣、威遠，雙方麇集三萬以上兵力，激戰五天，共戰死官兵三千餘人。接著，陳鴻文師在仁（壽）榮（縣）、仁（壽）威（遠）道上之寶興場、松峰場，將劉湘部王纘緒、范紹增兩師擊潰，並乘勝將范部追至威遠。劉湘部唐式遵師由井研向仁壽進攻，與劉文輝部冷寅東師遭遇，激戰三天亦退至榮縣之雙台壝。」[9]

劉湘處於全線失利狀態，他立即採取了三項緊急措施。第一，派人持他的親筆信去向劉文輝求和；第二，致電鄧錫侯、田頌堯等，請求支援；第三，加緊對劉文輝部將的分化拉攏，爭取讓堡壘先從內部攻破。

劉文輝部第九旅旅長陳萬仞，原是川軍舊將劉成勳的部下。劉文輝打敗劉成勳後，對其部隊進行收編，陳萬仞（一八八五～一九六二），字鳴謙，四川仁壽人。早年曾入四川武備學堂讀書，後赴日本留學，一九〇五年在日本加入同盟會。回川後任四川新軍隊官，曾經擔任過四川都督府顧問。如此一個老資格的軍人，在劉文輝部下卻倍受冷落，由於劉文輝對陳不信任，將陳從暫編師長縮編為旅長。這且不說，又將陳萬仞手下的兩個團長李玉書、趙佩三提拔為旅長，與陳萬仞平起平坐，陳大有「虎落平陽」之感慨。不僅如此，劉文輝還時時處處對陳萬仞掣肘刁難，派其親信鄧銘樞在陳萬仞部下當團長，實際上是對陳進行監督。陳萬仞終於到了忍無可忍的地步，將部隊拉到楊森的防區資中金帶鋪，然後對外發了個通電，宣稱「脫離戰爭漩渦，以維川局」。

劉湘聞訊大為振奮。他約請陳萬仞在內江見面，第一句話便問：「陳老師，你怎麼發了這麼個電報？」陳萬仞在四川速成學堂當隊長時，劉湘還是學生，對這位老前輩自然要尊重。陳萬仞苦笑

9 匡珊吉、楊光彥主編：《四川軍閥史》，第286頁。

一聲，反問道：「劉督辦，我不發這麼個電報怎麼辦？莫非你要我發一個向你投降的電報？」劉湘神情閃過一絲尷尬，又問：「陳老師以後準備怎麼辦？」陳萬仞說：「以後怎麼辦，那就要問劉督辦了。」幾句簡短的對白後，剩下的事兩個人就都心照不宣了。

按照劉湘的安排，準備讓陳萬仞擔任四川陸軍暫編第二師師長。陳萬仞問：「為什麼叫暫編？第一師又是誰？」劉湘解釋說，以前與劉文輝和其他友軍有約定，大家誰也不能私自收編部隊，如果有誰的部眾來投奔，一律以暫編的名義。至於第一師師長，已由余安民擔任。陳萬仞想了想說：「如果是暫編的名義，我不能接受。」劉湘性情比較寬厚，再說陳萬仞又是老前輩，因此請教他說：「那老師覺得以什麼名義好？」陳萬仞問劉湘的二十一軍一共有幾個師，劉湘回答說有四個師，陳萬仞說：「那我的部隊應該是第五師。」劉湘考慮片刻，最終還是答應下來。至於剩下的事，他自有辦法去處理。

此後，陳萬仞始終跟隨劉湘，在出川抗戰時被提升為二十一軍軍長，繼而升任第二十三集團軍副總司令。抗戰勝利後，陳萬仞退役在上海經商，一九四九年任成都在鄉軍官聯誼會會長，同年十一月任西南第一路游擊總司令部副總司令，十二月二十八日在成都起義。建國後，陳萬仞任成都市政協委員，民革四川省副主席。

陳萬仞是骨牌中的第一塊牌。陳的倒戈，將劉文輝部一些隱藏的矛盾暴露出來，如同一排大浪打來，沉渣浮起。

接連幾場戰役，第一混成旅旅長王元虎作戰勇猛，擊潰了劉湘的主力，立了大功。為表彰這員虎將，劉文輝將他提拔為師長。這一來，另一個旅長陳能芬不高興了，喝了幾杯酒，借著酒勁來找劉文輝，迎面第一句話便是：「王元虎能當師長，我也能當！」劉文輝一愣，連忙請進屋子裡溫言安慰，陳能芬雖說是文人出身，但帶兵打仗確實很有一套本領，手下部屬沒人不服氣的。何況，另外一個叫陳鴻文的師長也站出來說話，力挺陳能芬當師長。劉文輝只好點頭同意，讓陳能芬也當了師長。

王元虎和陳能芬都是四川陸軍軍官學堂畢業的學生，這些人被稱為川軍中的「軍官系」。劉文輝部軍官的主要成份，是以「保定系」為主，「軍官系」為輔，忽然一下子提拔了兩個「軍官系」的人當師長，「保定系」的軍官們自然不會服氣。其中張清平、林雲根、唐英、鄧和、林海坡、佘中英等人都已跟隨劉文輝多年，他們的編制仍然是一般的師旅，而新近從羅澤洲部倒戈過來的「軍官系」旅長陳鴻文、王元虎、陳能芬卻後來居上。「保定系」的軍官們認為這是枝大於葉，本末倒置。

思想上鬧情緒，打起仗來就不會太賣命。有的仗，他們甚至不願意打。比如說，與「保定系」出身的田頌堯、鄧錫侯之間的兩場戰爭，有人就消極怠慢，認為是自相殘殺。部隊內部這些潛伏的矛盾，後來終於成為導致劉文輝失敗的重要因素。

劉文輝既要與劉湘對抗，又要防備鄧錫侯、田頌堯倒向劉湘，因此感到身心疲憊。軍閥就像牆頭草，風一吹來兩邊倒，見劉湘的勢力大了，鄧錫侯、田頌堯最後還是選擇了劉湘。這樣一來，劉文輝更是感到內外受敵，四面楚歌。

劉文輝部下幾個「保定系」出身的師長張清平、林雲根等，與同是「保定系」出身的鄧錫侯聯絡，在新都三河場開了個協商會議。在會上他們議定：鄧錫侯、田頌堯可以在二劉大戰中保持中立，但是有個條件，由劉文輝讓出崇慶、溫江兩縣，劃為鄧錫侯的防區。另外，鄧錫侯、田頌堯的軍隊重新回到成都。會議上還秘密形成了另一套方案：即如果劉文輝不同意前一種方案，該軍「保定系」同學則通電脫離劉部，擁夏首勳為軍長，強行逼迫劉文輝率親信部隊退駐西康。

從新都三河場開會返回成都後，張靖平、林雲根向劉文輝彙報會議協商經過。兩份條約都裝在林雲根的口袋裡，在掏條約時，林雲根誤將那份秘密簽訂的條約掏出遞給了劉文輝。劉文輝一看，臉色頓時變了。林雲根這才發覺有誤，趕緊再掏出另一份條約遞上。劉文輝看罷連連搖頭，癱坐在椅子上，疊聲說道：「不說了，不說了，這還有什麼說的呢？」

第二天，劉文輝召集部屬在西禦街劉公館裡開會。他在會上痛哭流涕，感慨道：「十幾年締造艱難，如斯結局，真令人痛心。」在坐的軍官面面相覷，不知道說什麼好。

終於還是有人打破了僵局。打破僵局的是「軍官系」的師長張清平，只聽他小聲抱怨道：「我們的頭不會開車，把車開到泥坑裡陷起了。」參謀長張秉升猛地一下站起來說：「這個時候，說這樣的尖酸話頂屁用？讀聖賢書，所學何事？現在是該大家出力的時候。」另一個「軍官系」的師長林雲根一拍桌子，大聲吼道：「天天喊打仗，又不肯出錢，這個仗怎麼打？」一來二去，氣氛頓時緊張起來，空氣中充滿了火藥味，劉文輝帶著哭腔說：「我們都是多年的老同事，這個時候鬧得這樣子不和，讓人傷心啊。」

一九三三年七月八日，劉文輝通電辭去四川省主席職。

但是劉湘並沒有就此甘休。劉湘的目的，是要將劉文輝趕出四川，徹底斬斷後患。劉湘效法蔣介石「攘外必先安內」的口號，提出了「先安川後剿共」的主張。由劉湘牽頭，聯合川中各軍閥組成了一支軍隊，命名為「安川軍」，共同對付劉文輝。

劉文輝預感到末日即將來臨，惶惶不可終日。其侄劉元瑭看到劉文輝整天愁眉不展，私下召集團長以下的軍官們開會，在會上劉元瑭說道：「現在軍長行將下野，我們應當同其始終，依我的想法，何妨趁此機會大幹他媽的一場！如果環境再惡化，我們就打出紅軍的旗子，我來當川南紅軍總司令，你們人人見官升一級，連長升營長，營長升團長，團長升師長。」此時正是人心混亂的時刻，劉元瑭的講話贏得了一片掌聲。

劉元瑭不僅這麼講，而且準備就這麼實施，按他的想法，只要擁護那個決定的，團長營長各獎一萬元，連長排長各獎三千元。計畫報告到劉文輝處，挨了劉文輝的一頓臭罵：「混帳！你去冒充紅軍，不是自尋死路？」

這個時候的劉文輝也是一籌莫展。他聽從手下幾個人的規勸，去求助神靈保佑。在一個寺廟裡，劉文輝卜了一卦，卦上有兩首詩，其一是：「船到江心浪拍天，羨君飛渡得平安；這次飛舟渡河去，前途還有十八難。」劉文輝念到這裡，已感到前程不妙，凶多吉少。接著再看第二首：「一喜不成喜，一喜已成空。若遇稻草人，禍起蕭牆中。」也就是說，劉文輝的災禍與一個姓名中有草字頭的人有關。他身邊的軍官和幕僚們紛紛猜測，不知這個草字頭的人是誰。猜來猜去，覺得師長陳鴻文比較危險。陳鴻文號光藻，「藻」字正好是草字頭，而且此人又是軍閥羅澤洲的舊部。劉文輝立即下令，讓他的乾兒子、旅長石肇武密切監視陳鴻文部，不許有絲毫閃失。

事也湊巧，導致劉文輝最後失敗的這個人，姓名果然與草字頭有關。不過這人並不是他們猜疑的陳鴻文，而是另一個叫葉青蓮的河防營營長。此人的「葉」姓和後一個「蓮」字都是草字頭。戰鬥進行到最激烈的時刻，葉青蓮率部投誠，岷江防線忽然開了一個缺口，鄧錫侯的軍隊搶渡過江，劉文輝的守軍驚慌潰敗。等劉文輝知道這一切為時已晚了。兵敗如山倒，望著潰不成軍的黑壓壓的士兵，劉文輝來不及一聲歎息，帶著幾個侍衛兵慌忙走上了逃亡之路。大半天的趕路，累得他疲憊不堪，走到名山縣百丈驛鎮時，已經餓得走不動了，侍衛兵好不容易在農民家找了幾個雞蛋，煮熟了給劉文輝充饑，這才稍稍緩過了一口氣。

關於「二劉大戰」造成的損失，前邊第一章已經簡略提到。這是四川軍閥四百多次戰爭中規模最大，時間最長的一次混戰，也是最後的一次混戰。戰爭持續了近一年時間，雙方死傷人數六萬人左右，耗資五千多萬元。至於老百姓的生命財產損失，則難以數計。

戰爭的結局是劉文輝退駐西康，去西康經營他的獨立王國。此後劉文輝與西康省的關係密不可分，從二十世紀三〇年代籌建西康省，到建國後西康省撤銷，完全從版圖上消失，他始終是這個神秘省份的主要參與者和見證人。劉湘則登上了「四川霸主」的寶座。

四川軍閥之間走馬燈似地換坐位，很難說清楚誰是誰非，誰好誰壞，有這麼一個故事也許能準確說明這個問題。當劉湘部下王纘緒以戰勝者的姿態進駐嘉定城時，該縣士紳張燈結綵，張貼標語歡迎。王纘緒指著貼在城牆上的一條「歡迎劉督辦統一四川」的標語，問身邊那些歡迎的士紳：「這是你們的意思嗎？」士紳摸不著頭腦，不敢吭聲。王纘緒繼續說：「你們以為劉湘又是什麼好東西？他和劉文輝都是一根雞巴上日出來的！」[10]這句話雖說粗俗，但闡述的道理卻很精闢，且這話出自劉湘部下王纘緒之口，確實是很耐人尋味的。

「多寶道人」的乾兒子石肇武

劉文輝有個綽號叫「多寶道人」。多寶道人本是神話小說《封神演義》中的一個人物，位列通

10 參見肖波、馬宣偉著：《四川軍閥混戰（一九二七～一九三四）》，第290頁。

天教主四大弟子之首，道行高深，無人能敵。此人寶器隨身，法力無邊，可以隨心所欲地應付各種複雜場面。用在劉文輝身上也比較準確，劉文輝點子特多，智謀過人，心機極重，變法層出。這個綽號還有個意思，是說他在對外聯絡關係上善於搞多角外交，廣結良緣，只要對自己有利的就會不遺餘力地去聯誼。

「多寶道人」劉文輝有個臭名昭著的乾兒子。

這人叫石肇武，出生於四川屏山縣石角營。這個地方有個神奇的傳說：太平天國翼王石達開臨死之前，物色了一個相貌和他相似的人，在安順場頂替他出面，而真正的石達開則悄然遁走，落戶在石角營，娶妻生子，傳宗接代。這當然只是一個傳說而已，隱含著許多老百姓期望石達開復活的願望。但是這個傳說越傳越遠，以至於很多人認為真有其事。

石肇武的父親是石角營鎮上一家鴉片煙館的老闆，生下石肇武後，從小管教不嚴，到處惹禍，雖說長得眉目清秀，卻對讀書毫無興趣，倒是對殺人放火一類的事興趣濃厚。一九二一年，劉文輝率部駐紮屏山，這個十三四歲的孩子死活纏著要當兵。劉文輝考了他幾個問題，石肇武對答如流。他的那股子機靈勁當場贏得了劉文輝的喜愛，很想把他留下來當勤務兵。石肇武從小在人堆裡混大的，見什麼人說什麼話，特別會來事，每逢進出劉公館，見了劉文輝最喜愛的三夫人楊蘊光，就會滿臉堆笑地叫一聲「乾媽」。如此乾媽長乾媽短地叫了一段時間，楊蘊光也越來越喜歡這個機靈鬼，乾脆同劉文輝商量，收了石肇武做乾兒子。再以後，石肇武更是人前人後叫起了「乾爸」、

「乾媽」。於是有人給他取了個綽號：石千歲。

隨著劉文輝的不斷升遷，石千歲也從勤務兵當上了二十四軍十二團的團長。人一當官，就會有人來拍馬屁。石肇武部下有個師爺叫吳用九，自稱懂得醫卜星相，有一天壓低聲音神秘地對石肇武說：「從相法上看，石團長根基不淺，一定是將門之種，貴不可言。」石肇武聽得興奮起來，準備了一桌好菜，非要吳師爺幫他好好看看相。經過一番認真探究之後，吳師爺得出了結論：石肇武是太平天國翼王石達開的嫡親孫子！石肇武一聽，像只氣球一下被吹得膨脹了，從此更加自命不凡。他吩咐吳師爺專程去了一趟屏山，搜集彙編有關資料，整理出了一本「石氏家譜」，翻印出來後四處送人。

石肇武除了一心想升官外，另一個最大的愛好是女色。如果哪個女子被他看中，無論是花重金，還是公開搶劫，只要能弄到手，他都會不擇手段。因此人們又送了他一個外號「花花太歲」。石肇武經常出入於妓院娼寮，為爭妓女打架鬥毆的事時有發生。有一次，石肇武看中怡紅館的名妓金小翠，不巧邊防軍一位姓李的旅長也看中金小翠，兩人為名妓爭風吃醋，大打出手，甚至掏出了手槍要決一雌雄。幸虧妓館老鴇出面勸阻，才沒有發生流血事件。另一次，石肇武在妓館泡妞，一泡就是整整一天，期間有別的嫖客要來叫這個當紅妓女的「條子」，一概被他攔了回去。妓館老鴇親自來說情，石肇武喝酒正在興頭上，蠻橫地說：「要走，得先喝三碗酒，她不能喝，你代她喝。」說著斟了滿滿三碗酒，足足有一斤多，硬朝老鴇嘴裡灌，把這個久經酒場的老女人醉得從樓上滾到了樓下，石肇武開心得連連拍手，在一旁哈哈大笑，這才脫身而去。

石肇武膽子特別大，什麼樣的女子都敢上。田頌堯部下有個陳旅長，家中有女初長成，是正值豆蔻年華的美少女。川軍軍人為了聯絡感情，經常舉辦一些招待會，軍人們有時候也帶家眷參加。陳旅長的千金小姐在招待會上露了個面，就被石肇武看上了，死皮賴臉地非要纏著陳小姐交朋友。陳小姐早已聽說過這位「花花太歲」的惡名，自然拒絕，石肇武「癡情」不改，讓司機拉他到女子學堂門口接陳小姐，送她回家的路上，石肇武強行使蠻動野，陳小姐嚇得不行，回家告訴了她父親，陳旅長氣憤不過，跑到上司田頌堯處告狀。田頌堯苦笑著搖頭，將這件事原原本本對劉文輝說了，劉文輝叫來「乾兒子」石肇武，狠狠一頓臭罵，掏出手槍往桌上一拍：「若是再去糾纏人家，老子一槍崩了你！」

有一次，石肇武身穿絲綢長衫，頭戴禮帽，臉上掛著一幅墨鏡，坐在一輛敞篷車上，在成都大街上招搖過市。他的身旁，簇擁著兩個妖豔的女子。敞篷車經過春熙路商業街時，路邊有個乞丐躲閃不及，被汽車撞翻在地，血流遍地，當場喪命。石肇武見狀，一時慌了神，該踩剎車的卻踏錯了油車，敞篷車橫衝直撞，又將另一個賣湯圓的小販撞倒，也是氣絕身亡。欠下了兩條人命，石肇武並沒有當一回事，匆匆下車看了看，又重新坐上駕駛座，吹著口哨揚長而去。現場有位記者路見不平，將此事寫成報導刊登在報紙上。最後此事不僅沒個結果，記者還莫名其妙地遭到了一頓毒打。

成都第一女子中學，是當時四川唯一的一所女子學校，因此，官宦、軍閥以及富紳人家的千金，紛紛被送到這所學校來讀書。這所學校有朵校花叫胡曼仙，父親是成都有名的藥商，胡曼仙長得清純，端莊，一穿上白色上衣和碎花長裙，背後一根長長的辮子，更加顯得楚楚動人。這個美麗的女生被如狼似虎的石肇武看上了，便備了幾十抬盒的禮物親自送去胡家。一踏進胡家門檻，見到胡曼仙的父親就自認女婿大叫岳父，胡家感到莫名其妙，等聽清楚了原由又為之大傷腦筋。對這個花花惡少胡家早已有所耳聞，哪有將女兒往火坑裡推的道理？胡父剛剛有點想要拒絕的意思，石肇武板著鐵青色的臉，惡狠狠地說道：「莫要敬酒不吃吃罰酒，你女兒嫁也得嫁，不嫁也得嫁！」

石肇武說完，帶著幾個侍衛走了，留下胡家一家人在那裡乾著急。石肇武不僅惡名在外，而且家裡還有幾個老婆，女兒如果真嫁過去，也只能當姨太太。但是，如果不嫁，又怕石肇武真的動武亂來。萬般無奈之下，只有選擇早點將女兒嫁出去了事。當天胡父便託人打聽，要搞拉郎配，找個稍微合適的女婿趕緊嫁掉女兒。最後打聽到川軍田頌堯部下師長曾南夫，有個弟弟叫曾還九，年齡二十出頭，還比較般配，儘管女兒胡曼仙一百個不願意，在這個時候也只能聽父親的了。

胡家託人做媒，以閃電速度迅速完成了這樁婚事。不過校花胡曼仙的這樁婚姻後來也還算幸福。兩人倉促結婚後，為躲避石肇武的追逼，乘海輪去了法國，在巴黎留學讀書。數年後這對夫婦才敢回國。曾還九有志於教育，曾擔任成都南熏中學校長，與著名國畫大師張大千等名流交情深厚。

當年的胡曼仙事件鬧得滿城風雨，據說，成都第一女中的師生曾發動罷課，並且事件被捅到了成都的《新新新聞》報上，一時輿論譁然。旅外川人紛紛抗議，要求劉文輝嚴懲石肇武。劉文輝平時對這個乾兒子百般呵護，此時礙於輿論，也只好輕描淡寫地訓斥了幾句。

多行不義必自斃。一九三三年，劉文輝失敗後，由成都逃往西康，其乾兒子石肇武擔任警衛旅旅長。逃到邛崍縣時，追擊部隊楊家鈺部忽然進城，當時石肇武等人還正躺在煙榻上抽鴉片，聽說有情況，迅速抽身逃跑，可是已經來不及了，門外到處擠滿了士兵。慌亂之中石肇武躲進一間民宅，被幾個士兵發現，喝令出來。石肇武舉著雙手站出來，笑著詭稱自己姓甘，是個小小的參謀。正在說時，有熟悉的人認出是石肇武，當即被俘。

李家鈺將俘獲石肇武的情況向劉湘請示，劉湘很快覆電：「石肇武罪大惡極，省會人士恨之入骨。本署順應輿情，准予就地槍決。」並要李詳細彙報行刑日期、地點。八月二十三日晨，李家鈺在邛崍縣府大門照壁前將石肇武梟首示眾，然後將其首級運至成都，放置在一木籠內，懸掛在少城公園（今人民公園）辛亥革命紀念碑上層臺階的石柱上。成都市民聞訊後前往觀看，無不稱快。

第四章　畸形怪胎

土財主進城當起了大軍閥的總管家

如果不是因為大型泥塑展覽《收租院》，恐怕沒有多少人知道劉文彩這個人。前邊第一章已簡略敘述，政治醜星劉文彩有一個被「發現」的過程。毋庸置疑，這個過程是與我國上個世紀五六十年代的政治環境息息相關的。多年以後，人們反思這段歷史和這個人，發現政治漫畫中描繪的醜星劉文彩並不完全真實，比如水牢、吃人奶、大門進小門出等一些細節，是根據當時的政治需要而虛構的。因此有人得出一個結論：劉文彩是個被冤枉了的好人，一時翻案之風甚烈。

這顯然也是與真實歷史不甚相符的一個極端作法。

劉文彩，作為曾在四川獨霸一方的「土皇帝」，提起來有一言難盡之慨，他是中國這塊土地在特殊時期特殊背景下產生的特殊混合體，身上濃縮了封建專制等多種元素。他是一個真實而又豐富的人物，複雜的性格能讓人想起很多很多。解剖劉文彩，可以使我們對其賴以生長的這塊土地進行一次更深刻的審視，用作家映泉的話說：「劉文彩只是個線頭，扯出來的是二十世紀前半期四川的風土人情，和今天一些人的感情傾向。他很壞，卻有人賦予他權力；他愛賭，獨自一個人是無法賭的；他愛玩女人，卻有人自覺送上門去讓他玩；他幾乎是個文盲，卻有飽學之士為他歌功頌德；他不是東西，但你落到他的地盤也不能無視他的存在；他販毒，當的卻是禁煙委員會的頭兒……總之，此人是面鏡子，反射出來的名堂頗多。」[1]

進敘府城之前，劉文彩只是大邑安仁鄉的一個土老帽財主。按照他父親劉公贊給兒子們規劃的軌跡，老五劉文彩腦袋瓜子靈活，是塊做生意的料，於是給他買了一匹馬，讓他販運自家釀的燒酒進城去賣。一來二去，多少也有了些積累。不過實事求是地說，此時的劉文彩，雖說腦子裡裝滿了投機，但還並沒有多少坑蒙拐騙的劣跡，而且那時候他還沒有發跡，其家產少得可憐，陰暗的心理還沒有惡性膨脹。

劉文彩真正發家，是在他收到六弟劉文輝的那封邀請信之後。

一九二二年冬天，劉文輝迅速竄紅，成為四川軍閥中一顆閃亮的新星。他手中擁有七個師的兵力，兵員在十二萬以上，總攬了敘府地區軍、政、財、文教大權後，更是野心勃勃，要將敘府作為跳板，統一全川，做著當「四川王」的美夢。劉文輝與大哥劉文淵保持有通信聯絡，大哥劉文淵信

1 映泉：《天府長夜——還是劉文彩》序言，第2頁。

中推薦說，五哥劉文彩擅長做生意，是賺錢的好手，對於那個白臉的五哥，劉文輝也一直認為他有經商頭腦，於是寫信特邀五哥劉文彩來敘府幫忙。

接到六弟文輝的來信時，劉文彩剛販運了一車燒酒回家，他看了看信，覺得這是老天賜予的一個機會，不妨大膽一試。於是將家裡的東西進行了一番收拾打點，帶著幾口箱子和包袱行李，登上了開往敘府的小火輪。

這個頭戴瓜皮帽、身穿綢緞馬褂的土財主進城時，剛滿三十五歲。人近中年，他有太多的計畫和夢想，希望在這個年齡段裡來實現。以前，劉文彩很少出遠門，在他眼裡，敘府無疑是個大城市。街上的小洋樓鱗次櫛比，樓房前的大紅燈籠，更是給繁華興隆的景象增添了如夢如幻的氣氛。沿著長江邊走一趟，看江上船舶如織，桅帆如林，碼頭上堆積的貨物像小山丘……劉文彩的心裡禁不住熱了：「好安逸的敘府城，住在這裡比天堂還享福呢！」

初來乍到，劉文輝沒有為五哥安排什麼職位，只是叫他先熟悉熟悉情況。劉文彩皮膚白皙，陰沉著臉，一看就是個很有心機的人，他利用這段空隙深入酒肆、茶樓、煙館、商鋪等等一些地方調查摸底，沒過幾天就對敘府的社會概況瞭若指掌。

在一家茶館裡，劉文彩聽到了這麼一則故事。

敘府東嶽廟街有戶人家叫邱少雲，開了家玉器商店，以此為業，養家糊口。本來日子過得好好的，有一天，邱老闆的兩個小兒子忽然失蹤了。到處託人打聽，仍然沒有消息，邱老闆急得如同熱鍋上的螞蟻，不知道該怎麼辦好。幾天後，終於有人悄悄告訴他一個消息：有人曾在涼水井附近看見了那兩個孩子。邱老闆大喜過望，只聽那人繼續說，孩子被藏在城鄉團總辦李清和家。邱老闆接著往下問，那人搖搖頭，別的情況就不知道了。

有了這條線索，邱老闆順藤摸瓜，終於弄清楚了：他的兩個兒子是被人綁票了。原來，策劃這起綁票的頭兒名叫雷辛之，此人是敘府團練局局長、外號「通天教主」的雷東垣之子，在敘府是出了名的惡少。雷辛之吃喝嫖賭樣樣來，前不久，一次賭博輸得精光，急紅了眼，想出了拖肥豬的這麼一齣戲，被拖的「肥豬」就是邱老闆的兒子。一聽事情的原由，邱老闆只能自認倒楣，誰都知道雷東垣是敘府的地頭蛇，既然惹不起，只好出錢消災。他拿出兩千元銀票，請雷少爺從速放人。雷辛之接過銀票看了看，嘴角輕蔑地一歪，一臉壞笑地說道：「才兩千塊，這也太小瞧人了吧？」

四川是袍哥的天下，邱老闆早年也參加過袍哥組織。眼見雷少爺如此不講道理，邱老闆想到了袍哥，決定要依靠老交情的力量來解決問題。「袍哥」的意思是天下兄弟本一家，你沒有袍子穿，我把我身上的脫給你。如今見邱老闆有難相求，袍哥的幾位哥兒們立馬派了大爺張麻腦殼等六個兄弟前往李清和家要人。

一行人匆匆上路，直奔李清和家而去。到了李家，見邱老闆的兩個孩子正在院子裡玩，張麻腦殼等人這才放心了。李清和恭恭敬敬迎上來，讓傭人倒茶，又吩咐殺雞宰羊，要好好招待張麻腦殼等人。並且主動說，等吃了這頓飯，就讓他們把兩個孩子帶走。張麻腦殼等人自然高興，戒備心全無，敬來的酒也一杯杯照單全收，喝到夕陽西斜，一個個不勝酒力，伏倒在桌子上呼呼大睡。

只聽李清和忽然一聲大喝：「張麻腦殼，請到外邊說話。」張麻腦殼暈暈糊糊，站起來便往外走，出了院子，只見迎面一個人提著馬刀，佇立在茅坑邊上。「這不是趙和尚嗎？兄弟，你在這兒幹嘛……」沒等他把話說完，趙和尚手起刀落，張麻腦殼的頭已被砍落到了茅坑裡。接下來的五位袍哥兄弟，也被一個個叫出去談話，落得了同樣下場。趙和尚是個極其兇殘的屠夫，一時殺得性起，索性把邱老闆的兩個兒子也拖過來一併殺了。附近有個老太婆聽見叫聲，過來看怎麼回事，趙和尚一不做二不休，一刀將老太婆砍倒在地。

這就是敘府當時剛發生的「九人頭案」。

血案發生後，被殺者的家屬義憤填膺，死者中有個叫馮孝先的，其父親更是印了一大疊傳單，在敘府大街上廣為散發。那幾天「通天教主」雷東垣正在為父親做七十大壽，聽到有人在門口呼天搶地，圍觀的人裡三層外三層，整條大街水泄不通，又是敲鑼又是打鼓，還在大把大把撒黃紙錢，不由得暴跳如雷。當即掏出手槍，要斃了兒子雷辛之。老母親見狀，上來阻攔，來祝壽的親戚們也紛紛相勸，雷辛之二話不敢多說，趕緊趁機溜了。

「九人頭案」轟動敘府全城，雷家為千夫所指，雷東垣十分被動。有人勸他大義滅親，綁子上殿，爭取主動。可是兒子雷辛之早已跑得無影無蹤，到哪裡去綁？話說回來，就算他能找到，又何嘗願意綁了交出去？百般無奈之下，只好厚著臉皮出面，給受害者的家屬賠禮道歉，又答應賠償經濟損失，花了一大筆銀子，才勉強堵住了仇家的嘴。

聽到這個故事後劉文彩很興奮。雷東垣勢力強大，手下精兵強將眾多，劉文彩想在敘府站穩腳跟，雷東垣是個重要人物。雖說故事發生在幾年前，已經成了舊聞，但是舊聞現在仍能派上新用場。如今雷東垣的那些仇家還在，他們時刻都還在想著要報仇雪恨。那些仇家此時成了劉文彩手中的籌碼，以此作為要脅，何愁「通天教主」雷東垣不乖乖就範？這麼一想，劉文彩臉上露出了難得一見的微笑。

有必要說說雷東垣其人。雷東垣本名雷士奇，在家排行老四，因此人稱「雷老四」。據說名酒「五糧液」的名字，就與他有點關係。四川敘府有位酒坊高徒名叫鄧子均，在祖傳秘方的基礎上潛心研究，幾經調製，確定了一個新配方。這天敘府團練局局長雷東垣家大擺宴席，使用的是鄧子均新研製出的雜糧酒，酒蓋一掀開，滿堂飄香，眾人讚不絕口。雷東垣說：「如此佳釀，名為雜糧酒，似嫌鄙俗。」在坐的敘府舉人楊惠泉介面說道：「此酒集五糧之精華而成玉液，何不更名五糧液？」從此，「五糧液」的美名不脛而走。這是一段題外話。再說雷東垣其人，在團練局長的位置上經營多年，手下門生爪牙無數，遍佈敘府城鄉。能制服雷東垣，就等於制服了半個敘府。

劉文彩不動聲色，先是到處摸底查帳，又弄清楚雷東垣長期挪用城工局經費十萬大洋，將此短處捏在手裡，然後才前往雷府拜訪。一見面，劉文彩親熱打招呼，該說的話說在明處，不好說的話儘量暗示，雷東垣有痛處被人捏著，自然只有俯首稱臣的份。

官場上的潛規則此時發生了效力。你幫我，我幫你，大家面子上都是朋友，實際上是利益關係在起作用。說好聽點是互相抬莊，說難聽點叫相互勾結。總之，各得其所，互有收益，共同「進步」。

接下來是對雷東垣原先的部下全盤接收，一個個加官晉爵。東路區團總曹榮光當了敘府徵收局局長，北路區團總虞漢逵當了財務局局長，南路區團總蕭席珍負責在橫江收繳稅務，是四路團總中最肥的一個差事，西路區團總李國卿最不得志，什麼官職也沒撈到。此人是黑旋風李逵式的人物，沒有什麼城府，對主子卻特別忠誠。雖說沒當上官，仍然拜劉文彩為乾爸，對劉一直忠心耿耿。即使後來二劉大戰劉文輝失敗後，許多人都躲著劉文彩，李國卿卻依然自願為劉文彩保駕，一直護送到犍為才依依惜別。不過此人的結局不太美妙，回到敘府後，再也沒有了靠山，不久即遭月波鄉土豪吳炯臣殺害。

劉文彩自己沒有什麼文化，但內心裡對文化人比較敬重。敘府最有名的文化人叫楊惠泉，此人原名楊駿，光緒年間考取武秀才，後改習文，工書法。曾參加過清末鄉試，考中舉人。宣統元年（一九〇九），楊惠泉曾赴京城就讀京都蜀學堂，辛亥革命後返回敘府，在團練局局長雷東垣府中擔任幕僚，人稱「楊三大人」。劉文彩主動登門拜訪，熱情相邀，從私房錢中拿出銀元五千，請楊惠泉擔當自己府中的師爺。

短短幾年時間，劉文彩就在敘府站穩了腳跟，劉文輝也感到特別滿意。通過幾年的觀察和檢驗，劉文輝認為五哥劉文彩不僅是理財的高手，也是玩政治的高手。可惜的是，畢竟他文化低了點，根基淺了點，要真正上大檯面還是不行。不過，當總管家還是綽綽有餘。

於是，連續幾年，劉文彩的官職不斷升級，一九二四年，被任命為敘府船捐局局長；一九二五年，被任命為敘府百貨統捐局兼四川省第二十二區煙酒公司公賣局局長；一九二七年，劉文輝改川南稅捐總局為敘南護商處，任命劉文彩為處長；一九二九年，已任四川省省長的劉文輝任命劉文彩為川南水陸護商處處長兼川南禁煙查緝總處長；一九三一年，劉文輝的防區達八十一縣，劉文彩地位亦隨之升遷，被任命為川南稅捐總局總辦。

隨著官職的不斷上升，劉文彩的許可權越來越大，斂財的本事越來越強。

一個暴發戶的發家史和財產之謎

劉文彩一生有多少財產？至今也難有個準確的數字。事實上，一九四九年劉文彩就去世了，其家庭財產全部充公，生產資料被分給了當地農民。大躍進時期，劉文彩的墳墓被鏟平，屍骨被丟在野外，劉氏公館成了「大邑劉氏地主莊園博物館」。也就是說，無論劉文彩身前有多少財產，都與他的後代沒什麼關係，其後代所繼承的，只是一頂「惡霸地主子女」的帽子和無休止的批鬥。

但是劉文彩畢竟曾有過許多財產。他的暴發起家，是從進敘府城以後開始的。利用軍閥弟弟劉文輝交給他的印把子，劉文彩大肆斂財，像一條叮咬成性的螞蝗，不吸飽血決不鬆口。他的斂財手段，主要是通過手中的稅收權力和商業壟斷。

四川軍閥動輒打仗，軍費開支成了個無底洞。為了籌措鉅款，劉文彩巧立名目，搞起了「預征田賦」。顧名思義，就是農民除了交足本年度的田賦外，還要提前預交下一年度甚至未來若干年以後的田賦。在劉文彩的「管理」下，敘府一帶的農民到一九三二年，其田賦款已經預交到了一九五七年。由此可見劉文彩這條螞蝗之貪婪兇狠。關於稅種，更是名目繁多，讓人眼花繚亂。住房有房捐，行船有船捐，當妓女有花捐，當農民有田賦，上廁所有廁所捐，其他什麼鋤頭捐、扁擔捐、草鞋捐等等，不勝枚舉。當時的敘府市民如果要看戲，買張戲票就包含有十四種苛捐雜稅：娛樂稅、印花稅、營業稅、所得稅、防空捐、副食費、彈壓稅、傷兵亡友費、榮軍營養費、修路公園費、警士寒衣捐、黃河救災捐、冬防捐、政教經費。當時有句民謠諷刺道：「自古未聞屎有稅，而今只剩屁無捐。」

煙土是劉文彩稅收的一個重要來源。按照常理，煙土是毒品，有百害而無一益，應屬於徹底禁絕之列。可是且慢，如果真的禁絕了，豈不是砍倒了劉家的搖錢樹？於是劉文彩喊出了一個漂亮的口號：「寓禁於徵」。這是一個頗具欺騙性的口號，意思是說，為了讓農民不種煙土，讓煙民不抽鴉片，對凡是種煙土抽鴉片者一律徵以重稅。中國財政史上，恐怕沒有哪個口號比「寓禁於徵」更絕妙。劉文彩歷來的稅收都讓人詬病，但「寓禁於徵」卻使得徵收有名，且無比崇高，垃圾堆裡淘金子，污水潭中濾美酒，聽起來還真像是一個美麗的童話。然而剝開神聖的外衣，露出的卻是個騙錢的陷阱，其弦外之音是：禁煙是說了玩的，該種的種，該抽的抽，只要大家按時交稅就行。當然，這個稅是重稅，事先已經聲明「寓禁於徵」了。

據建國後宜賓市政協文史辦提供的資料記載，劉文彩關於煙土所謂的「徵」，從「種」到「吸」就有十餘種之多，列舉如下：

煙草捐（又名窩捐）：煙農每種煙草百顆，抽收煙苗捐銀元二元；

懶捐：對農民不種煙者，按照地畝窩距計算窩數，加重課稅，以示懲罰；

起運稅：煙土起程運輸時的一種課稅；

落地稅：到達市場或目的地時，按鴉片之輕重多寡而徵收的一種稅；

過境稅：煙土通過相關關卡時的一種稅；

內銷稅：指防區內或者內傾銷鴉片時的一種課稅；

外銷稅：煙土運出防區或者省外者，所徵的稅；

印花稅：買賣煙土時，要在票據上貼上印花，此種印花先用現金購買，按交易金額貼上，違者處以罰款；

營業稅：坐店開鋪的煙商，按其一定時期內營業額多寡計徵的一種稅收；

護商稅：凡貨物運抵本埠，必須向川南水護商總處繳交護商稅，至於請托出護商隊運送煙土的，則就其所運多少，再計量徵收護商稅，實則是二重徵收制；

紅燈稅：凡開設煙館和癮民之在家吸食鴉片的，都得按點燈盞數徵稅；

銷售稅：凡開設煙館的商人，每月都要按所銷煙土營業額課以重稅。實際上是與營業稅同徵的二重徵稅制。[2]

僅煙土稅收一項，劉文彩每年在敘府就能收到稅銀八百多萬元，如果算上其他稅收，數字肯定突破千萬元。這些收入除了用以擴充軍閥武裝、招收兵員和各項軍需物資的開銷外，其餘大多都流進了劉文彩私人的腰包。劉文彩斂財也很講究技巧，他將三個兒子名字的最後一個字合起來，拼湊了一個銅臭味十足的名字：龍華富。然後以這個名號，在敘府城購買了公館房產三百八十多處。有一段時間，敘府城中的商人看見到處是這個神秘的「龍華富」在收購房產商鋪，以為是上海來的一位大富豪，經過多方打聽，才知道只是劉文彩的一個化名，一個個禁不住為之瞠目結舌。

用今天的眼光來看，劉文彩堪稱商界怪才。剛到敘府時事務繁多，但是他仍然不忘投資，拿出五千銀元的私房錢，興辦了劉氏家族史上的第一家金融企業「義和」銀號。投資迅速有了回報，而且回報豐厚得出奇，簡直如同滿地金子都在等著他來撿一樣，業務太好了，他有點忙不過來，於是

---

[2] 見《近代中國煙毒寫真》（下卷）「宜賓煙禍紀要」一文，第150頁。

寫了一封信，請安仁老家的老搭檔彭載揚出山，幫助打理「義和」銀號的業務。彭載揚初來乍到，不便安排要職，讓他擔任高級職員，真正的職責是監督銀號總經理。等原先的總經理一翹腳，立馬讓彭載揚接任。後來，在彭載揚的提議下，劉文彩又將「義和」改為「人和」，經營規模進一步擴大。

劉文彩能夠放開膽子斂財，依仗的是軍閥弟弟劉文輝這座靠山。但是隨著四川政壇風雲的急劇變化，劉文輝八方受敵，危機四伏，這對劉文彩的生意也發生了直接的影響。因此，劉文彩只能有所收斂，他的商旅生涯也出現了一個轉折。

政治上缺乏安全感，使得劉文彩不能不偏重於短期效益，劉文彩向彭載揚交待了這麼幾句話：「下快，起快，結束容易，在結束時不造成損失。」能撈一把是一把，有點像今天股票市場上熱錢炒權證，不貪，不戀，買了權證儘量不過夜，堅決不搞長期投資。彭載揚是個聰明人，得到劉老闆的指示後迅速轉軌，摘掉所有「人和」銀號的招牌，向政府報告歇業，實際上是改換名稱，在敘府、敘永、重慶等地分別設立了「長髮元」、「樹記」、「吉祥」、「同慶元」、「商賢」、「天福」、「全福永」、「同發源」、「源鑫」等十幾家商號，名稱不同，規模不同，經營專案也不同，其特點優勢是不會惹人注目，即使出點什麼問題，也是船小好掉頭。

作為川康兩省的一流豪門，劉文彩不可能不富有。至於他究竟富有到什麼程度？據作家笑蜀在《劉文彩真相》一書中分析，劉文彩家產主要源自他在敘府的十年聚斂。一是投資貿易所累積的暴利，二是宦海生涯所累積的薪金。前者的具體數目已無從統計，就後者而言，駐守敘府時，劉文彩兼職十多項，僅「煙酒公賣局局長」一職，年薪即高達一兩萬元，合計每年薪金總數當不下十萬元，十年應在一百萬元以上。而在劉文彩家產中，薪水收入只占輔助地位。劉文彩之富有也就可以想像了。據一九四九年三月十八日《大公報》刊登的《四川省富戶名單》，共有八十五人金榜題名，其中劉氏家族有八人：劉文輝居第二位，劉湘夫人劉周書玉居第二十二位，劉元瑭居第二十五位，劉元瑄第二十六位，劉元琮居第二十七位，劉文彩的侄女婿伍培英居第二十八位，劉文彩居第三十三位。

流氓過招，痞子鬥法

劉文彩要撈錢，也並非就那麼容易，紅道黑道，官場賭場，到處密佈著泥淖和陷阱，哪一道哪一場不照料到堂，輕者前功盡棄，重者後果不堪設想。因此，每分鐘都要謹慎，提防有人背後捅刀子。

果然，到敘府不久，劉文彩就碰到了一個勁敵。

此人名叫覃筱樓，四川屏山縣人，少年時家境貧寒，父母雙亡，出外到江湖上遊蕩，認識了一個袍哥大爺，跟著混了幾年。覃筱樓幹事利索，敢作敢為，遇事勇於擔當，時間一長，漸漸有了些名氣，在袍哥禮字旗碼頭上當外堂管事。

此時敘府縣城附近有夥綠林，領頭的姓李，綽號李喉皰，旗下有一百二十多人。駐守在敘府城裡的劉文輝想進行招安，李喉皰不願意，劉文輝欲強行端窩，想了一個計謀，設法騙李喉皰到鎮上茶園裡喝茶，擇機將其抓獲，當場給斃了。沒有了頭頭，剩下的綠林正待作鳥獸散，沒想到覃筱樓亮出旗幟，登高一呼，一百多號人立即赴屏山投奔。這支隊伍，後來便成了覃筱樓嘯聚山林打天下的基本力量。

一九二〇年，川軍師長陳洪范駐防樂山，對覃筱樓進行招撫，並任命為支隊長。當時屏山的縣長姓楊，四川劍閣人，為官清正廉潔，立志要為老百除暴安良。有個姓周的鴉片販子臭名昭著，民眾反響強烈，楊縣長收到民眾的舉報信後，經過一番調查核實，將周煙販逮捕下獄。這事被覃筱樓知道了，主動到縣衙門去說情，要求保釋放人。楊縣長搖了搖頭，說這事他也作不了主，等請示上頭後再定。結果覃筱樓前腳剛走出縣衙門，楊縣長就讓役使將姓周的鴉片販子處決了。覃筱樓與周煙販是結拜兄弟，以為能憑他的面子說動楊縣長，眼見得楊縣長如此不領情，覃筱樓怒火中燒，心中埋下了深深的怨恨。

有一次，楊縣長下鄉鎮巡視，被覃筱樓知曉了，安排部下一干人潛伏在路上，等楊縣長坐著滑杆從此經過時，一干人呼嘯而出，從滑杆上拖下楊縣長，三下五除二，幾刀就結果了性命。此事傳到駐防在樂山一帶的軍閥陳洪范耳朵裡，感到臉上很沒面子，光天化日之下，堂堂縣長竟死於非命，豈不是等於說他治理無方？更何況殺人者是他的部下！於是集合了兩個團的兵力，奔赴屏山圍剿覃筱樓。覃筱樓聞訊後連夜潛逃，進入四川雲南交界的大山裡，再次聚眾為匪。

過了幾年，劉文輝駐防敘府，雖說號稱混成旅長，實際上手裡只有一團人，到處招兵買馬成了他的當務之急。劉文輝底下有個幕僚秘書叫甯子州，出道之前也在黑道上混過，與覃筱樓關係不錯，向劉推舉了覃筱樓。劉文輝正當用人之際，一聽自然高興，讓甯子州趕緊去招撫此人。沒過多久，這支綠林隊伍就被收編，覃筱樓被任命為副官，其他小兄弟也分別被委任以營長、連長等職。此後覃筱樓屢立戰功，深深贏得了劉文輝的信任，成為劉手下的心腹親信。一九二四年，劉文輝晉升四川幫辦，便將川南一帶治安交覃筱樓負責。敘府成立城防司令部，覃旅長便兼任城防司令。

此時，正好碰到劉文彩來敘府當船捐局局長。常言道，一山難容二虎，沒過多久，劉文彩與覃筱樓的矛盾就暴露無遺，敘府也因此暗潮迭起。雙方最激烈也是最直接的交鋒體現在金錢上。劉文彩身為劉文輝的財政總管，聚斂錢財是他的本分和職責，難得找到敘府這塊肥肉，又豈能容他人染指？可是覃筱樓哪會把從安仁鄉下來的一個土老帽放在眼裡，依然我行我素，該幹嘛就幹嘛，照樣出動武裝部隊公然進行「軍倒」，用輪船運送香煙、煤炭等稀缺物資到敘府倒賣。尤其可恨的是，有一次劉文彩手下稅收人員照章檢查貨物，要船老大繳納稅款時，岸上忽然來了一隊荷槍實彈的士兵，擁簇著覃筱樓的姨太太，不交稅款要強行提貨。雙方當場差點打了起來，請示到劉文彩這裡，他想了半天終於還是忍住了。

覃筱樓嗜賭，而且喜歡豪賭。一九二七年的一天，他到成都公幹，賭癮發作，與大軍閥鄧錫侯等人挑燈夜戰，結果賭運不佳，一夜間竟輸了銀洋二十七萬元。這個輸紅了眼的賭徒表面上不動聲色，將隨身押運的幾箱鴉片抵了賭債，又向裕通交通銀行借了五萬銀元，總算勉強填平了這個窟窿。隻身回到敘府後，越想越不是味，匪性大發，半夜三更從床上爬起來，帶了一支隊伍，打起火把上街大肆搶劫錢財。一時間雞飛狗跳，天怒人怨。敘府城是劉文彩眼皮子底下的地盤，臥榻之側，豈容他人酣睡。但是一想到覃筱樓有兵權在握，劉文彩不便公開發作，只好再次忍下了這口氣。

經過這麼一番刺激，歷來愛逞能鬥狠的劉文彩從心底裡憤怒了。他跑到成都向劉文輝訴苦，堅持要擁有一支自己能控制的軍隊，否則就撂挑子，回安仁老家去享清福。聽五哥這麼說，劉文輝也不好再說什麼，哥倆當場達成了一個君子協定：劉文彩可以招兵買馬，組建武裝，但是經費得自籌解決。有了這句話，劉文彩頓時氣壯如牛，屁顛顛地回到敘府，開始著手組建自己的武裝，迅速成立了護商大隊和手槍連。

劉文彩有了槍桿子，腰桿子也變得硬了。敘府城如果有什麼行動，他也會積極出人出力參與。有一次，師長胡若愚要暗殺一名地下黨，劉文彩聞訊後主動請纓，說殺雞焉用牛刀，這種小事就不用胡師長勞神了。劉文彩領著兵丁，埋伏在小碑巷等候。這名地下黨叫呂一峰，公開身分是敘府中山學校的校長。這會兒坐著一輛黃包車噠噠過來，進入射程之內，手槍隊一聲槍響，誰知一下沒有打中，呂一峰見勢不妙，趕緊跳下黃包車逃跑，一邊跑一邊往地上撒落銀元。那些追擊的兵丁見了銀元，一個個搶著去撿。呂一峰跑了一程，見前邊是覃筱樓的公館，知道覃筱樓與劉文彩是冤家對頭，急忙抽身閃進了覃公館。等劉文彩的兵丁趕到，待要進屋內搜查時，覃筱樓大搖大擺走出來，衝著那些兵丁喝令道：「人進了覃公館，我就要負責，老子的地盤上，看哪個龜兒敢撒野？」

這事過了不久，劉文彩和覃筱樓又發生了一場衝突。

隨著權勢越來越大，劉文彩被劉文輝委任為二十四軍敘南清鄉司令部司令，堂而皇之登上了中將司令的寶座。官當大了，追捧者就多。有個人叫蔣東海，原來一直跟隨覃筱樓，現在要改換門庭，暗中投靠了劉文彩。此事被覃筱樓察覺後，恨著牙齒發癢，佈置手下親信毛炳榮去搞暗殺，埋伏在敘府城石灰巷口，見蔣東海帶著兩個兵丁大搖大擺走過來，忽然下令開槍。誰知子彈卻沒有射中蔣東海，只將那兩個兵丁撂倒了，當場斃命。蔣東海如驚弓飛鳥，拼命逃脫後直奔劉文彩處，哭喪著臉講訴了事情的經過。劉文彩拿起電話，向劉文輝發了一通脾氣，非劉文輝要治覃筱樓的罪不可。

劉文輝見事情鬧僵到如此地步，再和稀泥恐怕不行了，只好忍痛割愛，讓人給覃傳話，叫他主動辭職，並贈送了一大筆錢。覃筱樓見劉文輝的屁股終於坐到了他哥哥那一邊，對官場的那一套也學會看得淡了，拿著劉文輝贈送的錢出川，去上海灘遊玩了一圈。此後不久，仍然又回到了敘府城。覃筱樓下野後，在社會上還是享有聲望，江湖上稱他覃大爺。覃客氣地說，別叫大爺，叫大哥就行。這時候的覃筱樓已經變規矩了許多。閒適下來，他依然吸大煙，進賭場，看川戲，他的公館「筱園」也成了各類友朋黨羽聚會的場所。

劉文彩鬥倒了覃筱樓，在敘府城聲名大振。此後，敘府的軍權、政權和財權，統統歸他一手把持，用「一手遮天」這個詞形容，一點也不為過。

最後說一下覃筱樓的結局。一九四九年，敘府和平解放，年近六旬的覃筱樓手拿一面旗幟，夾雜在歡迎的人群中。他買了許多鞭炮，放鞭炮的時候笑得像個孩子。解放軍進城後，覃筱樓將「筱園」讓出一部分給解放軍住宿，他對自己的幾個子女說，你們要學會勞動，要自食其力。這時候的覃筱樓身上似乎少了早年的戾氣，但是隨著一個新政權的建立，覃筱樓這樣曾經對人民犯過死罪的人終歸難逃厄運。一九五〇年，覃筱樓被政府鎮壓，家人將他悄然安葬，墳址在現在的會館路匯東社區西北角。

富貴還鄉不能錦衣夜行

劉文輝被他的侄子劉湘打得慘敗，退到了偏遠的西康。劉文彩失去了靠山，也不得不退隱大邑老家。在逃離敘府城之前，他仍然不忘撈一把，以「清鄉司令」的名義緊急徵收「國防捐」，限令兩天內繳納二十萬元。得手後又重點派捐，瞄準富商和殷實人家下手，端著刺刀，抬著籮筐，挨家挨戶逼上門去「籌軍餉」。一番大洗劫之後，劉文彩富貴還鄉，二十多艘木船在長江上排成一條龍，浩浩蕩蕩回到了大邑安仁。

在敘府混了幾年，劉文彩政治上有了資本，經濟上有了實力，更重要的是軍事上有了自己的武裝，那個年月，有槍桿子就有一切。因此，他躊躇滿志，心裡琢磨著，城裡混不下去了，回到大邑當個土皇帝也好。

沒想到回到大邑不幾天，劉文彩就發現自己的如意算盤撥錯了。不斷有部下來向他訴苦，經常有些戴紅袖章的軍人出面阻攔，使他們的行動受到了制約，而對方打出的旗號是聲張正義，維護一方安寧，這鬧得劉文彩的部下很被動。

劉文彩表面上很平靜，對手下那些人叮囑說：「你們格老子收斂點，在大邑不比在敘府，人在屋簷下，不能不低頭。」等幾個嘍囉走後，劉文彩猛吸了一口煙，提起煙袋鍋狠狠地朝門口扔去，心裡罵道：牟二蝗，看老子來收拾你！

牟二蝗本名叫牟秉年，字遂芳，一八八二年生於四川大邑，長得人高馬大，年輕時又練就一手好槍法，在江湖上名頭很響。民國袍哥遍四川，當然少不了愛淌渾水的牟遂芳，他在袍哥屏籬社當二把手，人們當面叫他二哥，背後叫他牟二蝗，一直叫了多年。辛亥革命後，四川大邑同志會舉行了一次暴動，牟遂芳是重要成員。據《大邑縣誌》記載：「辛亥之秋，同志會興起，遂芳介入其中，為推翻帝制而奔走呼號。是年農曆八月十七日，進攻大邑縣衙門，趕走知縣王吉，遂芳衝鋒在前，毫無懼色，其膽量之大，實有過人之處……」這之後，牟遂芳當過大邑的警衛隊長，在四川軍閥劉成勳部隊裡任過營長、團長，劉成勳垮臺後，又在劉文輝的二十四軍當上了特料團長，長期駐防大邑，兼任大邑周邊六縣的清鄉司令。

其實這個牟遂芳，劉文彩原先是認識的，不僅認識，而且還是特別要好的老朋友。劉文彩暴發之前，只是大邑安仁的一個土財主，經常趕著馬匹到大邑縣城販運貨物，那時候牟遂芳已是地方黑道上的一個人物，聽說劉文彩是安仁劉氏家族來的，家族有劉湘和劉文輝這麼兩大巨頭，因此便格外關照，馬匹每次進了大邑縣城，牟遂芳就安排手下兄弟接應，劉文彩當初的生意，十有五六都是靠他幫的。

不過老交情並不代表新友誼，感情這事兒也需要與時俱進，得不斷補充新的內容和元素。何況，在滿腦子都是金錢和武力的軍閥們那裡，什麼感情不感情都是糊弄人的，真正能聯繫他們的紐帶是利益。換句話說，沒有永恆的朋友，只有永恆的利益。

現在，劉文彩的利益受到了威脅，他準備拿老朋友牟遂芳祭刀。

在這個節骨眼上，偏偏牟遂芳犯了一個大錯，更是使得劉文彩的謀殺計畫出師有名。

按照劉文輝的安排，讓牟遂芳駐守大邑，一方面是幫劉守住地盤，維持地方秩序，另一方面有意讓他監視退隱的舊軍閥劉成勳。可是牟遂芳這人特別講義氣，他原是劉成勳的部下，現在見了老東家，依然客氣萬分，成天泡在一起吃酒喝茶，兩人像是親密無間的朋友，早已把劉文輝交給他的監視任務丟在了腦後。這事一直讓劉文輝感到很惱火。

最要命的是接踵而來的這件事，直接讓他掉了腦袋。牟遂芳有個兒女親家叫黃澤甫，在軍閥鄧錫侯手下當旅長，這天來到牟家，一頓觥籌交錯之後，兩人推心置腹講起了知心話。聽了幾句牟遂芳心裡就明白了，原來黃澤甫是來幫鄧錫侯當說客的。牟遂芳也曾在保定軍官學堂讀過書，和鄧錫侯是老同學，一聽到老同學還惦記著自己，頓時百感交集，當著親家的面訴起了苦。牟遂芳說道：劉文輝倒還說得過去，最可惡的是他那個土老帽的五哥劉文彩，沒發跡時百般巴結，如今回到大邑，有了幾條破槍，就不把任何人放在眼裡……說著說著牟遂芳火氣上來了，眼睛泛出紅絲，猛地往喉嚨裡倒了幾杯酒。

牟遂芳與黃澤甫密謀投奔鄧錫侯的消息，很快被劉文彩偵探到了。這也怪牟遂芳過於光明磊落，做事太性急，將改投鄧錫侯的計畫對幾個心腹講了，心腹中有人見利忘義，將情報報告給了劉文彩。劉文彩成天想著消滅宿敵，正愁沒有由頭，聽到報告後大為興奮，眼睛放光，吩咐手槍連連長呂實英帶著一隊人去打埋伏。呂實英是劉文彩結髮妻子呂氏之弟，一直跟隨在劉文彩身邊。他立即遵命帶著幾個士兵出發。遺憾的是這一次埋伏沒有成功，牟遂芳不知出於什麼原因有所警覺，改道走了另一條路。

幾天後，牟遂芳收到了一封信。信是由劉氏家族的老大劉文淵親筆寫的，敘了一通舊情之後，便大說牟遂芳的好話，認為當今大邑的治安，只有老牟這樣的人物來維持才能服眾，邀請他來文廟議事，商討有關鄉規民約事宜。牟遂芳收信後，竟沒有半點懷疑，帶著幾個士兵，大搖大擺地直奔文廟而來。

劉文彩早已在大門口恭候，一見牟遂芳來了，雙手抱拳，滿臉堆笑，拍著牟遂芳的肩膀稱兄道弟。牟遂芳問：「文淵大哥呢？不是說議事嗎？」劉文彩推託說：「不急，不急，請坐泡茶，大哥一會就到。」

牟遂芳被劉文彩頗有禮貌地請進大成殿廳堂，他所帶的五個勤務兵，則被安排在另一間房屋裡燒煙泡。一盆熱水端上來，有人擰了個熱騰騰的毛巾遞上來，請牟遂芳洗臉，那塊熱毛巾剛一捂到臉上，只聽一聲槍響，牟遂芳高大的身子搖晃了一下，緩慢地朝地上倒去。槍聲是從隔壁房間傳來的，開槍的槍手叫王沛成，槍響之後迅速衝過來，擔心牟遂芳沒死，又操起一把斧子，活生生砍斷了脖子，提起了那顆血淋淋的腦袋。

殺害牟遂芳之後，劉文彩做了兩件事。一是出動武裝，全城戒嚴，迅速收編了牟遂芳的部隊；二是下令搜索牟府，將他的錢莊商鋪洗劫一空，牟遂芳的妻子聞訊後，投水自殺，其子侄均連夜逃亡，從此流落他鄉。富貴還鄉決不能錦衣夜行。劉文彩畢竟在敘府城裡混了幾年，見過大場面，也當過主角唱過大戲。殺掉了牟遂芳這只攔路虎，威望指數迅速上升，鄰近鄉鎮的袍哥紛紛前來投靠，在此基礎上組建了一個組織嚴密、規模龐大的袍哥組織──公益協進社。

據作家周東浩在《地主莊園滄桑錄──劉文彩及其家人檔案》一書中介紹，公益協進社一成立，分佈在四川大邑、崇慶、邛崍、新津、蒲江、眉山、彭山、宜賓、樂山、雅安、天全、蘆山、寶興等州縣的地主官僚紛紛歸附劉文彩。公益協進社總部設在大邑安仁鄉，由劉氏家族老三劉文昭任總社長，劉文彩任副社長（實際上掌握實權），另外幾個副社長是劉體仁、李育滋，劉樂然，李沛成任總管事，下設管事七名。總社以下，在各縣和鄉鎮設立分社和支社共三百六十多個，由劉文彩親自挑選分社長、支社長。

舊時袍哥組織共分十一牌，五牌以上是掌權者，其中一牌稱「總舵把子」，又叫龍頭大爺，各分社、支社社長稱「舵把子」，受「總舵把子」管轄。六牌以下統稱「兄弟夥」，等級高點的稱「拜兄」，等級低的稱「拜弟」。公益協進社內部等級森嚴，大小頭目與「兄弟夥」之間的關係形同主僕，組織內部接頭交往經常使用暗語手語，對那些辦事不慎或違犯幫規者，輕則體罰、關禁閉、開除，重則毆打甚至砍殺。木牌上的「社規社義」寫道：一、同心同德同肝膽，結仁結義結金蘭。二、本社講仁義，講忠孝，不准對父母忤逆，不准對結拜兄弟失禮；沒有不是的拜兄，只有不是的拜弟；舵把子有事，兄弟夥要打就打，要拼就拼；尊重婦女，不許串灶（勾引他人妻子發生性關係），如若串灶，抛江撲灰……

袍哥組織又被稱為哥老會，是中國秘密會黨洪門的重要支派。袍哥組織的存在本來就是對現存制度的抗議和否定，具有天然的政治反叛性。從劉文彩一生活動的軌跡來看，他並無鮮明的政治傾向，組建公益協進社的目的主要有二，一是劉文輝敗走西康後，駐地貧脊，軍餉供應困難，劉文彩可以通過分佈在川南富裕地區的袍哥組織為其籌餉；二是增加了劉氏家族的勢力，擴大了劉文彩獨立王國的範圍。用今天的眼光看，這個公益協進社無疑具有黑社會性質，是地方上的惡勢力。這樣的組織和勢力，任何政府任何形態的社會都不會歡迎。

倚仗公益協進社，劉文彩更加肆無忌憚，稍有口角，便大打出手，棍棒加身，甚至動刀動槍，釀造出了一起又一起血案。上世紀三四十年代，是中國現代歷史上黑暗的一段時間，政黨獨裁統治，官場吏治腐敗，人民生活水準低下，政府在老百姓中嚴重缺乏威信。雖說州縣衙門仍在，卻拿他們無可奈何，形同虛設。

有這麼一個故事很能說明問題。大邑每一個新縣長上任，都要到劉文彩府上去拜「菩薩」，不僅賠笑臉，還須送紅包。有一個新縣長上任後，不知是因為公務忙耽擱了，還是有意沒去登門拜訪，三天後，劉文彩組織公益協進社的一班人馬，敲鑼打鼓來到縣衙門。走在最前頭的是一乘八人抬的大轎，轎子裡坐著位喬裝打扮的「活神仙」，旁邊跟隨著一群判官小鬼，一個個臉上塗著油彩，拿著鐵鍊鐵錘，張牙舞爪，窮凶極惡。在縣衙門停下後，這班人開始演出一場大戲，有人披頭散髮裝扮成下地獄的「罪人」，被判官小鬼們推來搡去，然後是過刀山，下油鍋，挖眼睛，開膛破腹……等到這一系列酷刑結束後，站在轎子前邊的黑白無常扯開嗓門大聲吆喝：「請縣長大人出堂，拜活菩薩——」在這種氛圍下，縣長也不得不乖乖順從，當眾奉上香燭，跪在地上頂禮膜拜。縣長尚且如此，更何況一般人？

不過也還是有對劉文彩不買帳的人。比如這個叫陳少夔的，就是一例。

陳少夔，又名陳郡，綽號「陳貓兒毛」，其祖父是大邑縣七大富豪之一。出身在這麼一個富貴人家，自幼又冰雪聰明，因此陳少夔格外受器重。他曾考入成都存古學院讀書，院長駱秉驤是清末狀元，對這個少年英才讚賞有加，評語是「少年得此，可造材也」。後來進入川康訓練所學習，鋼鐵巨擘胡子昂當時在訓練所裡任處長，對陳少夔也特別賞識。少年得志，眼看著面前的一條紅地毯向前無限延伸，通向未來。可惜大鵬折翅，陳少夔染上了舊官場的一些惡習，走上了一條萬劫不復的墮落之路。

抽大煙，玩女人，揮金如土賭博，是舊時官場的生活常態。陳少夔當上邛崍縣縣長和二十四軍團長時，年齡才二十歲出頭，在一個複雜惡劣的環境中，這個年輕人要想不墮落也難。據說有一年，他到成都去趕花會，隨身帶了八百銀元，結果日賭夜嫖，帶去的銀元花得精光，還是向朋友借了三十元作路費才回了邛崍。

雖說如此，但是瘦死的駱駝比馬大，陳少夔由於家族背景以及他的官場地位，在大邑縣仍然被人視作一霸。大邑有民謠云：「東門走，劉禹九（劉成勳）；南方幹，找總辦（指劉文彩）；向西陲，陳少夔……」由此可見陳少夔在大邑地方上的地位。

陳少夔與牟遂芳年齡相差二十多歲，但是兩人關係不錯，是忘年交。牟遂芳之死，陳少夔憤懣不已，胳膊擰不過大腿，想一想也只好忍了這口氣。大邑的勢力原來有劉成勳、牟遂芳，現在死的死退的退，劉文彩獨佔鰲頭，陳少夔也成了邊緣人物，當然是於心不甘。

一九四五年日本人投降後，中國有一個出現美好前景的機緣，國民黨政府順從民意，認為要在中國實施憲政，必須早日設立基層市縣參議會，並計畫在一九四五年底以前完成。然而當時的中國似乎是一塊奇怪的土地，再好的東西一旦到了這塊土地上，就可能會變質變味。在四川大邑，則演變成爭權奪利的又一場衝突。參議長人選，劉氏家族老大劉文淵德高望重，沒有人與他競爭，副參議長人選，陳少夔起初提議蕭福皆，劉文淵附和，也同意蕭福皆，陳少夔轉念一想，既然劉文淵也提蕭福皆，想必他們關係不錯，於是又改提牟信孚。後來經過一番調停，仍由蕭福皆擔任。

接下來選舉四川省參議員時，陳少夔與劉文彩的矛盾終於總爆發了。按照規定，大邑縣有一個省參議員名額，有二十七名候選參議員參選，陳少夔推舉楊翰丹，劉文彩推舉張成孝，雙方勢均力敵，陳十二票，劉十二票，剩下的三票中，魏廷鶴掌控了二票，楊履初的一票還在猶疑不決。到了選舉的前一天，劉文彩派乾兒子李鵬舉帶著五百石穀子，去找王泗鄉的楊履初，見李鵬舉提著手槍，楊履初不敢不答應。這麼一來，劉文彩便掌握了十三票，應該是穩操勝券。然而到了選舉那天，紅榜一貼出來，劉文彩還是大吃一驚。陳少夔耍了個滑頭，見自己掌握的票數沒有絕對能贏的把握，便將十二票統統讓給了魏廷鶴，使魏廷鶴以十四票的微弱優勢，險勝了劉文彩推舉的代理人張成孝。

陳少夔的十二票送給魏廷鶴，也是一次政治投資。上頭有人說話，腰桿子比鋼鐵還要硬。此後，陳少夔有意與劉文彩作對，其對抗手法類似於今天的「黑吃黑」。劉文彩的公益協進社要在敦義發展支社，選定的支社長叫李元華，陳少夔知道後，派人給李元華送了一包禮物，打開一看，是一副白布孝聯包裹的兩顆手榴彈。劉文彩聽說後，忍讓了一次，放棄了在敦義成立支社的計畫。

過了不久，公益協進社要在大邑城關設立支社，選定的支社長是軍閥陳洪范的兒子陳樹德，陳少夔得知後，同樣又送去了白布孝聯和兩顆手榴彈。這次劉文彩沒有再忍，決定來個硬碰硬，城關支社召開成立大會那天，他派長槍連帶著四挺機關槍保護，幾十名別著手槍的嘍囉四處巡查，陳少夔果然沒敢輕舉妄動。膽小的怕膽大的，膽大的怕不要命的，這還真是個鐵的規律。

劉文彩與陳少夔針尖對麥芒，互不相讓。一樁意外的刺殺案，將這兩個人的矛盾激化到了頂峰，也促使這場曠日持久的對臺戲終於落下了帷幕。

被刺殺的對象叫蔡洞庭，是劉文彩聘任的「文彩中學」第三任校長。

蔡洞庭原來也是個頗有來頭的人。此人早年曾在成都警備司令胡開榮手下當過家庭教師，依仗胡司令的資助，他讀完了大學，因此對胡司令懷報著一顆感恩戴德之心。一九四六年，胡開榮擬參選國大代表，蔡洞庭自然為胡搖旗吶喊。胡開榮的競選對手叫蘭堯衢，是成都市著名富豪，掌控三家銀行六家公司，腰包裡有的是鈔票。有錢就是好呀，無論誰想當選，只要捨得用鈔票狠狠砸，沒有一個不靈的。蘭堯衢捨得出錢，國大代表自然非他莫屬。

落選之後的胡開榮只能躲在屋子裡生悶氣。蔡洞庭過來安慰他，說著說著，胡司令脾氣又上來了，奶奶的老子去告他賄選！蔡洞庭隨和說：對，去告他！半個月後，蔡洞庭備齊一大疊資料，親赴法庭對質。可能是蘭堯衢這次疏忽大意，沒把法官賄賂好，宣佈判決書時，胡開榮勝訴，並取代蘭堯衢當上了國大代表。

蘭堯衢這次面子丟大了，既破費了金錢，又玩丟了國大代表，一口惡氣堵在胸口，讓人在黑道中傳話，懸賞重金，非要除掉那個幫兇蔡洞庭不可。

陳少夔聽說這個消息後，連夜跑到成都揭榜，大包大攬接下了這樁差事。

回到大邑，陳少夔即召集了崇慶縣羊馬場的三個「兄弟夥」朱耀廷、鄭樹三、楊子清，前往「文彩中學」行刺。三個人化裝成賣筆墨的小商販，先溜進學校探聽虛實，摸清了蔡洞庭的臥室位置和起居規律後，星夜翻圍牆潛入學校，撩開蚊帳對準蔡的腦袋連開四槍，蔡洞庭當場斃命。

蔡洞庭遭人暗殺，在大邑引起了不小的震動。劉文彩勢力通天，眼皮子底下卻發生血案，而且遭暗殺者又是他聘請的校長，肯定是件很沒面子的事。劉文彩為此耿耿於懷，參加完蔡洞庭的追悼會後，就立即著手調查此案。歷經千辛萬苦，終於打聽到此案系蘭堯衢收買陳少夔所為，此時陳少夔已將三個兇手送到偏遠的甘孜、阿壩等藏漢混居區躲藏。劉文彩不惜血本，花重金派人到阿壩找到了兇手，誘騙他們交待出了陳少夔。正當劉文彩拿著證據要來找陳少夔算總帳時，卻得到了消息：陳少夔因吸食嗎啡過量，毒性發作，暴病身亡。

劉文彩又一次贏了。不過這回他贏得不夠體面，心裡多少有點沮喪。

劉文彩的管家和乾兒子

劉文彩的總管家是薛疇九。此人祖籍四川敘府，年輕時當過江湖郎中，矮墩墩的五短身材配上和眉善眼，使人感到他和善可親。劉文彩到敘府後，發現了這是個人才，援引到幕府中管理日常帳務。薛疇九是個做事特別仔細的人，他所經手的一切事務，皆處理得井井有條，過了一段時間，劉文彩讓他當了總管家。

薛疇九不僅管帳管得好，而且還是個全才。看病抓藥不用說，這是他的老本行，劉家不管什麼人生了病，均由薛管家拿脈發藥。據說此人還有點軍事才能，對孫子兵法頗有研究，因此劉文彩給他發了軍服和槍支，稱他為「薛副官」。

薛疇九對劉文彩忠心耿耿，後來，這對主僕之間到了無話不說的地步。從敘府城撤退回大邑時，劉文彩捨不得放走薛疇九，便把他也帶回了大邑安仁，繼續當劉府的總管家。劉文彩退踞大邑後，田產猛增到一萬五千多畝，遍及大邑和川西十多縣，其中就有薛疇九的汗馬功勞。大邑劉氏莊園博物館中曾記載過這麼一件事：一九三六年，薛疇九拿著契約，帶著幾個丈田手到崇慶縣牛皮場收「野田」，張二嫂的一點三畝地也被當作「野田」被丈田手丈量了，眼看田地被強行霸佔，張二嫂拖著孩子，手持菜刀要拼命，結果被薛管家指使一幫人打昏在地，最後她家的一點三畝地仍被填上了契約，改為了劉姓。

劉文彩的其他管家有楊孟高、冷樹廷、彭俊剛、李欽多和蔣煥廷等。

楊孟高（一八九七～一九六〇），四川大邑縣三岔鎮東升村人，是劉文彩二姨太楊仲華的侄子。此人長得五大三粗，有把蠻力，文化也不多，但是有一條，對劉文彩特別忠誠。劉文彩到敘府後，將楊帶出來做事，曾擔任過稅收徵收局長、川康邊防軍中校科長等。劉文彩退回敘府，楊孟高也跟隨而返，負責打理劉文彩家族經濟事務，兼任「文彩中學」董事會董事。

此人後來在安仁也修了一座公館。楊孟高公館占地兩千多平方米，共有房屋四十七間。公館東向臨街，平面佈局由前至後三進院落，分為前院和內宅院兩部分，前院為「前店後居」，通過前院中軸線走廊進入後邊的內宅院，內宅院為兩進院落，作為主人的起居生活之處。建築以單簷懸山穿鬥式結構為主，小青瓦屋面。公館與其他住房相鄰處，則採用硬山頂封火山牆，在發生火災時可阻斷火源，以免互相影響。由此可見，楊孟高的富裕程度也不是一般人家能夠比擬的。

劉文彩臨死前的彌留之際，留在身邊的人已經不多了，其中就有這個鐵桿心腹楊孟高。劉文彩命他執筆，寫了一份遺囑，將其財產大部分給了小老婆王玉清。二姨太楊仲華不服，要找劉文彩去鬧，楊孟高私下勸她說：這有什麼，幾個兒女都是你生的，除了王玉清的那點東西外，今後那些東西都歸你啦。楊仲華這才緩了一口氣。

楊孟高是看著劉文彩閉眼的。這之後楊孟高又活了十幾年，一九六〇年在大邑去世。

劉文彩的公益協進社擁有支社、分社三百六十多個，遍佈川西。號稱「十萬兄弟夥，一萬多條槍」每天早晨，這位袍哥總舵把子就會端著一壺茶，步履悠閒地登上茶樓，穩穩坐在那兒，談笑風生，排兵佈陣。他的茶館名為「同慶茶樓」，是一棟全磚結構的三層洋房，迄今依然矗立在安仁街頭。

劉文彩喜歡收乾兒子。通過收乾兒子大肆培植親信，再安插進「公益協進社」這張鋪天蓋地的大網中，這樣一來，所有控制權便牢牢地抓在了自己手上。

李國卿原來在敘府團練局局長雷東垣名下擔任西路區團總，是雷的四大打手之一。雷東垣投靠劉文彩後，李國卿順風轉舵，認了劉文彩做乾爹。誰知這個乾爹有點欺負人，見李國卿老實忠厚，手中的官帽子便始終不往他頭上扣。李國卿起初並無怨言，天天提著手槍到劉文彩這兒來報到，稱得上是鐵心保鏢。眼看著以前和他平起平坐的曹榮光被劉文彩封了敘府徵收局局長，李國卿也沉不住氣了，找到乾爹伸手要官，想弄個財政局長幹幹。劉文彩點了點頭，答應他會考慮的。李國卿回家等了幾天，等來的卻是這麼一個消息：原來的北路團總虞漢逵搶先他一步坐上了敘府財政局長的位置。李國卿不高興了，再去找乾爹劉文彩，劉文彩拍拍他的肩膀，歎了一口氣說：「那個虞漢逵，託了雷東垣天天往我這裡跑，不謀到財政局長的位子他就要撂挑子，真是傷腦筋哪。」又說：「你是我的乾兒子，我總不會虧待自己人，這事兒以後有機會，你再等一等吧，下一屆讓你再當。」幾句話便把李國卿的心說軟了。其實呢，劉文彩說的句句是假話，雷東垣根本沒幫虞漢逵說情，虞漢逵能坐上財政局長的位置，完全是花花綠綠的鈔票在起作用。

李國卿果然聽話，依然在乾爹手下忠誠當差，等到虞漢逵那一屆財政局長行將到期時，李國卿即開始著手搭建自己的組閣班子。有一天，在大街上碰到虞漢逵迎面而來，他竟按捺不住滿心的急切，開口問道：「朋友，什麼時候交接啊？」虞漢逵一愣，感到莫名其妙，李國卿得意地搖晃著腦袋說：「乾爹說了，下一屆財政局長讓我來做。」虞漢逵在財政局長的位置上撈了一票，腰包裡比較「暖和」，自然捨不得離開寶座，數了些鈔票四處一活動，送出的紅包很快奏效，先前的主子雷東垣和大邑縣長沈眉蓀都願意站出來幫他說話。

接下來的過程像是演戲。虞漢逵在自家府中安排了一桌酒宴，請來劉文彩、雷東垣、沈眉蓀以及李國卿等人，酒過三巡，虞漢逵開始訴苦，說自己才疏學淺，這個財政局長當得太累，工作也沒有做好，下一屆局長還是請各位前輩另外物色人選。話剛落音，縣長沈眉蓀馬上站起來反對：「千軍易求，一將難得，漢逵不能走。」雷東垣也隨聲附和：「就是嘛，幹得好好的，幹嘛要撂挑子，莫非是嫌劉總舵子待你不好？」這邊廂一干人在認真演戲，只是苦了劉文彩的乾兒子李國卿，在心裡連連叫苦不迭，不停地看乾爹，劉文彩早已被塞了鈔票，此時只能裝蒜，埋頭喝茶。

李國卿想當財政局長的美夢泡湯了，不禁黯然神傷。但是此人好就好在大腦比較簡單，鬧了幾天情緒，被劉文彩幾句好話一哄，又像個孩子似的打起了精神。如前所述，劉文彩從敘府撤退時，許多人都躲著，李國卿卻自願為乾爹保駕，一直護送到犍為才依依惜別。此人的結局不太美妙，回到敘府後，再也沒有了靠山，不久即遭月波鄉土豪吳炯臣殺害。

劉文彩還有個乾兒子叫李鵬舉，大邑上安鄉人，其父李耀雲原是上安鄉的團總，有權有勢有槍桿子，堪稱地方一霸。大凡地方上的惡勢力，都會結下一些仇家，李耀雲的仇家是同鄉的一名陳姓地主，為了爭奪一塊地盤，兩家鬧到兵刃相見，結果李耀雲被對方一槍爆了頭。父親被打死那年，李鵬舉還在邛崍縣聯合中學讀書，聽到消息已是三天後，他連夜趕回大邑，伏在棺材上哭天嚎地，心中暗暗發誓：此仇不報，誓不為人！

在大邑這塊土地上，劉文彩的名字如雷貫耳，為報父仇，李鵬舉投靠劉文彩認了乾爹。乾爹也待這個乾兒子不薄，交給他幾十條槍，讓他當了上安鄉的民團大隊長。上任不久，他就帶著一隊人馬，將一陳姓農民捆綁到他父親靈前，「用鐵釘在陳頭上鑽了三個洞，插上香燭活祭，祭完後一槍打死在地。」[3]

劉文彩的這個乾兒子十分兇殘。他非常看重槍桿子，效仿當時四川軍閥的一些做法，把全鄉農民強行編制成十個中隊，隊伍達到近千人，每天早晨訓練兩小時，對不服從規矩者，還專門制定了一套嚴厲的懲處辦法。一九三六年，國民黨清匪剿共，李鵬舉在上司面前拍著胸口保證：半個月內獻上二十顆人頭。結果到期後還差一個，李鵬舉帶著隊伍來到農民宋安安家裡，見面後李鵬舉便大

3 周東浩：《地主莊園滄桑錄——劉文彩及其家人檔案》第88頁。

咧咧地說：「宋大爺，把你的腦袋借用一下。」宋安安一邊端茶遞煙一邊說：「莫開玩笑啊，這種事開不得玩笑的。」李鵬舉把臉一板，陰沉沉地說道：「哪個與你開玩笑。龜兒子，老子完不成任務。」可憐宋安安，就這麼不明不白當了冤死鬼。

一九五〇年春節前夕，川西發生武裝暴動，李鵬舉被任命為「反共救國軍」支隊長，率領兩路土匪襲擊大邑縣上安鄉、唐場鄉人民政府，殺死徵糧隊員二十二人。幾天後，這場武裝叛亂被平息，李鵬舉被活捉，關押了一周後被執行槍決。

劉文彩的另一個乾兒子叫郭保之。此人是大邑大河鄉人，祖輩種田，業餘兼職打獵，挎著桿獵槍到江河湖汊上逛蕩，也是別有一番風光。打獵打了一陣，覺得不過癮，又想出了一個生財奇招，把附近農戶當作獵物，搞點偷雞摸狗的勾當。時間一長，郭氏父子臭名遠揚，附近的鄉親們提到郭家，沒有不憎恨的。有戶姓劉的人家實在看不過去，與郭家發生了一場爭執，這麼一來劉家便遭殃了，全家男子被殺。後來郭家又與另外一戶黃姓人家結下了樑子，這次下手更兇狠，將黃家人滿門抄斬。連著發生了兩起血案，衙門派人抓捕，郭保之見勢不妙，乾脆上山落草當了土匪。

他投奔的是川西著名土匪叫孔錫芝，綽號「孔金鋼鑽」。此人也是本性兇殘，殺人如麻，郭保之跟著「孔金鋼鑽」幹了一陣後，漸漸得勢，被委任為小頭目。那天晚上郭保之多喝了幾口酒，口口聲聲稱，將來一定要報答孔錫芝的提拔之恩。後來，他的答謝方式也很特殊，殺掉了孔錫芝，自己取而代之當了土匪頭子。

子係中山狼，得志更猖狂。此後郭保之做的壞事數不勝數。據作家周東浩在《地主莊園滄桑錄——劉文彩及其家人檔案》一書中記載，郭保之看上了農民李松山的女兒李敦敦，要強佔為妻，李家不同意，郭保之就派人去搶，奪走了李敦敦，霸佔了一片杉樹林，還趕走了李松山全家。對自己的岳父尚且如此，對他人更可想而知。鄰居趙小雲出頭說了幾句公道話，竟被郭保之抓起來丟進水庫活活淹死。

姦淫擄掠，草菅人命，統統成了郭保之的家常便飯。殺得性起，他連國民黨政府的清鄉部隊也不放在眼裡，選擇了一個月黑風高之夜，對駐軍突然襲擊，打死一名連長，另一名連長受傷，此事在大邑縣引起了震驚，縣長吳國義派人到處張貼懸賞令，一定要捉拿此凶歸案。

郭保之這才覺得自己闖了大禍，前來找乾爹劉文彩想法搭救。劉文彩聽了情況，斥責他搞得太不像話了，連國民黨的兵都敢殺。一頓訓斥之後，帶著乾兒子郭保之來到縣府，對吳縣長說：「這是我的乾兒子郭保之，如今他已認錯，還望吳縣長高抬貴手。」吳國義表情尷尬，抓也不是放也不是。劉文彩喝令讓郭保之道歉，郭保之雙膝一跪，口稱小的犯錯，請吳大人開恩。吳縣長打著官腔對劉文彩說：「劉老師，你這是給我出難題。」劉文彩雙手抱拳說：「看在我的面子上，請吳縣長放他一馬。」吳國義無可奈何，最後只好給省府打了個報告，稱「案犯逃出了本縣界，難以捉拿」，才把這件事交差了。

在一九五〇年春節前夕川西的那場武裝暴動中，郭保之也被任命為「反共救國軍」的支隊長，負責攻打崇慶縣。圍攻縣城失敗後，糾聚數百名匪徒盤踞山林，後被解放軍派兵圍剿，郭保之部潰退，他逃到柏木溝山上的一個岩洞前，見再也無路可逃，便開槍打死了其妻子和兒子，然後自殺身亡。

「文彩中學」的是是非非

無論從哪個角度看，劉文彩都像是劉氏家族的一塊黴斑。尤其是進敘府城以及暴富後回到安仁鄉的那些日子，此人劣跡不勝枚舉。他一生並沒有什麼鮮明的政治態度，所有的活動都圍繞一家一己的私利進行，為了一家一己的私利，他經常冒天下之大不韙，盤剝百姓心狠手辣，霸佔一方烏煙瘴氣，手中有槍桿子，卻很少做什麼好事，是典型的「文盲加流氓」的貨色。作家映泉對劉文彩有個評價，映泉認為即使「從國民黨的法律角度來審視劉文彩，也屬於不法之徒。殺夫奪妻，強姦少女，霸人田產，登門逼租，可謂無惡不作。國民黨地方政府無奈他何，想要他命的人大有人在。如果背後沒有劉文輝撐腰，沒有老大劉文淵起潤滑作用，沒有軍隊幫他彈壓，即使不解放他也難逃掉腦袋的下場。至於打著政府旗號派捐派款、販賣毒品、勒索錢財，勾結土匪殺人越貨，更是罄竹難書。如果用土改的政策去給他定性，僅他殺害無數共產黨人這一條罪狀，皇天后土就饒他不得。貪官、汙吏、土匪、惡霸、流氓、地痞等等角色的惡行，他一個人占全了。」[4]

但是社會上卻另有一種為劉文彩翻案平反的聲音。香港鳳凰衛視曾經做過一個名為《大地主劉文彩》的五集專題片，其中對劉文彩的介紹是：「地主劉文彩每天的生活其實與美國經典電影《教父》中馬龍白蘭度的教父非常近似。每天早晨來到自家開的茶樓裡，從各地來的舵把子便開始輪流拜會他，得出各種問題，請求他幫助擺平。」這個場面看起來很恬淡，甚至還有幾分美麗的詩意，然而試問一下，這個輕描淡寫的場面背後潛藏著的殘酷、血腥與暴力，是否有人想過？那可是無數條鮮活生命的沉重代價！

對劉文彩評價分歧意見最大的是他修建「文彩中學」這件事。

一九四一年夏天，劉文彩在安仁的新公館竣工後，剩下了大批建築材料，即考慮著手修建一所學校。那年頭辦學成風，劉文彩為何要趕這個時髦，自然有他的想法。

在此之前，大邑安仁鄉只有一所小學，是個叫李吉仁的窮秀才籌辦的。有了這所小學，使安仁鄉出了些人才，在老百姓中口碑也好，而且得到了官方的贊許。這無疑是刺激劉文彩辦學的一個因素。其他的原因則比較複雜。大哥劉文淵是社會名流，六弟劉文輝是軍界領袖，劉文彩辦起一所中學，多少能為他們臉上爭光。另外，也是為了讓孩子們有指望，尤其是劉氏家族的孩子們有指望。

---

4 映泉：《天府長夜——還是劉文彩》，第3頁。

還有，修建學校可以在鄉民中贏得聲譽，可以在仕途上撈取政治資本。無論怎麼說，這所「文彩中學」是修起來了。但是不能因為劉文彩修建了這所中學就一切都好了，修建一所學校並不能將其惡行一筆勾銷。

大邑地主莊園博物館中保存有劉文彩辦學的一張獎狀，其得來的經過值得一提。有一次，四川省文教局一位姓吳的督學來學校視察，當著幾個人的面，劉文彩將二百萬的一張銀票拍在桌子上，開口說：「一點小意思，請吳督學笑納。」吳督學見此場景大為驚慌，連連推辭道：「我不要，我不要，怕以後脫不了手。」劉文彩陰冷一笑：「只怕吳督學不要，以後才真正脫不了手。」吳督學一愣，體會到了劉文彩話中的威嚴，趕緊收下。劉文彩也不遮掩，直接說道：「請吳督學轉告省府，劉文彩辦學有功，為民興利，省府應該嘉獎嘛。」吳督學雞啄米似的點頭。過了不久，四川省政府果然發下了這個獎狀。

劉文彩修建「文彩中學」的經費來源於三個方面：一是他在敘府城留下的那些房屋的房租；二是以學會董事會的名義在西康省販運鴉片的收入；三是袍哥組織公益協進社兄弟夥所交的「碼頭」基金。修建這所中學歷時三年時間，總共投資三億五千多元國幣，在當時折合成美元是二百多萬。「文彩中學」校址面積一百零四畝，分男女生部建造，男生部約六十多畝，女生部二十畝，校門外大操場二十畝。校園中心的大禮堂取樣於四川華西大學禮堂，氣勢恢宏。

「文彩中學」的首任校長高樹元，原系成都建國中學校長，是劉文彩挖來的一個人才。第二任校長吳德讓，上海大廈大學畢業生，高樹元辭職後，吳即繼任。建國後曾任四川阿壩州宣傳部長、四川省社科院主任等職。第三任校長蔡洞庭，四川新津縣人，四川大學中文系畢業生，後被蘭堯衢派人暗殺。第四任校長宋思孔，四川大學數學系畢業生。第五任校長劉天沛，西康漢源縣人，四川大學畢業生。他擔任校長直到建國後「文彩中學」被政府接管，才調任他職。

劉文彩曾經在成都《新新新聞》報上刊登過一則招聘教師的啟事：高薪重聘，教師每月工資四十個大洋為基數，如願在學校長期居住，可分配四合小院一座。不願居住的，可用小轎車接送。有煙土嗜好者，每月專供雲土鴉片不要錢。廣告一出，應聘者紛紛湧來，學校教學品質迅速上升，在四川省的聲譽也得到提升，每年都有四川各縣鄉的學生來此求學，也確實為社會培養了不少優秀人才。

建國後，「文彩中學」更名為安仁中學。在安仁中學校慶五十周年時，校方把那座書寫著劉文彩「其生平善績，更仆難數」的紀念冊翻印成冊廣為散發，還在有意無意間將安仁中學口稱或書寫為「文彩中學」，這種對劉文彩難以忘記的情懷，頗為讓人回味。凡是學校總會培育人才，其實這些人才與劉文彩並沒有什麼必然的聯繫。如果把這些人才也歸功於劉文彩，實在是太牽強了。

劉文彩性格陰鷙複雜，作惡多端，是大邑鄉梓的一害。不錯，他曾首倡修建了這座學校，但其初衷是出於私心，出於維護一家一己私利之目的，並非什麼高尚之舉。今天有人說劉文彩「善莫大焉」，其「善」在何處？實難費解。如果以此虛擬的「善」來掩飾他現實的惡，甚至大翻其案，頌揚其惡，則距離歷史真相實在太遠了。

第五章　妻妾成群

喪妻喪子後命運又出現了轉機

劉文彩十九歲那年，由父親劉公贊作主，完成了他人生中的第一樁大事：結婚。女方姓呂，是附近一戶農家的女兒，結實肥碩，身體脂肪儲存量大，能幹活，也能吃苦。劉文彩此時還未發跡，審美標準沒有後來那麼苛刻，對元配夫人呂氏相當滿意。

劉文彩從小養成了遊手好閒的習慣，他最大的愛好是到鎮上茶樓裡賭博。每次趕著馬匹販運貨物進城，就是他嚮往的黃金日子，躲進茶樓，賭它個昏天黑地。他賭技不錯，運氣也好，大多數時間都會滿載而歸。偶爾也有敗走麥城的時候，看到丈夫悶著頭灰溜溜回家，呂氏就知道這次肯定輸錢了。不過呂氏特別會做人，並沒有因為丈夫沉溺於賭博而吵鬧要離婚，而是不動聲色待之，像往常一樣做好飯菜，甚至端來洗腳水服侍。到了夜深人靜之時，兩口子在床上一番親熱後，呂氏才使出女人的功夫，好言好語吹枕邊風，規勸劉文彩戒賭。

當時的劉公贊家族中，老大劉文淵已是遠近聞名的鄉紳，經常在外應酬公務。老二、老三和老四，分別在家務農、學道士、做裁縫，老六劉文輝還在保定軍官學校求學讀書。真正能撐得起這個家的，只有為人精明強幹、擅長經營之道的老五劉文彩。劉公贊也有意讓劉文彩今後來當這個家，把治理家業的擔子儘量往他肩上擱。

結婚沒幾年，劉文彩有了一男一女兩個孩子。也許是兒女的出生喚醒了他的責任心，劉文彩的心思從賭博場更多轉移到了生意場，每次從城裡趕著馬匹經過那座木橋，劉文彩都會想起妻子那句話：「家有金山銀山，進了賭博場全完蛋。」有些道理他也慢慢想通了，賭博場上沒有永遠的贏家，不怕你贏錢，就怕你不來。看到丈夫更多心思放到了生意場上和這個家庭，呂氏心裡像吃了蜜糖似的高興。

夫妻恩愛，日子過得和美，眼看著這個家庭一天天在往上走。可是天有不測風雲，此後連續幾年，劉文彩家族的災難接踵而來。先是元配夫人呂氏染上重病，大口大口咯血，彌留之際她拉著一雙兒女的手，叮囑劉文彩將兒女撫養成人，眼神中流露出對人世間的無限眷念。呂氏去世後，這個家庭像丟失了靈魂似的，彷彿一夜間散盡了元氣。短短半年多時間，一對兒女又雙雙早夭。這一年劉文彩剛滿三十歲，正當人生中的而立之年。

災難並沒有就此結束。三年後，其父母又相繼去世。

幾年內失去了五個親人，劉文彩懷疑是祖墳有什麼問題。他與大哥劉文淵一商量，花重金請來一位風水先生，拿著羅盤滿山轉，踏踏實實勘測了幾天，最後的結論是劉家祖墳上缺樹缺草，趕緊栽了棵彎彎樹，種了些紫荊藤，以保佑劉氏家族興旺富貴，大吉大利。

做完這一切後，劉文淵即著手為五弟劉文彩物色新妻。這次娶的是三岔鄉楊登友的女兒，名叫楊仲華，剛滿二十歲。聽說要嫁給一個三十三歲的男人，楊仲華心裡有些不情願。但是父母已收了劉家的聘禮，現在也由不得她了。

楊仲華人高馬大，行事作風潑辣，嫁到劉家後，很快適應了自己的角色，進門沒幾年，這個冷清破落的庭院重新呈現出了勃勃生機。更加讓人高興的是，在短短兩三年內，楊仲華又生下了一雙兒女，劉文彩眼睛笑成了一條縫，為兒子取名叫劉元龍，女兒取名叫劉憶雲。劉文彩發現，楊仲華不僅勤勞能幹，而且還頗有旺夫運。自從她嫁到劉家後，劉家的運道就一直往上走。因此，在接到劉文輝那封叫他去敘府幫忙做事的家信後，劉文彩認為他人生中的這個機會也與楊仲華的旺夫運關係密切。他在枕頭邊與楊仲華商量，是去還是不去？楊仲華是個爽快性格，乾脆俐落地說：「當然要去，做啥子不去？老六現在當了大官，跟著他走肯定錯不了。」

誰知道劉文彩一到敘府後，在花花世界中眼花繚亂，頭暈目眩，很快娶了三姨太凌君如、四姨太梁慧靈，此外還和那麼多野女人糾纏不清。楊仲華後悔莫及，感歎當初就不該放手讓丈夫劉文彩去敘府城。再往後去，劉文彩娶了五姨太王玉清，與楊仲華之間的感情更加冷淡。不久楊仲華乾脆遷居成都，與劉文彩見面的機會也不多了，兩人的關係若即若離，雖說表面上仍是相敬如賓，但再也沒有了早先濃濃的家庭味。當然，這些都是後話。

性賄賂的「人肉炮彈」變成了如夫人

前邊說過，敘府城有個外號「通天教主」的團練局局長叫雷東垣，此人手下有四員幹將團總，分東南西北四路，其中東路團總叫曹榮光，是個紅臉胖子，表面上看起來有點馬大哈，實際上卻頗有心計。見雷東垣投奔劉文彩，曹榮光立馬改換門庭，對劉文彩進行性賄賂，發射了一枚「人肉炮彈」。結果，劉文彩果然入港，提拔曹榮光當了敘府徵收局局長。

曹榮光選送的這枚「人肉炮彈」叫凌君如，人稱凌旦兒。凌君如原是敘府人，出身在一個貧寒人家，七八歲時被送給一個川劇世家，師傅叫凌友臣，川劇功夫唱做念打行行精通，尤其擅長表演變臉。凌君如長相俊美，身段嫵媚，能歌善舞，再經過凌友臣的一番調教，迅速成為一顆名星，在敘府城裡紅得發紫。女演員能竄紅，其實也離不開潛規則，凌君如背後的靠山是曹榮光。但是令她想不到的是，有一天，曹榮光悄悄附在她耳邊說，讓她去陪那個頭髮已有些花白的小老頭劉文彩。凌君如啐了曹榮光一口，狠狠地說：「要的時候摟在懷裡，不要了就丟在崖底。」曹榮光說：「我這也是為你好。」

凌君如果然功夫了得，略施技巧，三兩天就把劉文彩的魂勾走了。劉文彩原是安仁鄉里來的一個土老帽，何曾見過這等模樣的洋氣女人，這才感到天地大了就是不一樣。他對凌君如百依百順，寵愛有加，玩樂了一段時間後，背著楊仲華在敘府觀音街購買了一座公館，金屋藏嬌起來，用今天的話說叫做「包二奶」。

為了發展與凌君如的這份「愛情」，劉文彩十分捨得投入。凌君如喜歡滿城遊逛，每逢她要出門，劉文彩必定安排侍衛、奶媽、丫鬟一大班人緊隨其後，為凌君如服務，保護她的安全。凌君如嫌包車的坐墊太硬了，第二天劉文彩就找了個胖丫鬟當她的肉墊子。凌君如是個物質至上主義者，見了好東西就想佔有，劉文彩想著法子滿足她的一切願望，光為她買的各種繡花鞋就有四百多雙，綾羅綢緞的衣服裝滿了五十多口大箱子。

有一天傍晚，劉文彩陪著凌君如乘坐馬車去看戲，在大街上摟摟抱抱，正好被楊仲華看到了。其實在此之前，有關凌君如的各種傳聞已經飛進了她的耳朵，現在親眼所見，楊仲華再也忍不住了。當天晚上，她一直倚靠在床頭未入睡，等到夜晚十二點多鐘，劉文彩總算回家了，楊仲華劈頭便問：「那個女人叫凌旦兒？」劉文彩一愣，一會才緩過神來，說道：「你知道了還問？」楊仲華冷笑一聲：「我知道了，我當然知道了，你今天給我說清楚，是要我還是要那個野女人？」劉文彩湊上前來：「說話和氣點，什麼家女人野女人。」說著一隻手撫弄起了楊仲華的肩膀，卻被楊仲華猛地推開了，順手操起床頭櫃上的一面鏡子，朝對面牆壁上用力擲去。劉文彩見此情況，頓時也冒火了，抓起桌上的一個瓷筆筒，也往地上摔。夫妻倆乒乒乓乓摔得一陣熱鬧，公館裡的管家、傭僕都被吵醒了，走過來勸架。劉文彩覺得自己很沒面子，大聲說道：「她是唱戲的又怎麼樣，看老子偏要把她娶進屋來。」

楊仲華悶著頭嚶嚶哭了一陣，終於想好了一個主意。他給安仁鄉老家的大哥劉文淵帶了一封信，簡單說了劉文彩在敘府和風塵女子凌君如鬼混的情況，要劉文淵快點來敘府，勸說劉文彩改邪歸正。劉文淵聽說劉文彩與一個當紅戲子打得火熱，急火攻心，以十二萬分急迫的心情來到敘府，動之以情，曉之以理，從各個角度闡述危害性。無奈的是，不管劉文淵如何勸說，劉文彩始終是一顆煮不熟蒸不爛的銅碗豆，半天也不吭一聲。等劉文淵說完了，問他什麼想法，劉文彩這才丟下一句話：「這事大哥你莫管，凌旦兒我娶定了。」

劉文淵怏怏而歸。過了不多久，劉文彩果然在敘府最豪華的酒樓擺了幾桌筵席，與凌君如舉行了一場隆重的婚禮。

劉文輝戰敗退隱西康後，劉文彩失去了政治靠山，也只得收拾細軟回到大邑安仁鄉。臨走之前，他摟著凌旦兒，眼淚不自禁地掉落下來：「這次要讓你跟我受累了。」凌旦兒噘著小嘴撒嬌道：「夫妻之間別說這些，什麼受累不受累，能一輩子跟著五爺就是享福。」劉文彩看著懷抱中的尤物，百感交集，因為劉文輝失敗帶來的挫敗感，一時間減輕了許多。他對凌君如許諾，先回安仁住幾天，最多不超過一年，然後去成都養老。

回到安仁鄉最初的一段日子，凌旦兒還能恪守婦道。儘管劉氏家族一個個對她冷眼相待，尤其是大哥劉文淵，每次見到她掉頭便走。凌君如畢竟在風月場上闖蕩多年，無論什麼樣的臉色都見過，總是淡淡一笑，裝做什麼事也沒發生。有時候迎面碰到劉文淵，她甚至會主動上前打招呼。為了劉文彩，凌旦兒確實沒少受委屈。

然而這樣的日子沒過多久，凌君如就心生厭倦。和繁華的敘府城比起來，安仁鄉確實太小了，一條狹窄的石板街，幾間歪歪扭扭的磚木房子，芝麻大的地方，不到半個鐘點就能走到頭了，街上晃動的永遠是那麼幾張老面孔，實在沒有什麼好玩的。凌君如施展美女功夫，想著法子哄劉文彩高興，然後問他：「什麼時候離開這裡去成都？」劉文彩避而不答，對這個問題他也感到特傷腦筋。劉文輝退居西康後，一直想著重振旗鼓，他此刻尤其需要五哥劉文彩的援手。換句話說，劉文彩此時不能離開大邑安仁。

凌君如斜倚床頭，手托香腮，鎖眉凝思，終於想出了一條金蟬脫殼的妙計。

她託人給敘府城的手帕姐妹梁胖帶了一封信，叫梁胖來安仁陪陪自己。過了些日子，梁胖果然來了，一見凌君如格外親熱，相互摟抱著姐妹長姐妹短叫個不休。梁胖名叫梁慧靈，從小和凌君如一起長大，兩人的關係親密無間。她長得白白胖胖，性格有點男子氣，正好與凌君如溫柔嫵媚的性格形成互補。凌旦兒在一家妓館暗中下水後，感覺「錢多人傻」，於是召喚兒時夥伴梁胖加盟。姐妹倆在風月場上鬼混了幾年，梁胖也學會了一套對付男人的本領。再後來，梁胖看中了常來妓院的一個「領江」（為船隻領航的水手），讓那個「領江」出了筆贖金，買回了自由身，並與他結了婚。遺憾的是，梁胖沒跟「領江」過多久，就發現那人原來是個窮光蛋，當初幫她贖身的贖金還是找人借的，催債的人隔三差五上門。梁胖氣悶不過，來找凌旦兒出主意。凌旦兒的主意很簡單，就三個字：蹬了他！梁胖回到家裡，態度變得不冷不熱，在家庭經濟危機面前，她聽從了凌旦兒的意見，採取實用主義哲學，回到風月場上重操舊業，只不過保持在一種較隱秘的狀態，她和「領江」之間的婚姻名存實亡，基本上成了空架子。

凌君如叫梁慧靈來安仁，是想讓她李代桃僵，便於自己金蟬脫殼。早先在敘府城時，凌君如就用過這一招，為了籠絡住劉文彩的心，她叫來同伴好友梁慧靈，和劉文彩一起玩「雙飛燕」的性遊戲。劉文彩的興趣在美女凌旦兒身上，對梁胖的態度不冷不熱，不過，既然凌旦兒樂意有自我犧牲精神，劉文彩也便照單全收。

凌君如安排的這場戲，原本是經過劉文彩允許的。於是備好花轎，敲鑼打鼓，將梁慧靈抬進了劉家院宅。但是劉文彩沒料到的是，一場婚事打理完畢後，凌君如一走三扭，風擺楊柳似地過來，倚在他的肩膀上溫柔地說：「讓我去成都。」劉文彩臉色一下變得陰沉沉的：「你想好了？真的要走？」凌君如堅定地點了點頭。劉文彩神情有點絕望，他抬頭看了看天空，長歎一聲：「我就知道會有這一天的。走吧，都走吧。」他擺擺手，默然神傷，一個人徑直走進了廂房。

凌君如果真走了。劉文彩派人用滑杆將她送到成都，在東城根陝西街買了幢公館，這幢公館從此成了她的金絲鳥籠。劉文彩在成都開有一家人力車行，現在轉到了凌君如的名下，讓她每月收租金，維持生計。日子倒也過得很富足。

當年在大邑安仁鄉，凌君如也曾有過留下來陪劉文彩過日子的想法。可是偏遠的環境和單調的生活，最後還是讓她望而卻步。如果仔細探究，其中還有個重要原因：她的肚子一直不爭氣，與劉文彩同居幾年後，仍然沒能生下一個子女。

劉文彩的繼室楊仲華，是凌君如最強有力的競爭對手，其重要的競爭籌碼，是楊仲華特別能生孩子，一生就是七個（四男三女）。這讓凌君如既羞又惱，卻又毫無辦法。沒有生下孩子，始終是凌君如的一塊心病，雖說眼下她還能靠容顏悅人，一旦人老色衰，失寵終歸只是個時間問題。

凌君如也決不是庸常之輩，她必須死死拴住這個男人。女人之間如果鬥起了心眼，什麼錦囊妙計都能想得出來，這回凌君如想的點子是「借腹生子」。

凌君如初到安仁時，劉氏家族對這個曾經混跡於風月場所的女子百般挑剔，每個人都看她不入眼，尤其是大哥劉文淵，當著劉文彩的面嚴正聲明：不能把那個女人帶進劉家。凌君如進入劉家大院的路被封死了，只好另闢蹊徑，想辦法買公館安頓她。劉文彩看中的是陳家的一幢二層樓的小洋房，東西橫向結構，大木門開啟後是又深又長的走廊，走廊上鋪著一層油漆地板，走起路來「蹬蹬」作響。最為氣派是二樓上有個觀景台，站在那兒讓人心曠神怡。劉文彩找到陳姓地主，說了想買小洋房的想法，陳地主連連搖頭，說房子暫時不想賣。劉文彩悻悻而歸，只好另想辦法，再去找其他的房子賣主。

誰知道過了不到一個月，事情忽然出現轉機。陳地主有個賭博的愛好，一次在賭場上輸了，找劉文彩借錢，劉爽快地給他數了一疊銀洋。雖說第一次借的錢不多，總歸是個人情，當劉文彩再次提出想買房子時，陳地主狠了狠心，只好賣掉了那幢房子。這之後陳地主並沒有收心，繼續沉迷於賭博場，心裡總想著把輸掉的銀子扳回來。賭場是個無底洞，扳本的結果是越輸越多，只好找劉文彩借錢再去賭，如此滾雪球似的越欠越多，陳地主成了債務人，彷彿是被夾住了腿的獵物，乖乖聽從劉文彩的擺佈。三天兩頭有逼債的上門，上街見到劉文彩的身影趕緊繞道走。欠了債總是躲也不是辦法，他吩咐老婆注意和劉家搞好關係。有一天，老婆帶著女兒陳大貞到劉家串門，凌君如笑咪咪迎上去，攀肩搭背顯得格外親熱。陳地主的老婆乘勢說，把那筆債務再寬限幾天，凌君如滿口答應下來。

表面上的滿臉熱情，肚子裡卻是另有心機。為了得到劉文彩更多寵愛，穩定自己在劉家的地位，也為了將來能名正言順分財產，凌君如為老公當起了皮條客，選擇的女子就是年僅十四歲的陳大貞。經過凌君如一番精心計畫，這個周密的計畫得逞了，陳大貞終於懷上了劉文彩的孩子，這年她十六歲。在此前後，凌君如又擔心一個女人懷孕不保險，為了更穩妥，她又如法炮製。劉文彩私家車司機的妻子許太太有幾分姿色，且據凌君如觀察，劉對許太太很有意思，於是略施小計，安排好時間和地點，這對人物果然準時出場，上演了一齣顛鸞倒鳳的性愛戲。另一個姓金的女子，與凌君如相互間以姐妹相稱，也被拉攏入港，成了凌君如「借腹生子」計謀中的一個道具。

凌君如的「三重保險」全部成功，三個女人都懷孕了。凌君如喜孜孜上陣，用棉衣塞大了肚子，走路時裝模作樣撐著腰，活靈活現像一個病懨懨的美孕婦。三個女人的兒子先後出世，這時候凌君如已經住到了成都，她鬆了一口氣，這才得以「解除武裝」，如釋重負，再過幾天，一個驚喜的消息傳回了大邑縣：劉文彩的三姨太一胎生下了三個兒子！消息不脛而走，被當時成都的報紙捕捉到了熱點，寫成報導，成為轟動全四川的頭條新聞。

起初劉文彩以為這事兒是真的，屁顛顛來到成都，抱起三個兒子左看右看，心裡飄過的是一絲怪異之情。他的耳目眾多，一兩天後就知道了事情真相，再回頭看三胞胎孩子，既不像劉文彩，也不像凌君如，而且三胞胎長得三個模樣。劉文彩惱羞成怒，受騙的感覺籠罩著他，心底裡有一絲難言的悲涼。讓他更難堪的事還在後頭。成都幾家小報知道了這個爆炸性新聞，紛紛到劉公館採訪，圍在劉文彩屁股後面問這問那，熱點效應就是金錢，小報記者肯定不會放過良機。劉文彩叫來凌君如狠狠一頓臭罵，然後帶她回了安仁。劉文彩心裡想，如果繼續讓她留在成都，還說不定會鬧出什麼樣的花邊新聞呢。

凌君如人是從成都回來了，可是夫妻二人的感情卻完全淡漠了。當年，劉文彩看中凌君如年輕漂亮，對她的毛病不很挑剔。經過借腹生子的鬧劇，劉文彩忽然意識到，年輕漂亮的三姨太對自己其實並沒有什麼感情，她貪圖的只是自己的財產。看透這些之後，一種心灰意冷的感覺油然而生。像一隻破損的花瓶，留下的裂紋成了他們之間的一道鴻溝。

在經歷了幾次婚姻之後，劉文彩內心有種挫敗感，充滿了失望與落寞。不久後，他託人幫忙找了個老實本分的農村女子，也就是五姨太王玉清。這是後話。

在安仁鄉又住了幾年，凌君如最後還是離開了劉文彩。這次她沒有去成都，而是回了她的老家敘府。離別的時候，劉、凌二人都有點感傷，看著她牽著幾個孩子漸行漸遠的身影，劉文彩臉上的表情有點複雜。當然，心中的感情更加複雜。

回到敘府後，彷彿時光倒流，凌君如似乎又回到了她過去的那些歲月。在風月場上紙醉金迷，她與那些老熟人打情罵俏，肆無忌憚地放縱自己的感情。當然在性行為上還得有所節制，她畢竟還和劉文彩維繫著表面上的婚姻關係。不同的是，無論她看上去多麼快樂，過去的那種歡快心境再也找不回了。

隨著歲月的流逝，凌君如漸漸人老珠黃。她的性格和行為也變得怪僻乖張。三個孩子中，老大過早地夭折了，剩下老二老三，從小跟著這麼一位古怪的母親長大，身心所受到的影響不言而喻。表面上，凌君如雖然摟著抱著他們，其實骨子裡對兩個孩子根本沒有責任感。孩子長大了，慢慢知道了凌君如並不是他們的親生母親，母子間的感情更加疏遠，長到了十一二歲，凌君如徹底失去了耐心，她請人幫忙代筆，給劉文彩寫了一封信，問劉想不想要這兩個孩子。劉文彩正好在安仁辦了「文彩中學」，於是派人接回了兩個孩子，放到學校裡去讀書。可是兩個孩子在社會上玩慣了，像是兩匹勒不住的野馬，對上學讀書感到索然無味。劉文彩一氣之下，將他們從學校裡趕了出來，一個被送到一家裁縫店學縫紉，另一個送到中藥鋪當學徒。劉文彩是袍哥總舵把子，事情太多，無心顧及這兩個孩子，他們像無父無母的孤兒，在社會上漂泊。又過了一年，凌君如聽說了這些情況，將兩個孩子重接回敘府，這麼多年了，不管怎麼說，她還是和這兩個可憐的孩子有了些感情。

劉文彩臨死之前的那幾年，曾經給凌君如寫過好幾次信，叫她回安仁來一起過日子。可是凌君如的一顆心已經死了，她始終沒有再回安仁。土改時期，劉文彩的家產全部被沒收，凌君如原來靠房租過生活的日子結束了，她回到中埸鎮娘家，試圖自食其力，靠勞動為生。上世紀六十年代，曾有一個名叫周少英的熟人見過她：「她頭上戴了個爛草帽，穿了一身很爛的藍色衣服，人老多了。大概近六十了吧，在街上討飯。她還搞了些破爛，賣糖、賣包子（五角錢一個），跟一個叫陳四姐的在一起。我見到她，看見她那個樣子，很驚訝。我問她：『你咋變成這個樣子了呢？你不如去向政府坦白，交待揭發劉文彩，說不定政府還會給你個事情幹呢。』她說，她不想去找政府，她要找朋友去。並向我撒謊說，她從敘府來，錢包丟了，沒法，只得討飯，晚上住在火車站候車室。我就不相信，能住火車站，能討飯，哪裡有錢呢，說明把錢包丟了是扯謊。由於我們過去認識，她就在我們這裡住下，當時我們住在青石橋北街三十六號劉婆婆家，凌旦也就住在劉婆婆家（劉婆婆已經死了），搞了個地鋪住上。住了幾天，我們大夥給湊了一些破爛，如繡花枕頭等，她拿走了，去擺攤子，以後就再沒有來。」[1]

再娶一房姨太太

有一天，劉文彩找來總管家薛疇九，陰沉著臉，皺著眉頭說：「我想再娶一房姨太太，你幫我去物色一下。」薛疇九跟隨劉文彩多年，懂得他此刻孤寂的心理，順口問道：「姨太太要什麼樣的條件？」劉文彩無奈地笑了笑：「別的條件都在其次，主要是圖她個心好。」薛疇九點點頭，他已經明白了要去物色的應該是劉文彩的「生活秘書」。

可是劉文彩想找個「生活秘書」的心情非常急迫，過了沒幾天，不等薛管家有消息，他又通過一個袍哥「兄弟夥」牽線搭橋，介紹了一位村姑。袍哥「兄弟夥」叫趙建庭，介紹的女子是他表妹，名叫王玉清。

王玉清是大邑縣蔡場鄉王子雲的女兒。一九一一年生，小時候讀過兩年私塾，略通文墨，看上去也挺有福相。十四歲開始跟她父親做小生意。她父親王子雲有個外號叫「王穀花」，製作的穀花

1 笑蜀《劉文彩真相》。

糖香脆甘甜，一進口就化，用今天的廣告詞是「味道好極了」。因此，王谷花在蔡場鄉街上辦的糖果鋪生意很紅火。聽說劉文彩想娶自己家的女兒，王谷花狠狠敲了一筆竹杠，劉家送的聘禮自然不會少，王玉清與劉文彩成親後，劉基於對王的寵愛，又特意買地百畝，建了幢一千多平方米的豪宅送給了王家。這幢房屋後來被當地人稱作「王公館」，王家通過這樁婚姻，迅速從小康之家步入了富足大戶的行列。遺憾的是，王家雖說暴富了，人丁卻極不旺，短短幾年的時間裡，她父親、哥哥和小弟相繼去世，一門只留下三個苦命的寡婦，以及嫂子帶的一個女兒。

在劉文彩的幾個妻子中，他對王玉清的感情是最深的。平素有什麼事，總是讓王玉清陪在身邊，穿金戴銀，珠光寶氣，雖說沒有凌君如那麼洋氣，也還能壓得住陣。不管王玉清提出什麼要求，劉文彩總是儘量滿足她，不過，王玉清也很乖巧，基本上沒對劉文彩提出過什麼特別的要求。只有一次，那是劉文彩一生中的最後幾年，王玉清擔心丈夫死後自己的生活無著落，便讓劉文彩留下一份遺囑，將原先在成都湖廣街為王玉清買的幾套院子歸還給她，另外還有安仁街上的一套獨院以及十二間鋪面。

關於劉文彩與王玉清這對老夫少妻的婚姻生活和婚後情況，作家周東浩曾做過一次採訪，時間是一九九一年八月，地點是大邑安仁地主莊園陳列館辦公室，採訪對象王玉清當時已是七十歲高齡。王玉清說，她是「三月間定的日子，四月二十四結的婚。那年月劉文彩拿的是七十幾個銀元……結婚時，有八節衣料，四床緞子被子，兩丈雲斗煙。結婚那天，接去吃的午飯，同去的有我小弟及幾個挑東西的以及媒人，四個人抬的轎子，我結婚時穿的是藍絲絨衣服，自己請人做的，褲子是軟緞的，還有繡花鞋。我帶去的東西是父親在成都為我買的一雙涼皮鞋，一雙方口懶式皮鞋，兩雙緞鞋，六對枕頭，四床被子，兩口成都產的皮箱。」周東浩請她從一個妻子的角度談談劉文彩。王玉清說：「我一個婦道人家，對劉文彩外面的事不甚瞭解。我只是站在妻子的身分上覺得，劉文彩這個人性情很好，我這一輩子除父母愛我外，就是劉文彩了，再也沒有第四個人真正愛過我。至於劉文彩壞不壞，壞是肯定的，不壞那麼多錢從哪裡來？因為那個社會就是那個樣。再說劉文彩手下有那麼多的人，劉文彩既不能保證他們不做壞事，他們做了壞事，劉文彩也不能保證不涉及到他。」[2]

劉文彩的晚境有點淒涼。姨太太四五個，臨死之前卻只有王玉清陪伴在他身邊。他躺在病床上，眼角滲出了幾滴眼淚，拉著王玉清的手輕輕撫摸著，小聲說道：「我死後最放心不下的就是你了。」每次劉文彩這麼一說，夫妻倆就會抱在一起哭成一團。

建國以後，王玉清在成都一處叫「慈惠堂」的地方住了下來，靠做布鞋、做鹹菜、賣臭豆腐養活自己。一九五五年，經人介紹，她與一個名叫姜文山的人結了婚，此人是位「辛亥老人」，建國後在四川省參議室任參事。一九六三年，姜文山老人去世，王玉清匆匆結束了自己的第二次婚姻，此後一直獨自寡居。

2 周東浩：《地主莊園滄桑錄——劉文彩及其家人檔案》，第196～197頁。

上世紀六十年代，王玉清再遭厄運，她被揪回大邑安仁遊街批鬥，陪同她一起挨批鬥的是劉文彩的三兒子。此後王玉清便定居在安仁，平時按時出工，有時候還給生產隊拾雞屎、牛糞累計工分。十一屆三中全會以後，王玉清年紀大了，村裡把她當作五保戶[3]看待，每年享受六斤菜油、四百斤口糧和四百元錢。她晚年信上了佛教，天天面對佛像，虔誠地念叨「阿彌陀佛」。二〇〇三年，九十二歲的王玉清出門逛街回家，不慎在路上摔了一跤，從此一病不起。春節過後不久，她去世了。王玉清一生沒有生育，在這個世界上她沒有什麼親人，安仁鎮政府給她料理了後事，並將骨灰送回了她的娘家蔡場鄉安葬。

忽喇喇似大廈傾，昏慘慘似燈將盡

晚年時，劉文彩喜歡手拿一串佛珠誦經念佛。也許是他一生中做的壞事太多了，後期卻想為心靈尋找一塊淨土。然而劉文彩越想靜，幾個姨太太偏偏越不讓他靜，整天吵吵鬧鬧，看起來是女人間雞毛蒜皮的小事，背後潛伏的是爭奪財產的勾心鬥角。

---

3 農村五保供養制度是中華人民共和國在農村地區實施的一種社會保障制度。「五保」是指對符合條件的供養對象提供保吃、保穿、保住、保醫、保葬（孤兒保教）等五項生活保障措施。

劉文彩老牛啃嫩草，暮年娶了王玉清，使這個原本已風雨飄搖的家庭更加動盪不安，早先還半遮半掩的各種矛盾，因為王玉清的到來以及劉文彩的偏愛，變得公開化了。

有一個春天的早晨，劉文彩坐在自己房間的一張太師椅上，吩咐僕人把幾個姨太太叫來。聽說老爺有請，幾個姨太太踩著碎步急忙來了，心底裡揣摩著，不知這個家庭裡又會發生什麼事。劉文彩清清嗓子，一字一眼地說道：「你們三個給我聽好了，每人每月二十銀元的零用錢，不夠花的話，自己去想辦法，養雞養鴨都可以，就是不能拿了我的錢到處去惹事生非，給我添些麻煩事。」這話明裡是對三個人說的，實際上指的是凌君如。凌君如輕輕哼了一聲，扭著腰肢揚長而去。

除了二姨太楊仲華早年去了成都，一直很少回安仁外，剩下的三個姨太太中，最先離開這個家的是梁慧靈。據五姨太王玉清後來回憶，一天她去親戚家吃飯，親戚家的一位老表告訴她說，梁胖走了，帶著七口箱子。王玉清回家後問劉文彩怎麼回事？劉文彩輕描淡寫地說，為一件小事，梁慧靈和他賭氣，事後劉文彩派人去叫她，她不過來。劉文彩過去問她，迎面第一句話就直抵命脈：「你是不是要離婚？」梁慧靈正在氣頭上，回答了一句「是的。」劉文彩順水推舟，說道：「你走吧，我也不留你。」快刀斬亂麻，立馬通知總管家薛疇九，讓他幫忙寫了份離婚書，劉文彩和梁慧靈簽字按手印，這樁婚姻便這樣走到了頭。

劉文彩家族的日子繼續往下過，不過顫巍巍的，好似雜技演員走鋼絲。

一九四五年夏天，凌君如正在院子裡晾衣服，猛一抬頭，正好看見劉文彩從王玉清的房間裡鑽出來，她沒好氣地吭了一聲，扭著腰便往屋子裡走。卻被劉文彩在背後叫住了：「你的項鍊呢？送給哪個野男人了？」劉文彩這是雞蛋裡挑骨頭，沒事找事，話語中帶有強烈的攻擊性。凌君如也並非那麼好惹的，她將頭一揚，冷笑著說：「項鍊是我的，願意戴就戴，想送人你也管不著。」幾句搶白，嗆得劉文彩火冒三丈：「滾，滾！你給老子滾回敘府去！」凌君如像看陌生人似的看著劉文彩，嘴唇上咬出了一排白印。她嗚咽著，哭聲嚶嚶的，像天邊飛過的蚊子，過了好一會，才大放悲聲，終於哭出聲來，捂著臉跑進了自己的房間。整整三天，凌君如關在房間裡沒有出門。女僕給她送飯，她也懶得吃，每天只扒一小口，又將飯菜原樣叫女僕帶回。她沒有再哭，也沒有再鬧，平靜得讓人感到有一絲擔心。到了第四天，劉文彩來看她，想給她賠個不是，倒是凌君如先開了口：「我媽病了，我想回敘府看看。」劉文彩愣在哪裡，隨即點了點頭。這天上午，她雇了一乘轎子，提了幾口皮箱，悄然離開了安仁，從此再也沒有回來。

凌君如、梁慧靈沒離開劉府之前，這個家庭已是危機四伏。三個姨太太相互間勾心鬥角，誰也不買誰的帳。有時候，二姨太楊仲華回安仁看望孩子，也會在院子裡住上幾天。原本三個女人的一台戲又增加了一個角色，變得更加精彩紛呈，彼此間的關係也更為錯綜複雜。

楊仲華性格剛強，個性鮮明。當初她搬到成都文廟後街的劉公館後，劉文彩曾幾次派人上門來說情：「如今三妻四妾的人多的是，社會就是這個風氣，何必太認真。」說客磨破了嘴皮，楊仲華也不為所動。後來劉文彩親自來成都，請她別再嘔氣，跟他回安仁鄉。楊仲華搖搖頭，堅決地說：「有她無我，有我無她，你若真心想請我回去，就先把姓凌的狐狸精請出門。」她提出的這個條件，劉文彩是做不到的，於是談判一次次陷入僵局。

楊仲華與凌君如是冤家對頭，見面了相互間都沒有好臉色。後來凌君如又引來了梁慧靈，楊仲華知道後更加氣憤，人前人後罵凌君如是「狐狸精」，說老頭子（劉文彩）總有一天會被害死在這只狐狸精的手裡。劉文彩娶王玉清，楊仲華是知道的，她也表示贊同。心裡撥打的算盤是，既然劉文彩的心早已沒放到自己身上了，那麼讓王玉清去對抗凌君如。可是王玉清娶進門後，楊仲華才發現並不是那麼回事。劉文彩對王玉清的寵愛，超過了對凌君如、梁慧靈的寵愛，但是王玉清恃寵而驕，甚至連她這個正室也不放在眼裡了。

瞅見一個機會，楊仲華決定教訓一下王玉清。有一天吃中午飯的光景，一位姓林的奶媽來叫楊仲華：「太太吃飯啦。」楊仲華正要挪步，又聽見林奶媽沖王玉清那邊的廂房裡叫道：「新太太吃飯啦。」王玉清拉開房門，見楊仲華立在門楣邊，心裡有點不高興了，對著林奶媽氣沖沖地嚷道：「太太就是太太，叫啥子新太太，以後不准叫我新太太。」楊仲華滿肚子怨氣正愁找不到發洩的管道，聽王玉清這麼說，像只點燃的爆竹：「王玉清，你把話說清楚，娶進門才幾天，就要和我平起平坐？叫你新太太有什麼不對？你吃虧啦？不願意當新太太就別進劉家門……」一連串反問和數落，直逼得王玉清毫無招架之功。楊仲華仍不解氣，見院子裡看熱鬧的丫鬟使媽站了一大排，她用手指著王玉清說：「你們都給我聽著，這個人是新太太，以後誰也不許叫她太太，哪個敢叫我就不客氣。」王玉清低著頭，眼眶發紅，只好任憑教訓，不敢有任何頂撞。從那以後，王玉清和楊仲華的關係更加惡化了。

有句話叫做「眼不見心不煩」，自從梁慧靈、凌君如相繼離開劉家後，楊仲華再也很少回安仁了。她在成都的生活費用，是靠劉文彩的田產收租，每年大約有千石穀子。這是一筆不小的租金，完全夠楊仲華開銷了。劉文彩光景好的時候，曾給楊仲華買過一輛舊轎車，將就著用了幾年車就不能跑了。楊仲華讓劉文彩再買一輛新車，劉文彩口頭上答應了，卻一直不見行動。四十歲以後，楊仲華開始學佛，每天晚上關在屋子裡打坐兩小時，脾氣也比先前緩和了許多。在人們的記憶中，漸入老年的楊仲華是個樂善好施的人。

建國後的頭幾年，楊仲華的日子過得最艱難。她本來早已離開了劉文彩在安仁的那個家，可是在人們眼裡，王玉清只是劉文彩的小老婆，做不了什麼主，楊仲華才是劉家的主婦，因此劉文彩死後遺留下的各種債務和事務，都歸她來償還。楊仲華是個性格倔強的女人，她默默將這一切承受下來，維繫這個已經破敗的家庭。後來，劉文輝聽說了這些情況，主動把劉文彩生前欠的債務攬了過去，楊仲華才鬆了一口氣。

楊仲華有抽鴉片的習慣，解放後，其經濟狀況大不如前，再說也斷了鴉片來源，便改成了抽紙煙。再後來，她原先居住的房子被政府沒收了，遷往善堂的一間偏屋裡，一日三餐吃飯都成了問題，只得戒了紙煙。每天，她都要步行好幾條街，到居委會臨時組建的一個縫紉組裡幹活。一九五三年楊仲華病故，地點是在成都善堂那個狹小的偏屋裡。

除了明娶的幾個姨太太外，劉文彩還特別愛玩婚外情。世上的女人是各種各樣的，他勾引的方法也是形形色色。有的靠小恩小惠，有的花大把錢財，實在還有不願意入港的，就施行霸王硬上弓，他一生中玩過的女人難以計數，回顧那些女人的命運，像一幕幕宕蕩起伏的悲劇，讓人唏噓不已。

在劉文彩玩弄過的女人中，川劇女演員占比較大的比重。過去女藝人有個流行的說法，叫做賣藝不賣身。可是劉文彩才不會去管這些，只要是他看中的女人，都會想方設法弄到手。有個貴州籍女子叫筱惠芳，是川劇班子的花旦，被劉文彩看上了，收為乾女兒。起初只是陪吃陪喝，過了段時間後，乾爹劉文彩扯下了那些體面的幌子，將筱惠芳按在床上姦污了。那時筱惠芳還不到二十歲，整天以淚洗面，哭得像個淚人兒。多虧一位好心人暗中相助，她才得以逃脫。另一位叫羅映雪的川劇女演員，被劉文彩看中後收為「二奶」，後來羅映雪又被劉文彩的三兒子看中，與老爹爭風吃醋，最後竟鬧到要動槍……

敘府城有個女子叫薛澤蘭，頗有幾分姿色，一天在大街上逛商店，被劉文彩看中了。派人一打聽，此女子是個寡婦。劉文彩效仿金瓶梅中西門慶大官人的做法，請了個媒婆楊九娘，設計好一個圈套，將薛澤蘭引入彀中。有金錢做基礎，一場情愛戲上演得十分瘋狂，兩人顛鸞倒鳳，男歡女愛。不幸的是，沒過多久薛澤蘭懷孕了，劉文彩請了個遊醫幫忙打胎，卻鬧出了大出血的慘劇。眼看著女人即將駕鶴西去，劉文彩傷心總是難免的，但他採取的一連串舉動，卻充分揭示了其地痞無賴的嘴臉。他派手下打手將薛澤蘭抬進她亡夫家裡，等著斷最後一口氣。薛澤蘭死後，又讓人抬進她亡夫生前的盧家祠堂，勒令盧氏家族的族長，請道士為薛澤蘭做四十天的道場超度亡魂。姓盧的族長稍有不從，就挨了打手幾個耳光。無奈之下只好照辦，四十天的道場超度之後，盧氏家族認為女人的血光衝壞了祠堂的風水，從此關閉了祠堂大門，改為從後門出入。

劉文彩一生中強行霸佔的女人有多少？這是個難於統計的數字。如今劉氏地主莊園中，仍然保留著一張八根龍柱合圍的大床，可以讓人遙想到當年主人的財勢和奢靡。就在這張大床上，劉文彩經常與多名女人同床而臥，淫亂濫交。劉文彩在敘府的公館裡有幢三層小洋樓，頂層的一間大房子，不管白天黑夜都圍著窗簾。隔三五天，劉文彩就召集一群女人在這間大房子裡跳裸體舞，手裡拿著一枚金戒指，揚手往空中一拋，然後看著金戒指在地上滾落，十幾個裸體女人在地上瘋搶，誰搶到了金戒指，就贏得了和劉文彩做愛的資格。

上帝叫他亡，先讓他瘋狂。無節制無休止的淫亂，使得劉文彩的身體被女人們掏空了。臉色浮腫，眼袋下垂，原先就很蒼白的臉變得蠟黃，像是飄浮在空氣中的一塊枯樹皮。更為嚴重的是，從一九四八年以後他開始咯血，家人用轎子把他送進成都，住在文廟後街的劉氏公館裡，每天請醫生來看病。在公館裡陪伴他的，是王玉清，劉婉蘭（劉文彩的二女兒），以及幾個男女僕傭。

有時候，家人們會來看望劉文彩。一天，劉文彩的二兒子帶其長子來到病榻前，幾句問候的話沒說完，就被劉文彩揮揮手粗暴地打斷了：「你們來做啥子，不要多說，知道你們都巴不得我早點死，好去分我的財產。辛辛苦苦一輩子，我得了些什麼呀？」說著一口血又湧上來，當即吐到了地上。

到了這年的十月，劉文彩的病情越發重了。公館外的一排大槐樹上，幾隻烏鴉從早晨起就在枝頭上聒噪，一直叫到了黃昏也不肯散去。二女兒劉婉蘭拿著纏紅布條的竹竿驅趕，那些烏鴉趕跑了，過一會又重新飛回來。劉文彩躺在床上，用沙啞的聲音說：「不用趕了，該來的總歸要來了。」他閉眼養了一會神，聲音忽然高了八度，竭斯底裡地叫道：「回去，回去，讓我回去！」按照迷信的說法，在外頭死的人是不能抬進家門的，劉文彩此時的想法，是死也要死在家裡。

大哥劉文淵派來了兩輛車，一輛轎車一輛吉普，劉文彩被抬進轎車裡，橫躺在座墊上，頭枕在二女兒劉婉蘭的懷中。王玉清因為暈車，坐上了那輛吉普車。兩輛車一前一後，駛出成都向大邑安仁開去。「上車後，劉文彩即開始昏迷，趕到新津河時，橋已被炮火炸斷，過不去了，為了避開正在燃燒的戰火，不得不七彎八拐，走了一個小時，實際上才走出了十幾裡路。劉文彩氣若遊絲，眼看就要不行了，二女兒劉婉蘭趕緊讓司機停車，大家商量迅速返回成都搶救。」[4] 剛返回到成都文廟後街的劉公館裡，劉文彩就斷氣了。

---

4 周東浩：《地主莊園滄桑錄——劉文彩及其家人檔案》，第146頁。

劉文彩的兒女們

劉文彩妻妾成群，但是生育有兒女的只有兩個人。一個是元配妻子呂氏，生下了一男一女，可惜呂氏命不長，娶進門後不幾年就去世了，她生下的一雙兒女也過早夭折。劉文彩後來的七個子女（四男三女）全部為繼室楊仲華所生。長子劉元龍、長女劉憶雲，是劉文彩未到敘府之前楊仲華在安仁所生。劉文彩到敘府後，楊仲華又為劉家生下了三男二女：次子劉元富，三子劉元華，四子劉元貴，次女劉婉蘭，三女劉婉蕙。

長子劉元龍（一九二一～一九五二），曾被劉文彩寄予厚望。遷到敘府後不久，劉元龍也跟隨母親楊仲華同往。劉文彩自己文化不高，對後代的教育相當重視，專門為他請了家庭教師，並安排管家薛疇九督促其學習。後來劉文彩從敘府遷回安仁鄉，又特意將劉元龍送到成都一所學堂讀書。劉文彩望子成龍，大兒子卻偏偏成了一條蟲。一九三八年，十七歲的劉家大少爺回到安仁鄉時，只帶回了兩樣東西：賭技和煙槍。

望著大兒子劉元龍躺在煙榻上蜷縮的背影，劉文彩心裡像被針刺了似的疼痛。他找到六弟劉文輝，一聲聲長歎短噓，訴說大兒子不爭氣帶來的煩惱。劉文輝對劉文彩的感情最深，五哥有難，自然要鼎力相助。他給侄子劉元龍在軍中安排了個軍需官的職務，其實也並不要他做什麼事情，基本上是吃空餉。但是在軍隊裡待了一段時間，劉元龍還是受不了了，每天早晨上操訓練，他賴在床上不起床，晚上吹響了熄燈號，他還要偷偷溜出軍營去妓館裡泡妞。有一天，不巧碰到劉文輝來巡察，聽說了這些事，不由得大為光火，狠狠訓斥了他一頓，並要關他一星期的禁閉。劉元龍沒等士兵送他進禁閉室，就收拾起行裝回到了安仁。

劉文彩給劉文輝打電話問怎麼回事，劉文輝將情況簡略說了下，在電話中讓劉文彩將劉元龍再送回軍隊。可是劉元龍一聽連連搖頭，說什麼也不願意再回軍營了。劉文彩無計可施，只好聽之任之，嘴上卻說道：「不去了也好，在家好好當袍哥大爺也行。」

為了籠住大兒子的心，劉文彩託人說媒，為劉元龍介紹了一宗婚姻。女方家庭是崇慶縣的一個大地主，父親叫張星初。誰知這個張氏娶進門後，才發現他們真是天設地造的一對。原來還只有劉元龍一個人躺在煙榻上沒日沒夜地抽鴉片，現在躺在煙榻上的人成了一雙。劉元龍睡的那張大花床占地九平方米，兩邊貼金龍抱柱，遠看像是一座金玉滿堂的宮殿。每天從清晨起，這對男女就開始吞雲吐霧，像一對蜷曲著身子的大龍蝦。

不僅如此，自從抽鴉片以後，劉元龍的脾氣也變得十分暴躁，動輒粗口罵人，甚至動手打人。有一天早晨，劉元龍照例躺在床上抽大煙，其妻張氏穿好了衣服下床，卻被劉元龍一把拉住了，非要她陪著抽鴉片。張氏扯了個理由：「我去廚房看看早飯做好了沒有。」結果那天她出去的時間長了點，遭到了劉元龍的一頓大罵，張氏頂了幾句嘴，劉元龍從煙榻上跳下地，一把抓住她的頭髮，狠狠地往牆上撞：「時間這麼久，是不是背著我和野漢子偷情？看老子不好好收拾你！」直到張氏的頭上碰出了血，他才收手罷休。

劉文彩死後，按理說長子劉元龍應該是這個家的掌門人，可是劉元龍實在是太窩囊了，連他自己的生活都料理不好，如何去掌管這個大家族？一九五〇年，川西發動了一場武裝暴動，劉元龍也蠢蠢欲動，他與「反共救國軍」第七路游擊隊秘密商議，各保各甲分別派出一人參加暴動，由劉元龍提供經濟後盾。那幾天，劉元龍總算放下了大煙槍，堅守在老公館裡，向攻打三江口的每個人發米發槍。此後，中國人民解放軍以迅雷不及掩耳之勢席捲而來，劉元龍隨武裝暴動隊伍向邛崍方向逃竄。一九五一年，劉元龍被解放軍抓獲，關押在成都郊區的一所監獄裡。這個鴉片鬼的身體已經很虛弱了，在牢裡待了兩三個月，就患上了嚴重的氣喘病。劉文輝及時援手相助，將他從監獄裡保釋出來監外就醫，但是沒過多久，到了一九五二年三月，劉元龍還是因患肺結核而病故了。

次子劉元華，是劉文彩的一顆希望之星。

劉文彩到敘府後，楊仲華帶著一對兒女隨之而來，第二年，她在敘府生下了次子劉元華。這個二兒子長相與劉文彩特別相像，性格也很沉穩，從小頗為劉文彩所青睞。劉元華四歲的時候，劉文彩給他訂了個「娃娃親」，女方是四川犍為縣著名大鹽商姜伯年的二女兒。通過這樁婚姻，劉文彩與四川鹽業界頭面人物混熟了，在鹽業方面又大撈了一把，川西滇東一帶的鹽市，幾乎全部為劉文彩所壟斷。為了進一步控制鹽業大權，劉文彩還任命兒女親家姜伯年為敘府鹽業行商公會會長，並開辦了「信義源」鹽號，從中獲利甚豐。就在劉文彩從敘府撤退的那一年，因戰爭關係鹽業利潤已經銳減，劉文彩依然從姜伯年那兒收到了繳納的鹽業利潤款七十多萬銀元。

一九四二年，劉元華考入黃埔軍校成都分校讀書，時年十九歲。軍校位置是原四川陸軍武備學堂的舊址，該處因荒廢已久，雜草叢生，劉元華起初入學的時候還是滿目荒蕪。他在軍校裡學習時十分勤奮用功，三年後畢業，被六叔劉文輝召到他手下的川軍第二十四軍當排長，不久即升為連長、營長。

在這期間，劉元華回家完成了他的婚姻大事。妻子聰慧賢能，知書達禮，不僅做得一手好女紅，而且書法也頗有功底，是劉元華稱心如意的賢內助。

劉文彩病逝後，劉元華一直跟隨在六叔劉文輝部下。建國前夕，劉文輝率西康部隊起義後，劉元華被整編到了中國人民解放軍某軍分區。剛剛任職不久，就接到大邑縣政府寄來的一封信，催他迅速回安仁鄉，辦理有關退租退押事宜。其時世事混亂，劉元華的思想情緒也極不穩定，何況母親、妻子和子女均在成都，接到這封信後，他立即啟程還鄉。

在成都，劉元華和母親楊仲華碰了下頭，聽楊仲華說了些情況，這才感到事情比原先預料的還要糟糕。父親劉文彩病故後，留下的幾個姨太太爭奪遺產，鬧得不可開交。更為嚴重的是減租減息的浪潮席捲而來，劉文彩留下的家業資產迅速貶值，而且有完全消失的趨勢。在如此特殊的時刻，這個家庭需要有根頂樑柱，而劉家長子劉元龍一生與鴉片和賭博為伴，基本上形同一個廢人，作不了什麼指望。按楊仲華的想法，只能靠次子劉元華來收拾殘局了。此時的劉元華，其心情可想而知，極其複雜而又極端矛盾。他思考了大半天，決定留下來幫助母親楊仲華回安仁公館清兌財物，料理劉文彩死後遺留下的亂攤子。

一回到安仁鄉，劉元華立刻被捲入到一場波瀾壯闊的政治漩渦中。安仁鄉政府成立後，即組織了農民協會和武裝自衛隊，配備有槍支彈藥，專門負責鎮壓匪特人員，關押「反動分子」。劉文彩當年是大邑地方一霸，他的後代逃脫不了被鎮壓關押的厄運。只不過由於劉元華是起義隊伍的一員，才倖免關押收監。儘管如此，劉元華也永遠不再是新政權所依靠的力量了，他暫時還屬於「控制使用」的人員，日夜有人秘密監視其行蹤。從顯赫新貴忽然一下墜落成社會底層的草民，而且還是被監控對象，這一個彎子轉得太大也太快，劉元華一時很難適應，心情灰暗，情緒消沉。

清兌父親劉文彩的財產是一項複雜的工作，劉元華一時難以脫身，便自行脫離了軍籍。在那段日子裡，他親眼看到土改工作隊將劉文彩老公館的大部分傢俱、衣物分給農民，珠寶玉器和珍貴文物上交中央或省級博物館，老公館成了中國人民解放軍西藏軍區幹部學校的校址。那座象徵劉文彩家族權勢財勢的老公館，漸漸從這個喧囂的世界上消失了，彷彿退潮後的海岸，只留下空曠的沙灘和幾隻散落的貝殼。

接下來的日子，劉元華被一雙無形的巨手推進了政治的漩渦中。工作也沒有了著落，其時正值建國後不久，六叔劉文輝雖說在新政權中擔任了職務，但一來時間緊張，二來是起義將領，難以取得新政權的完全信任，即使想幫助侄子劉元華，也是心有餘而力不足。幾經顛簸流離，劉元華後來在鐵路部門謀得了個臨時工的事做，然而接踵而來的一系列政治運動，使得劉元華的處境更加惡化。他心裡頭明白，作為大地主劉文彩之子，只有拼命工作才能洗刷自己身上那些莫名其妙的罪惡。白天，他和民工們一起掄起鐵鎬、釘耙，在工地上灑下汗水；到了晚上，同伴們都在休息了，他則主動去打掃食堂，沖洗廁所，想以此換來組織和同事們的信任。但是一切努力皆是白費，在那個階級鬥爭為綱的歲月裡，他能得到的只能是無休止的批鬥，掛黑牌和遊街，這也使他的生命變得越來越灰暗。一直到上世紀七十年代末，劉元華才被轉為正式工人，而且是級別最低的五級工，每月工資六十多元。

上世紀八十年代以後，劉元華的情況有所好轉。他的身體不好，單位上曾兩次安排他進療養院療養，工資待遇偏低，單位上連續給他浮動上漲了兩級工資，對此劉元華言談中表現出了強烈的感恩戴德之情。一九八四年，劉元華從單位正式退休，生活在重慶市隆昌縣。

劉文彩的三兒子名叫劉元富。此子生於一九二八年，他出生後不久，母親楊仲華與父親劉文彩鬧意見，一氣之下，楊仲華帶著幾個兒女去了成都。到了一九三七年，劉元富九歲，不幸患了腦膜炎，楊仲華一個婦道人家，從未見過這個陣勢，病急亂投醫，結果醫生用藥過量而使得劉元富成了個聾子。小小年紀就成了殘疾人，楊仲華越想越傷心，他託人給劉文彩捎信，要了筆銀子，帶著劉元富赴上海去求醫治病。幾乎跑遍了上海的所有醫院，劉元富的病依然沒有好轉，後來，楊仲華聽從一個熟人的勸告，又帶著劉元富去了北京。但是北京之行使楊仲華徹底失望了，一個德國醫生經過幾天的細心觀察和診斷後，神情莊重地對楊仲華宣佈：這個孩子的病是永久性耳聾。楊仲華頓時覺得天暈地眩，一口氣差點沒接上來。三天後，她帶著劉元富悻悻地回到了成都。

劉元富雖然耳聾，學習卻十分用功，記憶力好得驚人，他不能和正常孩子一樣進學校讀書，楊仲華就專門請家庭老師，負責輔導他一個人的功課。長到十七八歲時，劉元富已經成了個英俊的小夥子，各方面都很出色，只是因為耳聾，他難以像正常人那樣戀愛結婚。面對一個豐富多彩卻又無聲的世界，劉元富開始感到了煩惱和痛苦，尤其是當他看見那些花花綠綠的女人從面前飄過時，心裡頭就會升起一種莫名的憂鬱。

有個川劇女演員叫羅映雪，原是四川新津縣人，劉文彩牽頭成立公益協進社後，為了壯聲威，花錢組建了一個川劇班子，遇到什麼喜慶的日子，就拖出來應酬一番。羅映雪是川劇班子中的一名旦角，隔三差五進劉文彩的老公館陪吃陪喝，幫劉文彩裝煙遞茶，捶背揉肩。時間稍長，被劉文彩霸佔成了情婦。這樣一來，羅映雪來老公館的次數更勤了。每次她從老公館大門口飄進來時，劉元富的眼神就會被情不自禁地勾住，然後整天都像掉了魂似的心神不寧。愛情的力量日積月累，終於促使他下決心奮力一搏，要努力去扼住命運的咽喉。有一天，劉元富叫住了正匆匆往外走的羅映雪，兩人站在天井邊上，聽他表白自己內心的愛慕之情。羅映雪臉兒紅撲撲的，眼睛不停地往樓上看，她生怕這一幕會被劉文彩看見。偏偏越是擔心的事來得越快，劉文彩打完一圈牌出門小解，一低頭，正好看到了樓下的那個情景：三聾子劉元富拉著羅映雪的手，在喋喋不休地說著什麼。劉文彩快步走下樓梯，迅速來到他們面前，羅映雪見情勢不妙，趕緊掙脫劉元富的手，捂著臉跑開了。劉文彩沖三兒子吼道：「簡直是反了，你懂不懂規矩？」劉元富看著劉文彩發怒的臉，隱隱約約猜得出老頭子在說什麼，也大聲反擊說：「我要她，我就要她，我要她成為我的女人！」劉文彩一聽氣急敗壞，抓住三兒子的衣領狠狠一拽，劉元富從父親手中掙脫而出，沖進裡屋拿起一桿槍，拉動扳機就要衝劉文彩開火。幸虧旁邊的傭僕眼急手快，從三聾子手中奪過了槍，才沒有釀成大錯。

劉家這樁未遂的槍案發生後，羅映雪成了惹事的禍根，到了性命攸關的時刻。當天，她被一個姓喬的啞巴藏進茶水房躲了一夜。第二天，天剛濛濛亮，喬啞巴打開老公館的後門，送她遠走高飛。臨上路時，喬啞巴從懷中摸出一枚金戒指遞給她，手中比劃了半天，羅映雪總算弄明白了：金戒指是三聾子劉元富送給她的，讓羅映雪在成都等他。羅映雪看了看那枚金戒指，沒有多說什麼，趁著薄霧悄悄逃走了。

過了三四個月，三聾子劉元富果然如約來到了成都。他找到羅映雪，拿出一枚玉戒指，提出要交換原來送她的那枚金戒指。羅映雪掂在手裡看了看，那枚玉戒指是斷了後重新用金子包接過的。她嘴角哼了一聲，搖搖頭說不換。劉元富看著面前的這個女人，一時間不知為什麼，竟感到有一絲陌生，再也找不到先前在安仁老公館時的那種感覺了。劉元富從那間昏暗的房子裡走出來，他沒有回頭，也沒有再來找過羅映雪。

經歷了這麼一次失敗的愛情後，劉元富多年未娶，始終是孤身一人過日子。建國後，劉文輝見其可憐，把他帶到身邊當過幾年私人助手，住在成都市政協分給的單身宿舍裡。後來經人介紹，劉元富和一個耳聾的姑娘結了婚，一年後生下一個女兒。

劉元富最慘的一段經歷，是在文革期間發生的。那時候劉文彩已是全國聞名的大醜星，劉元富被大邑縣「革命群眾」勒令返鄉接受批鬥。在安仁鄉人民公社，經常和他一起站在批鬥臺上的有兩個人，一個王玉清，另一個是當地的一名地主。白天要到田裡勞動幹活，晚上沒完沒了地寫檢查，那個耳聾的妻子在生活的重重壓力面前再也頂不住了，提出要和劉元富離婚，劉元富無法挽回那段婚姻，只好同意分手，眼睜睜看著妻子帶著女兒離去。此後他好像變了一個人似的，性格變得冷漠孤僻，沉默寡言，一連好多天不說一句話。這樣的情景一直延續到上世紀七〇年代，才有所好轉。

文革後期，政府給他平反。再往後，他辦理了退休手續，回到成都養老。多年來，這位孤獨的老人習慣了一個人單獨生活，再加上耳聾，他平時很少出門。如果有人找他，需要用他門前的那根竹竿在地上攪動幾下，讓他發現後才會過來開門。

劉元貴是劉文彩的第四個兒子，也是最小的一個兒子。

劉元貴出生時，劉文彩家族已開始走下坡路，隨著革命浪潮的席捲而來，這個曾經極度輝煌的家族逐漸走向衰落。劉元貴長大成人後，被他母親楊仲華送到劉文輝那兒去當兵，此時已是建國前夕，劉文輝正在為自己的前途煞費苦心。經過痛苦的思考，劉文輝決定反正，投誠中國人民解放軍。在劉文輝手下當兵的劉元貴，自然也成了解放軍中的一員。

此後是部隊整編。劉元貴是劉文彩的兒子，背上背著口大黑鍋，在部隊裡很難再待下去，於是轉業到鐵路部門，分配到深山老林中的一個小站工作。再過了幾年，他在當地小鎮上找了個姑娘結了婚。

小火車站位處深山，遠離城市，但革命的風暴依然能夠吹到這裡。劉文彩被從地下「發掘」出來後，其後代的厄運就開始了，組織上三天兩頭找他妻子談話，要她站穩立場，和劉文彩之子劉元貴劃清界線。終於有一天，妻子頂不住這些壓力了，找劉元貴提出要離婚。劉元貴也沒多說什麼，第二天上午，和妻子去小鎮上辦理了離婚手續。

這之後，劉元貴成了個鬱悶的單身漢。

幾年後，他所在的這段鐵路上發生了一起嚴重的車禍，兩列火車相撞，當場死亡十一人，劉元貴是其中之一。事故發生後，鐵路有關部門向上級寫了份報告，除了闡述事故發生的原因、經過和處理結果外，還要求上級追認這些因公殉職的人員為革命烈士，很快上級的批覆下來了，車禍中喪生的另外十人全部被追認成烈士，惟獨劉元貴例外，因為他是大地主劉文彩的兒子。

劉文彩有三個女兒，長女劉憶雲（早夭），次女劉婉蘭，三女劉婉蕙。

在大邑縣安仁鄉，劉文彩專門為兩個女兒修建了「小姐樓」。這幢建築為磚木結構，青磚勾白線柱牆框架，共有三層，為六面六角形狀。頂層的「歡喜亭」建築風格極其獨特，柱式拱廊與格式窗戶相交錯，中西結合的建築風格讓人覺得賞心悅目。

除長女早夭外，次女劉婉蘭幼時被父親劉文彩指腹為婚，許配給四川軍閥田頌堯的兒子。到了結婚年齡，她嫁到了田家，夫妻生活還算恩愛。三女兒劉婉蕙經劉文輝介紹，進了重慶一所學校讀書，後來情況不詳。

在劉文彩的後代中，還有一個始終未被劉家認作兒子的兒子，他就是凌君如當年借腹生子的「三胞胎」之一，其親生母親叫陳大貞。凌君如當年「生」下的那三個孩子，如今只剩下他一人留在世上。

當年陳大貞在凌君如的誘騙下，與劉文彩發生了性關係，並且很快懷上了孩子。這事被陳大貞的父親知道後，暴跳如雷，認為女兒是辱沒祖宗，揪著她的頭髮，要裝進木籠子沉水。多虧幾個親戚求情，陳父才放了她一馬，將其逐出家門，一輩子不許回來。從此以後陳大貞四處流浪，漂泊他鄉，不知生死。

和他一起長大的那兩個孩子，一個在八歲時患病死了，另一個建國後參軍被錄取，後來便再也沒有了消息。一九五六年，他被鄉武裝部介紹到重慶一家軍工廠當工人，後來工廠裡聽說他是劉文彩的後代，又將他開除了。一九六八年，經人介紹他與鎮上糧站的一名女炊事員結了婚，對方也是地主的女兒，對他的出身沒怎麼挑剔。一九七九年的思想解放運動，他成了實際上的受惠人，縣裡落實政策，將他安排到縣磷肥廠，之後又被抽調參加縣啤酒廠的建設，因為工作表現突出，被啤酒廠提拔為動力車間副主任。

如今這一切都已經過去了。當年的滿目繁華，早已沉澱為一段讓人唏噓不已的歷史。一個大家族的榮辱興衰，給後人們留下了無窮無盡的思考。

第六章　一世梟雄

「四川王」面對新危機

當劉湘與劉文輝叔侄間的「二劉大戰」打得昏天黑地之時，有一件被人們忽略的事情正悄然在川東北發生：由徐向前領導的原豫鄂皖蘇區的一支餘部於一九三二年十二月二十五日進入四川，這支共產黨的部隊叫做紅四方面軍，當時幾乎沒有人注意到這支部隊的到來。

一九三二年秋天，徐向前和老蘇區政委張國燾放棄了根據地後，先轉入湖北，繼而進入陝西。十一月下旬，紅四方面軍在胡宗南的追擊下來到西安南面，同陝西軍人楊虎城的部隊產生對峙。十二月，紅四方面軍從四川邊界以北的漢中徑直南下，進入大巴山區，並佔領了通江縣城。據張國燾後來回憶，此時的紅四方面軍「由於缺乏彈藥和冬衣，人數從一萬六千銳減為九千，出發時槍支為兩萬，抵達四川時只剩下八千。在全軍向西和向南進軍途中，野戰炮全部喪失，機槍只剩下了一挺，這支隊伍佔領通江時戰鬥力已經很弱，而且顯得精疲力竭了。」[1]

四川軍閥們在鬧「窩裡鬥」，徐、張領導的紅四方面軍正好乘虛而入，攻佔通江後，又迅速佔領了鄰近的南江和巴中。紅軍歷來的傳統是靠思想政治工作起家，在他們的宣傳鼓動下，赤衛隊、青年團等組織如雨後春筍，紅軍隊伍迅猛發展，不到兩年時間，就從原來的八千人發展壯大到了近十萬人。

到了這個時候，四川王劉湘才察覺到危機已經潛伏在身邊了。

劉湘的幕僚喬毅夫曾說過這麼句話：「肉爛了，在鍋裡，總比別人把鍋端了好。」這話可稱為是四川軍閥作派的一個絕妙注腳。保住四川這塊地盤不被他人侵佔，是所有四川軍閥的一個共同目標——儘管他們相互間明爭暗鬥，並不團結。一九三四年前後的劉湘，已從早先的一名職業軍人發展為四川軍政界的最高統治者，他對這句話的體會尤其深切。現在，擺在劉湘面前的危機至少有三：一是四川軍閥內部的混戰紛爭；二是以蔣介石為代表的中央政府覬覦四川這塊「肥肉」意欲收入囊中；三是中共紅軍向四川大範圍轉移，尤其是一九三四年十月紅軍成功突圍西進，開始了舉世聞名的二萬五千里長征，將來極有可能進入四川，更是為劉湘敲響了一記警鐘。

三種勢力糾纏交織，每種勢力都是劉湘的心頭病。

---

1 [美]羅伯特・柯白：《四川軍閥與國民政府》，第106頁。

這時候，蔣介石適時地向劉湘伸出了橄欖枝。蔣介石派往四川的特派員叫曾擴情（一八九四～一九八三）。此人原名曾朝芴，四川威遠縣人，是黃埔軍校早期的畢業生，曾經在蔣介石手下擔任過幹部委員兼秘書，被稱作蔣介石身邊的十三太保之一。曾擴情為人處世經驗老道，一到四川，就與劉湘手下那些師長唐式遵、潘文華、范紹增、王纘緒等人打成了一片，吃喝嫖賭樣樣來，很快混成了要好的朋友。為了消除劉湘對他的戒備，有一次，曾擴情在妓館裡故意弄丟了密電碼本，讓劉湘手下的人拾得。當然，他與蔣介石之間的密電有兩套方案，故意弄丟的那套只是其中之一，是允許讓劉湘破譯知道的「正面消息」。這麼一來，劉湘對曾擴情的信任更是增加了幾分。

通過曾擴情的關係，他向國民黨中央政府擬交了一份報告，核心內容是報請劉湘出任「四川剿匪總司令」。為了全面控制四川，劉湘想得到這個頭銜的心情很迫切，他曾讓劉航琛專程出了一趟南京，給行政院長汪精衛的夫人陳璧君送了賄款十萬銀元，陳璧君答應幫忙。可是時逢汪精衛與張學良鬧不和，汪一氣之下辭去了行政院長的職務，劉湘的美夢因此泡湯，那十萬銀元也算白送了。

「二劉大戰」結束後，劉湘以勝利者的姿態從重慶進駐成都，整個四川的軍政大權實際上已被劉湘掌控。蔣介石為了拉攏四川王，此時也毫不吝嗇，把那頂劉湘盼望已久的「四川剿匪總司令」的帽子送給了他。

宣誓就職儀式在成都舉行。那一天，蔣介石派來監誓的「欽差」是何成濬（一八八二～一九六一）。此人字雪竹，湖北隨縣人，早年曾留學日本，追隨孫中山、黃興從事革命，後依附於蔣介石，成為蔣溝通各派軍閥的說客。何成濬曾經歷任湖北省政府主席等職，經營湖北多年，因此又被人稱作「湖北王」。四川與湖北地界緊密相連，兩個省的頭頭關係歷來走得近，劉湘與何成濬的私交一直都不錯。

何成濬接到蔣介石的手令，乘坐輪船溯江而上。抵達重慶港時是傍晚，早已有一支軍樂儀仗隊在碼頭上列隊迎接。由劉湘部下范紹增安排，在范的家中住了一夜。范紹增絲毫不敢怠慢，在重慶最豪華的酒樓擺下盛筵，特意騰出其姨太太的繡房，作為「湖北王」的下榻之所，並以極名貴的上好南土漂煙供其享用。對於何成濬此行的隨從人員曾擴情、陳光甫等，也是極盡拍馬之能事，各安排了一間富麗堂皇的客室，又專門叫來重慶的當紅妓女陳八妹和馬九妹，陪伴他們共入溫柔夢鄉。

第二天，范紹增派了五輛汽車，將何成濬一行送到了成都。

宣誓就職的儀式舉行得十分隆重，在蓉的川軍將領鄧錫侯、楊森、田頌堯、李其相、羅澤周等，均一律參加。學校放假，各商號懸掛旗幟，街上貼滿了彩色標語，盛況空前，劉湘也感覺特別風光體面。在宣誓就職會上，劉湘發表了熱情洋溢的演說辭。第二天，即將川中各軍分為六路，分別進剿中共紅軍所在的根據地。

何成濬的這次四川之行，不是單純當一個監誓員了事，他所代表的是蔣介石對劉湘的信任和倚重。「除了賦予劉湘獨攬四川軍政大權外，在財政上准予發行相當數量的公債，在軍隊裝備上給予適當的補充，給予在國內外購買一切裝備的便利等等。這就相當地滿足了劉湘的願望，從而博得了劉湘對蔣介石的親切和尊重。」[2] 辭別之際，劉湘給何成濬等人送了價值可觀的禮物，如銀耳、蟲草等滋補品，不下幾十斤之多，還贈送了錦緞、川綢、川繡被面等，此外還專門給曾擴情送了一張金絲猴皮，價值不菲。曾擴情也因此得到了一個「美稱」：金絲猴皮的特派員。

宣誓就職後不久，劉湘接到了蔣介石的一封電報，邀請劉湘赴南京面商機宜。一九三四年十一月十三日，劉湘乘巴渝號兵艦順長江東下，十五日抵湖北沙市，改乘郵航飛機飛達漢口。其心腹幕僚鄧漢祥早已在漢口等候。參加完記者招待會後，劉湘有點疲憊，但仍然將鄧漢祥叫到自己住的賓館裡，進行了一番密談。

劉湘開門見山問鄧漢祥：「你看老蔣這回約我來，要談些什麼問題？」

鄧漢祥略微想了想，回答道：「蔣總裁表面上必定會講要加重你的責任，提高你的地位，以及如何信賴你之類好聽的話，實際上就是要利用你狙擊紅軍西進，借你這把刀去殺紅軍，最後達到兩敗俱傷的目的。蔣的目的一旦達到後，他還會藉口防堵紅軍，調派重兵入川，掌控四川局勢。」

劉湘皺起了眉頭，沉默了一會說：「我們的處境相當困難。兩害相權取其輕，現在只能走一步看一步了。」過了一會又說：「我的主意已經打定。先要看看紅軍來四川的目的，假如紅軍意在拿下四川，就只能奮起一拼了；假如紅軍只是借道路過，那就不用去管。相反如果老蔣借機派兵入

---

[2] 曾擴情：《蔣介石兩次派我入川及劉湘任「四川剿匪總司令」的內幕》，原文載《文史資料選輯》第三十三輯，第116頁。

川，那等於是端我們的老窩，因此一定要堅決阻止。」

十一月二十日，劉湘乘瑞和輪離開漢口抵達南京，住中央飯店。當晚舉行了記者招待會，談到此次來南京的任務，劉湘說了兩條：一是面謁蔣介石報告及請示機宜，二是為財政問題須向中央政府請示具體辦法。第二天上午，由蔣介石的首席智囊楊永泰陪同，去晉見蔣介石，劉湘是初次見蔣，遵循「言多必失」的古訓，佯裝出一副木訥模樣，唯唯諾諾，小心點頭。接見完畢後，天色已經晚了，劉湘回賓館休息，楊永泰約鄧漢祥去吃夜宵，席間楊永泰開懷大笑：「你伺候的這個主，是木匠出身的吧，他的話也太少了，像《三國演義》中的劉璋，這種人怎麼擔得起重任啊？」鄧漢祥微微一笑：「你莫把人認錯了，有些事現在看不清楚，以後自然會明白。」

四川王劉湘此次到南京，蔣介石提出了關於四川的三點意見：一，改組四川省政府，由劉湘擔當主席；二，四川善後督辦公署，改為川康綏靖公署，由劉湘擔當主任；三，劉湘仍然擔任四川剿匪總司令，但要調中央軍十個師入川協助作戰。對第三條，劉湘表示堅決不同意，並且提出辭去剿匪總司令一職相要脅。蔣見劉湘態度堅決，只好打消派兵入川的主意，另行組建一個參謀團入川協助。劉湘沒有再堅持，點頭同意。

劉湘系初次出川，在南京晉見蔣介石完畢後，又去上海觀光，夜宿一品香飯店，然後在宋子文陪同下繞道杭州遊覽西湖，並參觀了航空學校。十二月七日返回南京，赴官邸見到了蔣介石，作了最後一次談話。十日上午，劉湘向各方辭行，乘民康輪離開南京返渝，十九日抵達重慶，歡迎者有軍政界官員和民眾代表數百人。

劉湘回到四川的第三天（十二月二十一日），便接到了國民政府明令改組四川政府的電令：任命劉湘、甘績鏞、劉航琛、楊全宇、郭昌明、鄧漢祥、謝培筠等七人為四川省政府委員，劉湘為四川省政府主席。同時任命鄧漢祥兼秘書長，甘績鏞兼民政廳長，劉航琛兼財政廳長，楊全宇兼教育廳長，郭昌明兼建設廳長，費東明兼保安廳長。

新組建的這個班底，是劉湘在南京與蔣介石共同商量的結果。從劉湘方面來看，是頗費了一番推敲的。據說，蔣介石想把其親信康澤安插進來當保安廳長，劉湘堅決反對，硬是不買帳，蔣也只好作罷。在這個班底中，省政府秘書長鄧漢祥，一直是劉湘的親信，長期擔任劉湘的駐京、滬代表，歷時六年，絕對忠實於劉；民政廳長甘績鏞，早年即追隨劉湘，一直被劉當作自家人一樣看待；財政廳長劉航琛前邊章節已詳細敘述，不再多說；教育廳長楊全宇，四川西充人，北大畢業生，此人是汪精衛推薦的人選，和蔣介石有一定距離；建設廳長郭昌明，是劉湘的速成系同學，在劉湘手下當過參謀長；保安廳長費東明，系保定生，早年在劉湘屬下任過旅長。

劉湘向南京政府迅速靠攏，意味著四川與外界隔絕的時代終於結束了。當劉湘重新返回四川的時候，一個在他領導下的新的省政府真的會使四川局勢發生改觀嗎？蔣介石所說的派參謀團入川，會對四川軍隊產生什麼樣的影響？南京方面派員介入四川，是否會對四川紊亂的經濟起到積極的作用？這一切尚須拭目以待。但是不管怎麼說，劉湘謁見蔣介石的南京之行，卻是四川與國民黨中央政權之間關係的一個轉捩點，從那時起，國民政府進入四川已是既成事實。「此後，中央政府為把四川納入一個由全國首都控制的政治結構而作的各種巨大努力，便成為川政中的主要問題。」[3]

劉湘與蔣介石的明爭暗鬥

劉湘的南京之行，意味著劉、蔣「政治蜜月」的開始。然而在權力場上，所謂「親密無間的合作」像是孩童吹出的肥皂泡，看起來美麗卻也容易破滅。裂痕是在不經意間產生的，如果細心梳理，自然能察覺出一些蛛絲馬跡。

就在劉湘從南京回四川三個多月後，一九三五年三月二日，蔣介石飛抵重慶，其目的除督促「剿匪」外，再就是要以全力協助省政府主席劉湘建設四川。用今天的話說，相當於領導給下級「送溫暖」。劉湘心存感激，擬在楊子壩劉氏公館宴請老蔣，按照蔣介石的吩咐，那天只有幾個參與機要的人員作陪，場面顯得冷清。蔣介石身披玄色斗篷，內穿黃呢軍服，戴著雙白手套，表情冷漠，很少說話，顯得很矜持，這讓劉湘感覺到很不舒服。賓主入席後，蔣介石的神情總是顯露出很不放心的樣子，使人覺得疑神疑鬼，每上一道菜，他必須等別人先吃後方才下箸，喝酒也是端起酒

3 ［美］羅伯特・柯白：《四川軍閥與國民政府》，第117頁。

杯而不飲，蔣介石所表現出的戒備心，使得劉湘大為反感。

經過改組後的四川政府，雖說劉湘擔任省政府主席，實際上的掌舵人卻是蔣介石。四川軍閥的獨立性大大降低，各軍在中央政府的壓力下交出了防區丟掉了地盤，他們不再是具有完整意義的軍閥，而蛻變成從屬於蔣介石政權下的地方實力派了。

面對此情此景，劉湘內心有種說不出口的沮喪和懊惱。最讓劉湘感到不舒服的，是蔣介石派出的參謀團和別動隊入川，猶如芒刺在背，坐臥不寧，欲罷不能。

參謀團隊伍龐大，其主要成員文化素質高，多係蔣介石的親信、智囊和官僚政客。其領銜人物名叫賀國光（一八八五～一九六九），湖北蒲圻人，幼年隨父入川，曾就讀於四川陸軍速成學堂，與劉湘是老同學。參謀團公開的工作方針是「援川助川剿共」，實際上卻另有一套秘密的工作方針：「消滅赤匪，控制四川，打擊劉湘」。

別動隊的全稱是「國民政府軍事委員會別動隊」，是由蔣介石直接控制的一支武裝特務隊伍，其領銜人物康澤（一九〇四～一九六七），字兆民，四川安兆人，黃埔三期畢業，早年曾留學蘇聯，回國後不認同馬列主義，投奔國民黨。康澤是中華復興社創始人之一，復興社的名字就是康澤取的；他也是三民主義青年團（三青團）的三位創始人之一，三青團的名字也是由他建議而被採納的，其受蔣介石寵信可見一斑。

參謀團和別動隊入川後，曾擬定過一個「五運計畫」，即在四川大搞軍運、匪運、學運、紳運和商運，一言以蔽之：製造混亂，整垮劉湘。有一次，劉湘的屬下偶爾得到了一份「五運」的絕密檔，劉湘看後氣得說不出話來，當即派專人送給蔣介石，請蔣解釋是何原因？蔣介石推諉了幾句，最後找了個替罪羊，將參謀團總務處長柏良撤職，才略微平息了一下劉湘的怨氣。

劉湘與蔣介石的明爭暗鬥，時起時伏，從無休止，到一九三七年達到了高峰。劉手下的土特務頭子冷開泰等偵破了一個大案，估摸案犯與南京政府有關係，決定就這一題目做文章，迅速取締肅清，並在全省張貼佈告：「竟有不逞之徒，陰謀詭計，意圖破壞秩序，擾亂治安，敢於秘密設立機關，偽造印信，發佈命令，號召黨徒。其主要人犯，有自稱總司令者二人，自稱參謀長、機要處長、參謀、副官、路司令者若干人；其委任偽職有自稱旅長者若干人，自稱路司令者若干人。又劃全省為十六路，某人擔任某路。又派員四出為之奔走聯絡，或則給予委任狀，或則信件往來，均有姓名可指。……」[4]

經過緊急提審這些準備暴動的匪徒，他們供認出了幕後黑手，果然是中央軍校成都分校負責人李明灝。據當年參謀團主任賀國光在《八十自述》一文中回憶，李明灝等人不僅策劃「匪運」，還擅作主張，在城牆上修建炮臺，在街道口構築工事，天下無事而庸人自擾，導致引起劉湘部隊誤會，局勢驟然緊張。最不可思議的是，李明灝一再請求賀國光發給步槍七千枝，子彈三百萬粒，炮

4 喬誠、楊續雲著《劉湘》，第149～150頁。

彈三百顆，為打仗作準備。賀國光對李明灝曉以大義，提醒他說，分校學員全係川軍編餘軍官，而劉湘部下占其大半，此時無強大中央軍駐此，一旦有風吹草動，川軍中的那些學員因多年跟隨劉湘，無論從利益上還是感情上都會倒向劉湘一邊，到那個時候，你恐怕連性命都難保。何況眼下社會動盪，謠言頗多，緊張的局勢象潑上了汽油的柴草，只需要一根火柴就能點燃，你又何必去做那根火柴呢？賀國光苦口婆心的話，李明灝完全聽不進去，不僅如此，李還屢次三番向蔣介石秘密報告，控告賀國光與劉湘關係不清，懷疑二人有貓膩。賀國光欲洗刷自己，多次給蔣介石發出密電，認為劉湘所作所為全系防衛性質，絕非犯上作亂。劉湘事後得知老同學的這番舉動後，頗為感動。

但是自從參謀團、別動隊入川後，川中局勢也絕非賀國光能夠左右的。許多場合，許多時候，賀國光也是無可奈何。何況，賀國光端的是蔣介石的飯碗，在某些關鍵時刻，他還必須站在國民黨中央政府的立場上說話。因此，大案最後的處理結果也只能不了了之。

政治鬥爭中，吃掉對手的方法有兩種。一種是大口吞食，好處是速度快，壞處是對手會激烈反抗，付出的成本大；另一種是蠶食，雖說速度慢點，但是對手不易警覺，相對而言成本反而低。後一種方法叫「溫水煮青蛙」，劉湘現在就成了溫水中的青蛙，聽任水溫一點點上升卻無可奈何。

四川王劉湘也並沒有完全坐以待斃，他暗中一直在積蓄力量，隨時準備予以反擊。比如說，蔣介石授命參謀團在四川舉辦「保甲壯丁幹部訓練班」，培養一批基層骨幹，組成了一個與劉湘對著幹的基層幹部網路。劉湘則通過舉辦「縣政人員訓練班」，培養一批縣長、區長和科長，去管理那些所謂的「中央勢力」。

縣政人員訓練班共舉辦了三期，共結業一〇二七人，劉湘對這批幹部期望極大，期望他們能在四川政治建設中做出成績。第三期學員畢業時是一九三六年五月中旬，此時劉湘由於長年累月操勞過度，胃病再次發作，咯血不止。六月四日，返回原籍大邑安仁鄉休養。

在此前後，南方發生了「兩廣事變」。當蔣介石以追剿紅軍為由，逐步控制了雲南、貴州和四川三省以後，下一個目標自然是廣東和廣西。面臨可能被蔣控制的危機，兩廣軍閥陳濟棠、李宗仁、白崇禧等人，開始為保全自己的割據勢力而操心。他們一方面秘密聯絡日本，向日本購買軍火，依靠日本壯大自己的實力；另一方面，先下手為強，玩起了賊喊捉賊的把戲，由廣州國民黨西南政務委員會和西南執行部通電全國，籲請南京國民政府領導抗日。六月四日，又由陳濟棠、李宗仁領銜西南軍閥將領數十人發出聲援電，表示擁護。並成立了軍事委員會和抗日救國軍，由陳濟棠任委員長兼總司令，李宗仁副之，準備出兵湖南，向蔣介石進攻。這是一場荒唐而又有趣的政治遊戲，參與遊戲的每一方都打出抗日救國的旗號，想置對方於死地。用一位軍閥的話說：「只有抓住抗日的牌子不放手，死後才有棺材睡。」

正在安仁養病的劉湘得到消息後，發電秘邀心腹鄧漢祥速來面商。鄧漢祥一見面，笑顏逐開地對劉湘說：「我們四川輸贏兩邊吃糖的機會來了。」其言下之意是，兩廣軍閥與蔣介石開戰，無論哪邊贏了，四川都可以「漁翁得利」。人逢喜事精神爽，劉湘一高興，病情也好了許多。吩咐司機連夜備車，匆匆趕回成都，秘密召集主要軍政幕屬商討應對之策。

在會上，參謀長傅常、軍長潘文華等人平時受夠了參謀團和別動隊的窩囊氣，終於盼來了出氣的機會，豈肯輕易放過？他們竭力主張立即發動攻擊，端掉成都中央軍校和重慶行營這兩個蔣介石的窩巢。劉湘扭過頭來徵詢鄧漢祥的意見，鄧漢祥卻發表了一通不同的看法：「原則上同意，但不能操之過急。兩廣反蔣，外表看起來一致，內部分歧卻很多，蔣介石一貫採取挖牆腳的方式對付各省，陳濟棠部下是否有人被蔣收買，尚難斷定。如果我們馬上發動攻擊，萬一兩廣內部有問題，不能支持，蔣介石必然掉轉槍口打四川。依我看最好的辦法是以靜制動，我們暗中準備，到了戰事的關鍵關口，再作決定也不遲。」

劉湘對鄧漢祥的發言未置可否。當天夜晚，劉湘瞞著鄧漢祥緊急下發密令，通知軍隊向成都、重慶兩地集合，準備採取軍事行動。

誰知行動還未開始，風雲突變，蔣介石暗中出錢收買了陳濟棠平時最信任的第一軍軍長余漢謀、空軍司令黃光銳，在最關鍵的時刻，余、黃背叛了陳濟棠，通電擁護蔣介石。陳濟棠苦心經營廣東十餘年，卻毀於一旦，沒想到敗亡得這麼快，不由得痛心疾首，連聲感歎蔣介石對地方勢力的滲透能力實在太強了。

兩廣事件發生後不幾天，蔣介石電召劉湘到廬山會晤。接到電報，劉湘心裡空落落的，不知道其中究竟藏有什麼樣的陷阱和玄機。他親自跑到鄧漢祥的公館裡，要鄧代表他去廬山見蔣介石。鄧漢祥推諉不過，於七月三十日乘飛機離蓉飛漢口。

在漢口，鄧漢祥見到了他的老朋友——蔣介石的秘書長楊永泰。兩人一見面，楊永泰就將鄧漢祥好好奚落了一頓：「你個大軍師，認為陳濟棠倒蔣，機會到了，便慫恿劉湘連夜調動軍隊，準備攻打重慶行營和成都軍校，來回應陳濟棠。我過去聽信了你的話，拼命幫助劉湘，復興社分子乘機造謠說我拿了劉湘六十萬元的賄款……」鄧漢祥連忙解釋，憤慨地說道：「四川情形極其複雜，重慶行營和復興社那幫人，天天挑撥離間，唯恐四川不亂。如今造謠說劉湘調兵譴將攻打這攻打那，連你都相信了，那我還有什麼說的？乾脆明天飛回去，讓蔣先生派兵去打四川好了。」楊永泰見鄧漢祥真的生氣了，又緩和語調說道：「劉湘調動軍隊確有其事，可能他沒讓你知道罷了。既然劉湘讓你代表他去見蔣，你半途而廢，反而會使蔣介石心裡又留下一道裂痕，以為你們四川方面有意在躲避他。」

聽從楊永泰的勸告，鄧漢祥鼓足勇氣，來到了廬山。走進美廬別墅，只見蔣介石滿面怒容，也不讓坐，沖著門外喊副官快拿軍事地圖。副官很快把地圖在桌上攤開了，蔣介石拿起一根木棍，指指點點：「劉湘夜裡調動軍隊，附和陳濟棠反對南京中央的活動，我已經完全弄清楚了。」聽得出蔣介石氣憤至極，嗓門又尖又細，下巴微微有點抽搐。鄧漢祥不敢吭聲，等蔣介石氣消了一些後，他才解釋了幾句，大意是，四川土匪和袍哥耳目靈便，夜間行動才不會洩露消息，並不是與陳濟棠遙相呼應。說完這些，鄧漢祥又歷數劉湘過去維護蔣介石的許多事例，以證明劉湘絕不會附和陳濟棠。至此，蔣介石的怒氣才略微平息。

一九三六年十二月十二日，張學良、楊虎城在西安發動兵諫，扣押蔣介石，逼蔣表態停止剿共、共同抗日，史稱「西安事變」。此時劉湘正在大邑養病，聞訊後立即趕回成都，急召心腹親信鄧漢祥、傅常、唐式遵、潘文華、王纘緒、鄧錫侯等人會商，各軍長對突然發生的西安事變感到驚詫，繞室彷徨，莫知所措。劉湘發出通電，呼籲營救蔣介石。但是在秘密會議期間也有暗流湧動。傅常、潘文華等人舊調重彈，又提出派武裝部隊包圍成都軍校、重慶行營的老話題，鄧漢祥不同意這個辦法，說道：「如果張學良把蔣介石殺了，蔣的軍校和行營也搬不走，到時候照樣垮臺。如果張學良放了蔣介石，我們今後如何下臺？」劉湘嘴上沒有發表意見，在雙方針鋒相對的觀點中，他顯然贊成前者。

幾天後，何應欽忽然派他的胞弟何輯五來成都，通過鄧漢祥找到劉湘，何輯五說話的大意是：針對目前錯綜複雜的局勢，黃埔系決定推舉何應欽為總司令，蔣介石一旦死後，黃埔系的力量何應欽能夠控制。此次進川，就是希望能與劉湘合作，他還要去昆明聯絡龍雲，到時候一起共謀大業。「何應欽已經作出決定，擬派飛機去轟炸西安，逼迫張學良殺蔣介石。」當何輯五表情神秘地說出這條消息時，劉湘大驚失色，當即作出決定，屁股坐到何應欽一邊，迅速派兵攻打蔣介石設在四川的據點成都軍校和重慶行營。

正在兩人談論得熱火朝天之時，忽然從西安傳來消息：張學良釋放了蔣介石。大錯已經鑄成，何輯五驚慌失措，不敢回到南京，連夜化裝飛到了上海。劉湘也是如坐針氈，不知道獲釋後的蔣介石將如何處置自己。驚魂未定的蔣介石回到南京後，得知劉湘在他被扣期間試圖發動兵變的消息，進一步看清了劉湘半心半意擁護的面目，對其惡感更深了。這之後，經過一系列艱苦複雜的說項和斡旋，蔣介石對劉湘的態度才有所緩和。當然，劉湘顯然是為此付出了代價的，他把一個造幣廠和十架飛機送給了南京，把部隊調出重慶，退至永川，給蔣介石的中央政府騰挪地盤，避免了國民黨中央政府與四川地方政府的直接衝突，為兩年後國民政府遷都重慶準備了條件。用歷史的眼光來看，劉湘此舉雖說屬於被動，但客觀上對形成團結抗日局面的影響是正面的、積極的。

西安事變發生後，蔣介石對劉湘的戒備心更是有增無減。當劉湘派鄧漢祥前往南京探聽虛實時，蔣介石一點也不給面子，直截了當地對鄧漢祥說：「四川的軍隊太多，應該縮編。四川一省，相當於歐洲的一個大國，劉湘身體多病，兼管軍民兩政，深恐他體力不支。中央擬派能夠同他合作的人去任省主席，讓劉湘專負綏靖地方的責任，也便於他休養，無論對地方對他個人都是有利的。」

鄧漢祥的回答是：「縮編軍隊，如果四川各軍都在一個標準之下同時進行，自無問題。至於軍民分治，擬請中央再加考慮。因四川在防區時代混亂多年，人民深受其苦，自前年省政府成立、川政統一後，地方治安以及用人用錢各方面，始稍有眉目，今截然劃分軍政民政由兩個人負責，恐怕難以收到輔車相依之效果，反而增添中央西顧之憂。」

鄧漢祥的話說得既有分寸又滴水不漏，該說的都說到了，可是蔣介石絲毫不為所動，依然堅持軍民兩政分開，另行派人擔任四川省主席。

鄧漢祥只好怏怏退出，再想辦法。

按照蔣介石的安排，剩下的事讓鄧漢祥與何應欽交涉。到了何應欽那裡，鄧感到再無退路，說話的口氣也硬了一些：「縮編軍隊和軍民分治是兩件事，何不分兩個步驟辦理？即先縮編軍隊，稍後再提分治，同樣可以達到中央的希冀。如果非要二者同時施行，難免不逼得狗急跳牆，事情反而不好辦。」經過何應欽在老蔣面前疏通，蔣才鬆了口，暫時不再提四川軍民兩政分治的事。

但是川軍縮編已是板上釘釘，不得有任何推諉拖延。

川軍縮編的過程，就是一個劉湘向蔣介石討價還價的過程。其中明爭暗鬥，矛盾表露得相當尖銳。劉湘面臨其軍隊有被蔣介石吃掉的危險，困獸猶鬥，他不能不竭力抗爭。為了保存多年積蓄下來的軍隊，劉湘提出的方案，其要點就是川康各軍駐在川康境內時，其人事、經理、指揮諸權皆應劃歸川康綏署。至於裁減的軍隊，則採取屯墾的辦法予以保存。蔣介石擔心逼之過急反而生變，也留下餘地，即整軍完成後，「指定歸綏署指揮的部隊，再按綏署條例劃分職權；關於屯墾事宜，可由整軍會議時商決。」[5]

一九三七年六月二十八日，蔣介石任命何應欽為川康軍事整理委員會主任委員，顧祝同、劉湘為副主任委員，賀國光等十九人為委員。

整軍會議擬定七月初在重慶召開。臨行之前，劉湘部下多名將領極力阻止，勸其謹慎從事，周成虎、劉兆藜、傅楠等幾位旅長甚至在地上長跪不起，失聲痛哭，去重慶萬一被扣留，就毫無辦法了。劉湘徵詢鄧漢祥的意見：是去還是不去？鄧漢祥說：「站在蔣介石的角度看，他不會採取扣留你的辦法，如果把你扣起來，你的十幾萬軍隊仍然會成問題。不如採取繩索勒死的巧法子，先縮編軍隊，再調你到中央去當個部長，可不省事得多？當然這只是我個人的推測。最穩妥的辦法，是你坐汽車緩緩而行，我先去打頭陣，趕到重慶與何應欽密談，探測他的態度後再作判斷。如有疑慮，你可稱舊疾復發，中途轉回成都；若無疑慮，你再大大方方進重慶。」劉湘這才依計行事，於七月四日離開成都，趕赴重慶。

整軍會議前後，劉湘始終處在權力漩渦的中心。更讓他感到痛心疾首的是，多年栽培扶植的部下唐式遵、王纘緒、范紹增等川軍高級將領，看他大勢已去，暗中紛紛倒戈，被蔣介石收入囊中。總之，川軍整編過程是蔣介石一步步緊逼、劉湘一點點退讓的過程，經過整編，「基本上實現了軍

5 喬誠、楊續雲著《劉湘》，第208頁。

隊國家化，一是各軍直屬國民政府軍事委員會，其人事、經理、裝備都由軍委會掌握；一是軍事體制、番號諸方面均與全國軍隊基本統一。整編後，多數的川軍在數量上減少了，力量有所削弱。然而劉湘的部隊則沒有多大的損傷，劉部原有十多萬人，改編後仍保留十一個甲種師，七個獨立旅，共六十個團；另編一個獨立團交重慶警備部指揮，多餘部隊再編入各行政專區保安團，共十八個團，這樣就有七十多個團了。」[6]

在重慶召開的整軍會議結束得十分倉促。正在會議期間，忽然傳來「七七事變」的消息，蔣介石電召何應欽速回南京，會議交賀國光主持，最後以草草收場了事。

但是蔣介石的目的已經初步達到了，再次見到劉湘時，表現出了從未有過的親善。與劉湘握手寒暄後，他竟然稱兄道弟起來，用和緩的語調說道：「我們兩弟兄自從北伐以來，你對國家和我個人的維護，我是不會忘記的。現在要抗戰，四川對國家的關係更重要了，以後希望你多負責任。後期整軍議案等抗戰結束後再說。過去我總是事必躬親，才放得下心，必須與我有關係的人，才是人才，才肯重用。這一念之差，幾乎把國家誤了。現在則不然，譬如宋子文當財政部長，我只把財政方針告訴他，至於如何安排，如何去做，我決不過問。又譬如現在我所用的人，有許多是素昧平生的。我過去的這些短處，兄弟你或多或少亦不免有相同之處。四川地方之大，人口之多，不亞於歐

6 匡珊吉、楊光彥主編：《四川軍閥史》，第286頁。

洲的大國，希望老兄在軍政兩方面提綱挈領，多延攬人才，自然會收到事半功倍之效果。」

蔣介石的一番話，把劉湘的心說熱了，他有點受寵若驚的感覺。等蔣走後，劉湘對其心腹幕僚鄧漢祥高興地說：「老蔣今天算是同我說了幾句知心話。」

出師未捷身先死

前邊說過，重慶整軍會議期間，何應欽收到南京的加急電報，他當場向會議通報日軍在盧溝橋進犯國軍第二十九軍經過，謂中日大戰已不可避免。全場聞訊悲憤感慨，將領們紛紛表態，願率部出川參加對日作戰。

一九三七年七月十日，劉湘電呈蔣介石，請纓抗日，同時通電全國，請一致抗日。七月十四日，劉湘又通電各省軍政首腦，謂日軍侵略決非一省一部之問題，主張全國總動員，決一死戰。望全國上下同德一心，在全國整個計畫下，共赴國難。八月七日，劉湘乘飛機飛往南京，參加國民黨中央的國防會議，共商國事。抵達南京後劉湘發表了談話，決心以川康人力財力，貢獻國家。在這次會議上，劉湘的講話長達一個半小時，結束之際他表態說：「四川可出兵三十萬抗戰，供給壯丁五百萬，供給糧食若干萬石。」話音落地有聲，深得在場的抗日將領們的贊許。

一九三七年十月十五日，劉湘被任命為第七戰區（主要由川軍組成）的司令長官，長官部指定設鄭州。劉湘將所任川康綏靖公署主任和四川省政府主席兩職分別交給鐘體乾、鄧漢祥代理，匆匆踏上征程。

上任之際，他的胃病已經很嚴重了，經常咯血不止，鐘、鄧等部下勸他先休息一段時間再赴任，他執拗地堅持說：「過去打了那麼多年內戰，臉面上不甚光彩，今天為國效命，如何可以在後方苟安？」劉湘力主抗日，抱病出征，為他晚年寫下了光彩的一筆。

劉湘領導的川軍出川抗戰，是中國抗日史上濃墨重彩的一筆。有無數可歌可泣的故事，震撼人心，催人淚下。四川安縣「模範父親」王者成，主動送兒子王建堂請纓出征，臨行前，王者成手執一面「死」字旗相送，在白布旗正中寫著個大大的「死」字，旗的左方寫道：「國難當頭，日寇猙獰。國家興亡，匹夫有責。本欲服役，奈過年齡。幸吾有子，自覺請纓。賜旗一面，時刻隨身。傷時拭血，死後裹身。勇往直前，勿忘本分。」讀之讓人熱血沸騰，唏噓不已。據曾經參加過當年淞滬戰役的四川人何聘儒先生回憶：「一個連僅有士兵八九十人，只有一挺輕機槍和五六十支步槍。有的槍使用過久，來福線都沒有了。還有少數機槍機柄用麻繩繫著以防失落，武器之低劣可以想見。」然而就是這種裝備的軍隊，卻有著超乎尋常的戰鬥力，該部官兵英勇頑強鏖戰七晝夜，多次擊退日軍進攻，被譽為參加淞滬會戰的七十個師中戰績最好的五個師之一。然而該部付出的代價也極為慘重，全師四千多人，這場仗打完後僅剩下六百餘人！

據曾任國民政府軍政部長的何應欽在《八年抗日之經過》一書中說，抗戰八年中，四川提供了近三百萬人的兵源充實前線部隊，占全國同期實征壯丁的五分之一。陣亡的川軍人數為二十六萬三千九百九十一人，負傷三十五萬六千兩百六十七人，失蹤二萬六千零二十五人，共計六十四萬餘人，占全國之冠。

十一月中旬，日寇先後攻佔嘉定、常熟、蘇州等地，分兩路沿京滬鐵路和太湖南岸向南京進發。劉湘聞訊後向蔣介石請求，將川軍兩個集團軍調集攏來保衛南京，他本人親自擔當總指揮。在發給蔣介石的電報中劉湘說道：「我以帶病之身，如能與首都共存亡，也是心安理得、含笑九泉的。」遺憾的是，正值此時劉湘舊病胃潰瘍復發，且陷入昏迷狀態，瀕臨於生命垂危之際，被緊急送往漢口醫院救治，夙願未遂。

劉湘從昏迷中醒來時，感到周圍死一樣的安靜，深為疑惑，不知身在何處。旁邊的護士小姐告訴他，這裡是漢口萬國醫院，他已經昏迷兩天兩夜了。在醫院裡療養了一段時間，病情似乎有所好轉，到十二月上旬，已經可以由人攙扶著到花園中去散步、曬太陽了。他支撐起病體，向守護在身邊的參謀長傅常、參贊黃罔等詢問前線敵情，閱讀各地傳送來的電報、信件。此間，社會各界賢達董必武、張瀾、沈均儒等親赴醫院看望，劉湘熱情洋溢地和他們暢談抗日大計。

身體稍微恢復後，劉湘提筆給夫人寫了一封信：「一病月餘，痛苦難喻，除告侍從副官數次書函寄達外，頃頭昏已減，試親筆作函奉寄如下：一、余病景象，完全與上年同，所異者口中未吐血耳。現在仍然貧血，不能操勞，奈何！幸德國醫生著手即日認明為胃失血，故能逐漸起色，或者危險時期已過矣；二、軍國情勢迫切之際，餘思慮失檢，致舊疾突發，種種計畫未能躬親達到，不勝忿念。現在前方一切較重事務，雖仍常來電決定，但軍事要點已失當機立斷功能，斯亦無可如何耳；三、世哲、世英兩兒明年讀書，仍以考入較良中學為善。家中只延請徐老師、唐先生再為之照料中文、英語，不必再聘多人可也。至三兒書名，茲為擬就『劉康懷，號濟殷』，么妹亦擬書名為『劉蔚文』（女兒家，不必有號），即盼照此改定為要。余久病思家念切，尤以三兒、么妹久不見，殊愀然。但世亂不定，故迭次函阻來也。欲言至多，心神不及，只此後告，並詢闔家平安。一月七日於漢口萬國醫院。甫澄手啟。」[7]

一九三八年一月一日，劉湘發表元旦獻詞，文章題為「長期抗戰中的四川」，重申四川支持抗戰的決心。新年剛過，劉湘病情急劇惡化，至十七日，德國醫生說要輸血，可是此時血管已經收縮，血輸不進去了。一月二十日晚八時，劉湘與世長辭，終年四十八歲。

臨死之前，劉湘留有遺囑如下：「余此次奉命出師抗日，志在躬赴前敵，為民族爭生存，為四川爭光榮，以盡軍人之天職。不意宿病復發，未竟所願。今後惟希我全國軍民，在中央政府及最高領袖蔣委員長領導之下，繼續抗戰到底。尤望我川中袍澤，一本此志，始終不渝。即敵軍一日不退出國境，川軍則一日誓不還鄉，以爭取抗戰最後之勝利，以求達我中華民族獨立自由之目的。此囑。」

---

7 喬誠、楊續雲著《劉湘》，第239～240頁。

劉湘這一遺囑，在抗戰前線軍隊中（尤其是川軍中）影響極大。很長一段時間裡，每天升旗時川軍官兵必同聲誦讀：「抗戰到底，始終不渝，敵軍一日不退出國境，川軍則一日誓不還鄉。」擲地有聲，豪氣干雲。

一九三八年二月十四日，國民政府明令劉湘予以國葬。後因修建墓園費時較長，直至一九三九年九月十九日，始在成都舉行了國葬典禮。劉湘墓園建於成都南郊武侯祠側。

一九四六年四月二十七日，國民政府勝利遷都，蔣介石特蒞成都告別四川同胞，於是日上午八時，親臨劉湘墓園致祭，下午召見劉湘之子劉濟殷，垂詢家庭狀況，囑咐努力求學，繼續遺志，將來成為建國人才。

關於劉湘的死因，除了「病死」之外，還有「嚇死」說和「毒死」說。

「嚇死」說起於劉湘部下的師長范紹增。

據範說，一九三七年川軍整軍過程中，劉湘搞明升暗降，免去范紹增的師長職，升為副軍長，卻沒有實權。范因此對劉湘有了怨恨。劉湘胃潰瘍復發，在漢口萬國醫院住院，其時范紹增也在漢口，特務頭子戴笠利用范與劉的矛盾，在劉湘病房旁邊弄了個房間，讓范去監視。一個偶爾的機會，范紹增發現劉湘與山東軍閥韓復榘聯繫密切，電報來往頻繁，密謀倒蔣。他將這個情報報告給了戴笠。不久，蔣介石約韓復榘到河南開封開會，將韓扣押，解到武漢，經過軍法會審，執行槍決。

在此期間，何應欽到萬國醫院看望劉湘，隨口說了韓復榘被扣押的消息，劉湘大驚失色，緊張地問為什麼扣押？何應欽說，他的部隊要開到襄樊去打蔣介石。劉湘臉色大變，不再說話。「何應欽走後十分鐘，劉湘大口吐血，昏迷不醒，三天以後死去。」[8]

「毒死」說緣於劉湘夫人劉周玉書之口。

劉周玉書從成都啟程飛往漢口時，心裡就對劉湘之死存在巨大的疑惑。她不相信自己的丈夫會死，以前那麼多次犯胃病，還不都挺過來了？尤其是當她看見迎接她的那些人胸前佩著小白花，臂膀上纏著黑紗布時，直感到天昏地暗，口口聲聲說劉湘是被蔣介石害死的，哭嚎著要去找蔣拼命。那些日子，這個深受刺激的女人變得有點神經兮兮的。她不知從哪裡聽到的消息，說蔣介石收買了劉湘部下駐漢口辦事處處長邱甲，劉湘是被邱甲毒死的。有一次，邱甲到省府劉湘靈前上香，被劉周玉書看見了，當場下令守靈連長將邱扣押，執意要槍斃他。邱甲無法脫身，慌亂中想了一個辦法，掏出自己的名片，在反面寫上「快來救我」四個字，囑人火速送給鄧漢祥。鄧漢祥急忙趕來，又是解釋又是擔保，總算制止了一起冤案。

劉周玉書從漢口回到成都後，迅即邀請鐘體乾、鄧漢祥以及劉湘昔日舊屬師長三四十人到家中聚餐。等到賓客到齊，劉周玉書身穿孝服，入室便跪地痛哭，哽咽著說道：「今天我所請的客，都是督辦生前的好朋友、老部下，督辦是被蔣介石害死的，希望你們替他報仇。」

8 范紹增：「關於劉湘、韓復榘之死的一點見聞」，載《文史資料選輯》第四十二輯。

平心而論，無論嚇死還是毒死之說，都與事實相去甚遠，或出於激憤，或無端猜測，均難以視作信史。

倚仗大軍閥發跡的小舅子

劉湘雖說是個大軍閥，卻為人坦誠，待人寬厚，私生活也無可挑剔，故人望極高。在用人方面不搞任人唯親，劉湘的屬下，很少任用他自己的家族親戚。

只有周成虎是個例外。周成虎，字曉嵐，是劉湘夫人劉周玉書的弟弟。劉湘從速成學堂畢業，羽毛漸豐後，這個小舅子就一直跟隨在他身邊。

劉湘篤信術數，對風水、運道之類的名堂十分著迷。為了發跡，他想找一塊風水寶地，將母親的墳墓重新安葬。劉湘早年在速成學堂讀書時，有個同學叫李子俊，他有個弟弟叫李子模，據說精通堪輿之術，於是毛遂自薦，要幫劉湘找一塊運旺氣盛的龍鳳之穴。

不知是這個李子模功夫不到家，還是他們兄弟倆活該倒楣，墳址選好後，劉湘將母親的棺木遷移過去，不到一百天，兩個兒子竟相繼死掉了。劉湘夫人劉甫婆大為震怒，帶著幾個兵丁，找到李氏兄弟家裡大鬧了一場，打得他倆跪在地上連聲求饒，劉甫婆還不解恨，叫人一根根扯下李子模的鬍鬚，直痛得他哇哇叫。

這次風波之後，劉湘再也不敢輕易遷移祖墳。過了很久，有一次，小舅子周成虎來找他，表情和聲音都顯得有幾分神秘。原來，周成虎暗中又找了個大師，保證能讓其母親的墳墓遷到一塊好地方。這次劉湘有點猶疑不決，周成虎在一旁鼓動說，這塊寶地得來不易，是川中僅有的龍鳳結穴之所，後人得此旺氣，不想富貴也不行。在小舅子的鼓動下，劉湘決定一試。結果一試而中，將母親的墳墓再次遷移後不久，劉湘就在「二劉大戰」中打敗了劉文輝，並當上了四川省主席。因此在他心裡，對周成虎的信任又增加了幾分。

進入民國以後有個怪現象：從表面上看，種植、販賣和吸食鴉片在法律上是禁止的，似乎鴉片在中國已經禁絕了；實際上，鴉片的來源不僅沒有斷絕，還十分富足。各省軍閥都把種植、販賣鴉片當作聚寶盆、搖錢樹，他們要爭地盤，就要擴充兵力，有人有槍，這些都需要銀元做保障，而種植和販賣鴉片，是最為快捷便利的生財之道。

劉湘也不例外，搞軍備競賽財力吃緊，眼光便緊緊盯住了鴉片暴利這一塊。他在所掌控的川軍二十一軍設立了「軍實科」，委任心腹小舅子周成虎當科長，半秘密半公開地做起了鴉片生意，甚至私設秘密作坊，製造嗎啡粗子（坯子）。劉湘未曾發跡之前，周成虎是普通的平頭百姓，在鄉鎮做點小生意，維持生計。攀附劉湘這棵大樹後，他結識了四川軍政界不少要員，與袍哥也打得火熱。有個袍哥舵把子叫做劉頤章，專門負責為周成虎在上海及長江沿岸碼頭私販鴉片和軍火，曾經被國民政府查獲過幾次，在上海和重慶的小報上鬧得沸沸揚揚。對此情況劉湘也有所耳聞，但是鴉片收入是其財政收入中的一大塊，他也只能睜一隻眼閉一隻眼，雖說在公開場合進行了批評，背地裡依然還是予以支持。

民國前期，四川鴉片癮民多係官紳，政府法律上禁止，實際上慫恿支持，更是使得鴉片癮民日益增多。防區制時期，周成虎被派鎮守川南，更是將他管轄下的地盤「治理」成了鴉片癮民的天堂和樂團。他效仿其他軍閥們的作法下達命令，強制農民種植罌粟，種的收「青苗稅」，不種的則收「懶稅」，反正種與不種都得向他交錢。他還派出手下的連長排長到各鄉鎮，將分散的煙館集中為吸煙所，實行招標承包，每個承包人每月向他繳納三千大洋。

倚仗劉湘的權勢橫徵暴斂發鴉片財，周成虎也成了四川軍閥中有名的暴發戶。重慶解放碑一帶那時候叫都郵街，許多達官貴人的公館就修建在此。如今解放碑碑身的那個地方，當時的名字叫「周家院子」，就是周成虎當年公館所在的舊址。上世紀二〇年代以後，潘文華當重慶市長期間，開始在這一帶修築馬路，周家院子被闢為街心花園。曾經繁華一時的周氏公館以及周家院子才沉沒到了歷史的深處。

劉湘去世後，其妻弟周成虎的勢力迅速削減。一九四一年夏天，蔣介石派第八十師中將師長陳明仁開進四川，接管周成虎的防區。此前曾有好幾次，國民黨政府派人接防，都發生過程度不同的武裝衝突，未能成功。而蔣介石下達任務後，又將陳明仁召到重慶秘談，囑其要順利接管，不能發生衝突。陳明仁接到這個任務之初，頗感肩上的擔子有幾分沉重。

他一面通知部隊準備行動，一面先派人到川南瞭解情況。幾天後，前往摸底的線人回來報告，說周成虎無意正常交接，不排除武裝衝突的可能。陳明仁考慮再三，決定親赴周成虎所在的瀘州，運用和平談判的方式解決問題。到了瀘州後，陳明仁利用袍哥的關係疏通周成虎，為了解除對方的疑慮，特意要求住在周成虎的家裡。這樣一來二去，兩人關係混得熟了，彼此間成了無話不說的契友，早先的隔閡煙消雲散。周成虎對陳明仁說：「早先蔣介石叫我交出川南八縣，由中央政府派人接防，我是從來不交的。今天兄弟你來，我願意交了。這事我反覆想過，軍政界並不是那麼好混的，自從劉湘去世後我就萌生了退意，退出四川軍政界是遲早的事。兄弟你不是外人，我們相互是朋友，把地盤交給你，我也放心。歡迎你的隊伍早日來接防。」陳明仁這才問他準備什麼時候交？周成虎爽快地答道：「我可以馬上下令，把部隊調走，讓你來接。」

不久，周成虎果然履行諾言，讓陳明仁的部隊順利接防瀘州。陳明仁接防後駐守敘永，兼任了第八區的清鄉司令，統一管轄川南八縣。而周成虎則逐漸退出了四川軍政界，到重慶商界另謀發展，這次，周成虎是和姐姐劉周玉書聯手，在重慶商界翻雲覆雨，經營起了另一塊地盤。沒過多久，周成虎果然成了重慶商界的一條大鱷，儘管他的第一桶金來路可疑，完成原始積累的過程並不光彩。

不過，正如許多暴富之後的巨賈大亨一樣，周成虎內心裡也隱忍著一種「原罪情結」，因此借助捐贈善款和贊助慈善事業，也成了他贖罪的方式之一。這裡有件事情頗能說明問題。上世紀日本侵華時期，大教育家張伯苓因為南開大學遷移問題，憂心忡忡。在與胞弟張彭春商議後，他打算到重慶找塊地盤修建一所南開分校，為將來南開大學搬遷事宜早做準備。張伯苓乘坐民生輪船公司的航船到達重慶後，通過昔日南開校友、四川船王胡光傑、胡仲實兄弟，廣泛聯繫重慶社會各界人士，籌建南開分校事宜進展順利。當時，民生公司創始人盧作孚表示，願意將自己在重慶北碚的一塊土地撥給張伯苓作建校的基礎，劉湘原部下師長唐式遵也願意將他在南溫泉的幾千畝地捐充校址。經過實地考查和慎重考慮，張伯苓覺得以上兩個地方都不適合辦學校，便婉言謝絕了。正當此時，周成虎聞訊而來，決定捐出他在市郊沙坪壩的一百三十畝土地建校。第二天，張伯苓實地一看，感到這塊地盤非常適合辦學校，遂接受下來。此後，張伯苓又收購了附近土地四百餘畝，從一九三六年五月開始修建校舍，經過三個半月時間，教學大樓、臨時禮堂、宿舍、食堂以及教職員工住宅等第一期工程大致竣工，當年八月招收學生二百多人，分設初中四個班，高中兩個班，於十月二十七日舉行了開學典禮暨新校舍落成典禮。隨著四川南開分校的全面落成，該校招收在重慶、成都兩地再加上天津以及其他戰亂區輾轉過來的青年學生達一千六百多人。就這樣，南開大學在天津的校區儘管被毀，仍能以新的姿態屹立於西南大後方，為莘莘學子提供了一個安心讀書的聖地。

改換門庭的劉樹成

始終跟隨在劉湘左右的還有個人物叫劉樹成（一八八五～一九七七）。此人字元鈞，曾被國民黨授銜少將，歷任川軍二十一軍手槍大隊長、機關槍團團長、獨立十六旅旅長等職。劉湘得胃潰瘍去世後，劉樹成被國民政府收編，任地方綏靖部隊新編十七師師長，駐防四川邛崍、眉山、樂山一帶。劉樹成是劉湘叔父劉文郁之子，從年齡上看，他比劉湘要大五歲，但是政治經驗和生活閱歷都不如那位堂弟。

早在一九三三年，劉文輝與劉湘唱對臺戲，爭奪四川王的位置，劉文彩使用流氓手段，指派親信楊德壽、鄭松延等五人，前往重慶劉公館刺殺劉湘。這五名刺客潛伏進劉公館後，首先找的人就是劉樹成。他們的話說得很隱諱，口口聲聲說是到重慶來做一筆生意，劉樹成也不便多問，好生招待他們住了下來。結果後來事機不密，刺客們藏在樹上被人發現，抓到審訊處一訊問，又交待了一個新情況：按照刺客們事先的想法，是計畫收買手槍隊長劉樹成下手的。這一秘聞被重慶《新民報》的記者知道了，在報紙上大肆炒作，使劉樹成特別被動。最頭痛的是，他事先壓根兒也不知道從安仁老家來的楊德壽、鄭松延是來暗殺劉湘的，更不用說收買自己當刺客一事。無論從他對劉湘的感情，還是按他平時行事的品行來看，劉樹成當刺客一說都屬於背黑鍋，即使給一百萬銀洋，他也決不會去做這樣的事。

在劉湘手下的一幫師長中，劉樹成和周成虎是嫡系中的嫡系。每逢遇到關鍵時刻，劉湘都要召集劉、週二人秘密相商；劉、週二人對劉湘的感情，也始終是忠心耿耿，矢志不渝。一九三八年劉湘死後，蔣介石認為四川群龍無首，正是侵吞蠶食的大好時機，立即召集顧祝同、張群、陳誠等人商討如何解決四川問題。按照蔣介石的意見，下令撤銷了第七戰區司令長官部，準備讓張群接手四川省政府主席一職。消息傳到四川，遭致川軍舊部的強烈反對，他們結成一體，不甘屈服。蔣介石不得已，只好作出讓步，讓王纘緒代理四川省政府主席，鄧錫侯為川康綏靖主任，潘文華為第二十八集團軍總司令，王纘緒為第二十九集團軍總司令，王陵基為第三十集團軍總司令，劉文輝為重慶行營副主任，郭勳祺、郭昌明、許紹宗為軍長。如此大規模封官，才勉強平息了來自川軍舊部的抗議浪潮。

然而川軍舊部的暫時得勢，與劉樹成並沒有多少關係。劉湘已死，劉樹成的保護傘沒有了，其地位也一落千丈。蔣介石對劉湘留下的川軍這筆遺產，或利誘或威逼，利用川軍內部矛盾採取分別蠶食的手法，多方瓦解分化。抗戰八年，四川是全國出兵最多的省份，當時川軍在各線作戰的有唐式遵、孫震、李家鈺、楊森、王纘緒、王陵基等部。計有六個集團軍，十二個軍和三十六個師。日本投降後，川軍傷亡人員眾多，部隊編制也殘破不堪，蔣介石不僅不補充兵力，卻以整編為名，大量裁減川軍，將所有軍的番號都整編為師。此時，繼承劉湘衣缽的川軍首領潘文華，手上僅只保存兩個師了。劉樹成的軍隊屬於裁減之列，自然不在這兩個師的編制以內。

從已故的劉湘身上，劉樹成得到了一個啟示：有了槍，一切才有希望。見大勢已去，劉樹成也為自己安排了一條後路。在一個風高月黑之夜，他安排一幫人夜入兵營，將部隊縮編後剩下的一批機關槍、步槍、手槍以及大量子彈等，悄悄從倉庫裡搬出來，連夜武裝押送，從眉山運回大邑，儲藏到安仁鄉仁和街劉樹成的公館裡。

就是這批槍支彈藥，惹出了一樁震動全川的事件。

將這批槍支彈藥運回安仁後，劉樹成立刻奉命出征，前往新整編的第五十六軍十七旅任旅長。臨行前，他放心不下儲藏在安仁的這批武器彈藥，叫來侄子劉福田促膝談心，讓他負責看守武器彈藥，並交給他一個特務連的人馬。

殊不知，此時安仁鄉的形勢極其錯綜複雜，各種政治勢力都在爭奪其勢力範圍。他們聽說劉樹成從眉山秘密運回了一批槍支彈藥，早已虎視眈眈。首先，是袍哥組織公益協進社的總舵把子劉文彩打起了這批武器的主意，他派人對劉福田進行策反，試圖讓劉福田自動投靠自己。共產黨的地下組織得知情報後，準備組織一次武裝劫持。但是沒等地下黨下手，劉文彩那邊就已成功收買了劉福田。儘管事已至此，地下黨仍不肯放棄，在劉文彩組織人馬搶奪武器之時，暗地從中拿走了四支德國造羅漢手槍和兩支天津造的手槍。

劉樹成得知這一消息後，咆哮如雷，氣得操起煙槍狠狠朝侄子劉福田腦門上砸。然而也是毫無辦法，啞巴吃黃連，他只好認了這個帳。事後，劉樹成曾找過重慶行轅主任何應欽，要討回一個公道。可是何應欽除了同情外，也表示無能為力。此事最後的結果是不了了之。

劉樹成後來的歸宿是這樣的：一九四九年六月，他在劉文輝手下擔任雷波、馬邊、屏山、峨邊、沐川的守備司令；同年十月，在四川犍為縣率部起義。建國後，劉樹成曾經擔任四川省人民政府參事室參事，政協四川省委委員。至今，大邑縣安仁鎮依然存留著一幢劉樹成公館。此公館建於一九二八年，坐西向東臨街，為三進院落，南向有個大花園。公館為磚木結構的兩層建築，雕花門窗，實木地板，具有川西民居特色。一九四九年後，劉樹成公館收歸國有，曾作中共安仁區委、安仁鎮人民政府辦公場所。一九九三年臨街的公館大門和前院被拆除，修建為臨街商鋪和辦公樓。一九九九年出售給安仁中學，現為安仁中學初中部教師辦公院。

第七章　經營西康

一個遙遠的獨立王國

「二劉大戰」以劉文輝的慘敗宣告結束，他帶著殘兵敗將向西潰退，一直退到雅安。面對一望無涯的蒼茫草原，心裡頭浮起了從未有過的淒涼。夫人楊蘊光見此情景，也有種說不出的難受，她吩咐人備好轎車，去成都找劉湘說理。見面的第一句話十分不客氣：「你到底要把你么爸趕到什麼地方去？」劉湘連忙賠笑臉，嘴上唯唯諾諾。楊蘊光繼續追問，劉湘終於說出了他內心的真實想法：「我么爸腰桿不能硬，腰桿一硬就要出事。我不是要搞垮他，只是想壓一壓他的氣焰。既然孃孃出面說話，那就讓么爸在雅安待著吧。」劉湘的言外之意，是再不會窮追猛打趕盡殺絕了。有了劉湘這句話，楊蘊光才放心地回到了雅安。

雅安位於成都和康定之間，是劉文輝當年進入西康省的第一站。早先要問鼎中原的勃勃野心，一夜之間全化作了泡沫，他用八個字形容當時的情景：「處境最艱，朝不保夕」。

一九三三年十月底，劉文輝初步在西康站穩腳跟，首先將第二十四軍所剩的兩萬多殘兵整編成兩個師，他自己兼任第一師師長，轄劉元塘、劉元琮兩個旅；原副軍長向育仁兼任第二師師長，轄徐光普、李玉書兩個旅。另外委任劉玉章為西昌地區屯墾司令，唐英為康屬屯墾司令。就這樣拼湊起了一個軍政班子，準備在西康這塊荒僻的土地上繼續慘澹經營。

西康建省，明末清初就有倡議，但一直未能實行。建省前的西康，原指今四川甘孜州、西藏昌都地區這一片，最初叫作「川邊」，清朝時屬四川建昌道管轄。一九〇四年英軍入侵西藏，建昌道道員趙爾豐向四川總督錫良建議，把川邊各土司、呼圖克圖等管轄地區改設縣治，劃為行省。一九〇七年，趙爾豐任川滇邊務大臣，積極推進改土歸流，將全區劃為兩個道、四個府、十個縣，奏請清廷建省，並為這個擬議的行省取名「西康」。「康」指原地名，「西」指在國家版圖之西。西康省轄境東起打箭爐（今四川康定），西至丹達山頂止，計三千餘里；南抵維西、中甸；北至甘肅西寧，計四千餘里。然而這個報告清廷還沒來得及審議，辛亥革命暴發，大清朝退出了歷史舞臺。

辛亥革命後，這個地區被劃為川邊特別區，也叫西康特別區。一九一二年，四川都督尹昌衡西征時，將趙爾豐所設道府州縣及委員管區通統改為縣，一共有二十九個縣。此後，張毅、劉銳恒、殷承獻、陳遐齡等相繼擔任川邊鎮守使，在此期間，川邊大部分縣均被藏軍佔領。一九二五年劉成勳任西康屯墾使時，轄區僅剩康定附近及康南一帶共十一個縣。

當初劉文輝尚在川南敘府崛起時，盤踞西康一帶的是他的前輩軍閥劉成勳。為了侵吞劉成勳的防區，劉文輝搞突然襲擊，打著救民於水火的旗號，巧取豪奪西康這塊地盤。劉成勳在被劉文輝隊伍追擊的緊急情況下，率弁兵數十人狼狽逃竄，行至離雅安城四十里處的桔子崗，突遇數百土匪攔路搶劫，殺聲四起，劉成勳似驚弓之鳥，丟下了幾十口大箱子只顧逃命。幾天後，他讓部下擬了份電報發給劉文輝，聲稱即日下野，然而又在報紙上登出聲明：願回老家大邑休養，再不出山。

那時劉文輝是勝利者，他沒有把西康放在眼裡，只是象徵性地在第二十四軍軍部邊務處之下設了個西康政務委員會，敷衍其事。然而僅僅只過了五年多，劉文輝再次回到西康時，心境和原來完全不同了。

此時劉文輝所能掌控的西康，只有康定以西、金沙江以東這小小的一塊地盤，實在與一個省的名稱不相符。更讓人沮喪的是，雅（雅安）、寧（西昌）兩屬中，除雅安他還駐有部分軍隊外，其他地盤上仍是由劉湘的軍隊把持，而且雅、甯兩屬行政上也屬於劉湘的四川省政府管轄。每當一念至此，劉文輝心裡像針紮似的痛。為了早日拼湊成省，劉文輝於一九三五年五月就要求國民黨中央，將雅、寧兩屬劃歸西康。蔣介石下令，讓四川省政府核定，省政府主席是劉湘，對此事堅決反對。事情就這麼一直拖了下來。

心情鬱悶至極時，劉文輝邀請夫人楊蘊光，去遊覽了雅安的蒼坪山。在幾個弁兵侍衛的伴隨下，腳踏臺階，拾級而上，拐過幾個彎，就隱約可見山頂上那座觀音閣了。這座寺廟始建於南北朝時期，寺廟坐南朝北，氣勢恢宏，但是因為年久失修，已經顯露出了衰敗與荒涼。殿內雜草叢生，四面的牆體和門窗已經破損，雕樑畫棟也被雨水浸蝕得脫落了。這一切，正好暗合了劉文輝的心境。在寺廟的門楣上，劉文輝看到了一副楹聯：「人生如夢，爭奪名利歸泡影；法界唯實，也悟虛幻成大覺。」他一字一句地咀嚼，品出了悲愴的韻味。扭過頭來對夫人楊蘊光說：「這麼多年打打殺殺，弟兄們死的死，傷的傷，換來的卻是如此一個慘澹結局，人生無常，真是虛幻無邊啊！」夫人楊蘊光安慰他：「不要灰心，失敗了可以再來，我們不是實實在在生活著嗎？你還可以當未來的西康省主席呢！」在夫人的安慰下，劉文輝的心情好了許多。寺廟的主持是個銀鬚飄飄的老僧人，他給劉文輝蔔了一卦，斷言劉將「生命始於四十」。劉文輝半信半疑，隨手掏出一大遝鈔票捐贈，又許下諾言，將來若有東山再起之時，必來捐資維修寺廟。湊巧的是，劉文輝四十歲時確實是個轉機，那一年他當上了西康建省委員會主任。劉文輝也沒有違背自己的諾言，資助了一筆重金，將觀音閣修整得金碧輝煌。當然，這是後話。

劉湘死後，劉文輝再赴南京找蔣介石，舊調重彈，要求西康建省。此時蔣介石也是另有想法，要借劉湘之死完全控制四川，下令撤銷劉湘的原第七戰區司令長官部，同時任命張群為四川省政府主席。結果，遭到了四川軍閥舊部各實力派的聯合抵制，只好臨時變陣，讓劉湘舊部王纘緒做了四川省政府主席。為了取得劉文輝的支持，作為交換條件，他把原來屬於四川省的雅安、西昌兩個專區劃歸了西康，並在財政上給予補貼。

一九三八年三月十四日，國民政府改組西康建省委員會，同年九月撤銷建省委員會，改組西康省政府，將原西康行政督察區和四川省所屬第十七、十八行政督察區合併，建置西康省，實行四川、西康分治。一九三九年元旦，西康省政府正式成立，省會設在康定，劉文輝為西康省首任省政府主席。

「生命始於四十」，這一年，劉文輝正好四十歲。西康建省，當上了省主席，劉文輝的心慢慢歸於寧靜。儘管西康省偏遠貧瘠，但是劉文輝對這塊土地已有了感情，他在心裡盤算著，如何讓西康這個被人遺忘的角落在世人面前煥發出神奇的光彩。盧溝橋事變以後，西康成了抗戰的大後方，成了全國民眾關注的焦點，劉文輝為這個新建的省確定了目標：化邊地為腹地，向內地各省市看齊，真正擔當起抗日大後方的重任。

據上世紀三四十年代在西康省參加過科考攝影的孫明經回憶，西康省的成立大會是在康定城外一個平壩上舉行的，那天正好是元旦節，場面隆重，規模浩大，四處張燈結綵，滿街插著彩旗，貼著花花綠綠的標語。會場上，坐滿了戎裝的軍人，戴禮帽的官員，身披袈裟的喇嘛以及穿戴民族服裝的藏民。進出會場的大門口，豎立著柏枝搭成的牌坊，武裝士兵威風凜凜護衛在兩旁。劉文輝端坐在主席臺正中，他宣佈開會後，全體肅立，恭讀孫中山遺囑，靜默三分鐘。劉文輝平時消瘦清朗的臉頰，那天也顯得有些興奮，在臺上慷慨激昂，訴說新建西康省的大小目標。

一九三九年的康定，因為西康省的建立，在政治上出現了罕見的振興氣象。軍人出身的劉文輝，帶頭做起了每日堅持開會辦公、苦坐辦公椅的榜樣，他為政治機構運轉立下的許多規章制度，也開始見到了成效。當時，西康省府各廳處長每天除分別正常辦公外，且於夜晚十二至一點鐘由主席劉文輝領導聯席辦公，對重要事件當場即時解決，不勞收發傳達的傳遞，這樣的聯席辦公對工作效率增加不少。而當時康定的國民月會，更是被劉文輝視作重要的行政管理手段，西康每次國民月會的規模之大，幾乎可以用傾巢出動來形容。月會氣氛是嚴肅而認真的，「曾經有一位喇嘛由於在月會中遲到了，眾目睽睽之下，竟被劉文輝當場下令讓他面對孫中山畫像罰跪。」[1]

在西康一隅，劉文輝臥薪嚐膽，勵精圖治，逐步完善了政治治理；同時銳意經營，整頓吏治，開辦礦山，興建學校，團結僧俗大眾等，使西康局勢漸漸趨於穩定。幾年間，劉文輝自以為欣慰的得意之筆有如下十項：

建立起了一個武器修理所，隨後擴建為兵工廠，使得戰爭中武器修復和供給的難題得到解決；

辦起了一個軍政學校，在西康當地招收了一批青年，尤其是少數民族子弟，解決了他們的生路問題，因此和地方上以及少數民族地區建立起了相互依存的關係；

辦起了幾所中專學校，解決了當地青年升學就業問題；

修通了幾條工程艱鉅的公路（如從雅安到富林等），大大便利了西康交通；加強了員警隊伍建

---

1 孫明經攝影，張鳴撰述《一九三九年：走進西康》，第60頁。

設，穩定了社會秩序；

採取開放政策，鼓勵私人經營，商旅往來，使市面呈現出繁榮昌盛的景象；

墾殖土山為梯田，擴大了耕種面積；

整理溝渠，擴大了灌溉面積；

開設圖書館、書店，在民眾中普及文化知識；

開設醫院，推行西藥醫病，增進人民健康。[2]

最後一個藏族女土司是劉文輝的乾女兒

西康省雖說地處偏遠，卻也逃不脫政治鬥爭的漩渦，上世紀三四十年代，這裡成了各種勢力爭奪的焦點。大體上說有這麼四種勢力：國民黨，共產黨，劉文輝領導的川軍第二十四軍以及當地喇嘛和藏民。

劉文輝意圖長遠，要想在西康站穩腳跟，必須和當地土著搞好關係。西康省當時由無數大小土司實行封建割據，其中，甘孜城的孔薩土司無論在政治上還是在宗教上都首屈一指。甘孜城坐落在

2　彭迪先、舒國藩主編《劉文輝史話》，第100～101頁。

西康省北部，城中的制高點是一座寺廟——甘孜寺。這座寺廟是康北地區最大的黃教寺廟。執掌孔薩家族大權的是位女子，名叫德欽汪姆（一九一七～一九五一）。孔薩家族不僅由藏族女土司德欽汪姆掌管著甘孜州的世俗社會，她的叔父二世孔薩香根活佛還管理甘孜寺，是當地頗有聲望的宗教首領。德欽汪姆能騎馬，擅射箭，渾身上下散發著自由與野性，嬌柔中透出一絲威武，讓人豔羨。

為了拉攏收買這位年輕美麗的藏族女土司，劉文輝把德欽汪姆收為義女，並多次在自己的部下中為她挑選女婿，想實現一樁政治聯姻。但是德欽汪姆天生是桀驁不馴的性格，像一匹攏不住羈頭的小野馬，並且她也不肯輕易落入劉文輝安排的圈套中——儘管她在義父面前整天笑眯眯的，像個天真無邪的少女。

在幾種政治勢力之間，她像踩鋼絲似的小心翼翼地做著自己的選擇。一九三六年，紅軍長征來到甘孜，打出了「興藏滅蔣」的旗號，在喇嘛和藏民中宣傳共產黨的民族宗教政策，並建立了藏區第一個地方少數民族蘇維埃政權——甘孜州蘇維埃博巴政府（博巴是藏語「人民」的意思），德欽汪姆被選為副主席，這年她才十九歲。由於甘孜博巴中央政府存在的時間太短，多數機構有名無實，無人負責開展工作，許多當選領導的人選（包括主席澤旺鄧登、副主席德欽汪姆等）都沒有到任，德欽汪姆的這個蘇維埃副主席實際上等同於一個虛銜。

但是義女德欽汪姆擔當起這個虛銜，劉文輝還是感到很不舒服。此後不久發生的一件事，更是讓劉文輝心情變得亂糟糟的。

早在民國初年，前藏達賴借助英國勢力武力進逼後藏，班禪帶了一班人馬赴京求援。當時北洋政府正處於亂局之中，無暇顧及西藏問題。班禪一行就在北京住了下來，雖說得到了應有的禮遇，但總免不了憂心忡忡。到了三十年代初，十三世達賴在英國操縱下，公然鬧起了獨立。蔣介石領導的國民政府為西藏事態的來嚴重性所迫，決定送班禪回西藏，形成一種對達賴獨立勢頭的牽制力量，也能使蔣介石的勢力名正言順地向西康省滲透。

一九三四年，蔣介石發表九世班禪額爾德尼為國民政府「西陲宣化使」，並成立了宣化使公署。與此同時，國民黨兵工署配備給班禪步槍八千支，班禪又在上海購買得意式步槍兩千支，手槍數百支，組成了一支強大的武裝部隊，並配備有二百餘人的警衛大隊。一九三七年，九世班禪組成了返藏的「班禪行轅」，離開南京，取道青海，浩浩蕩蕩進入西康。

對於班禪行轅的到來，各方勢力集團的態度是不同的。達賴幾次電告南京國民政府，只允許班禪及少數幾個隨從進藏。南京政府一方面回電，要達賴不用多慮，武裝護送的儀仗隊並無他意，只是出於班禪一路上安全的需要。而劉文輝最初的態度是表示歡迎，他深知班禪在藏族地區的影響力，期盼班禪的到來能形成一支與達賴相抗衡的力量，便於他漁翁得利。誰知班禪一行走到青海玉樹時，爆發了盧溝橋事變，班禪一行原地暫駐待命。而就在這期間，九世班禪不幸圓寂了。

青海省是軍閥馬步芳的天下，玉樹駐紮著馬步芳弟弟馬步青的一個旅。班禪行轅擔心營中上萬條槍支會遭到馬步芳的劫持，決定火速離開玉樹。但是往哪兒去？卻又感到迷茫。正在這時，劉文輝派人前來接洽，請班禪行轅一行暫時去西康居住，進可以繼續進藏，退可以撤回重慶。就這樣，班禪遺體從青海玉樹送到了西康甘孜，誰知道班禪行轅到了甘孜之後，見此地水草豐茂，遂起了定居甘孜之心。這使得劉文輝大為光火。

再說九世班禪圓寂之後，朝野震驚，遷移到了重慶的國民政府決定派大員前往甘孜祭祀。祭祀使的人選本來內定是蒙藏委員會的委員長吳忠信，但是考試院院長戴季陶毛遂自薦，說他是佛門弟子，曾拜班禪為師，願意「吃這趟苦，受這茬罪」，去甘孜走一遭。戴院長願吃苦受罪是假，真正的用意是衝著鈔票而來。他讓手下做了個五十萬的開支預算呈報財政部，因數目太大，財政部感到為難，轉呈蔣介石批覆。蔣總統一見戴院長的手伸得這麼長，連連搖頭，提筆批了八個字：「國庫空虛，一切從簡」。財政部有了這把尚方寶劍，也就只批了三十萬。戴季陶嫌錢少，遲遲不肯動身，財政部經請求蔣介石後，給了戴院長一個臺階，對他說「如若不敷，再行追加」。戴季陶這才下令啟程。

剛一進入甘孜，就見到了帶著一彪藏兵人馬前來迎接的德欽汪姆，戴院長接過女土司獻上的哈達，興趣盎然，讚不絕口，連聲誇她是「藏家一支花」。德欽汪姆禮畢，恭請戴院長到帳篷裡歇息片刻再上路。在帳篷裡的交談，又別是一番情致，女土司德欽汪姆亭亭玉立的體態，彬彬有禮的舉止，落落大方的談吐，無不給戴季陶留下了深刻的印象。他當即作出了一個決定：要收德欽汪姆為乾女兒。

消息傳到了遠在成都的劉文輝耳朵裡，他心急如焚，發來一個加急電報：請戴院長對收乾女兒之事三思而行。戴季陶沒有理會劉文輝的提醒，照樣準備舉行收乾女兒的儀式。過了幾天，劉文輝又來了一封電報，措辭更加強硬：堅決反對，如戴不聽招呼，後果自負。戴季陶火冒三丈，執意要按期舉行儀式，他手下幾位幕僚前來勸阻，擔心戴院長一味固執己見會影響與劉文輝的關係，建議收乾女兒的儀式等回到重慶後再辦不遲。戴季陶這才悻悻作罷。

本來班禪行轅的到來，劉文輝心情就極為複雜。一到甘孜，班禪行轅就與劉文輝失去了賓主之歡，他們「樂不思蜀」，想賴在西康不走，這使劉文輝很傷腦筋。現在國民政府的戴院長來了，不僅沒有緩解矛盾反而添亂，對班禪行轅想賴在西康一事不表態，這便助長了班禪行轅留在西康的決心。果然，一年多後，發生了班禪行轅勾結當地土司、頭人的武裝與劉文輝的第二十四軍兵戎相見的「甘孜事變」。

劉文輝最為擔心的事還是發生了。

住在康定的他時有耳聞，義女德欽汪姆經常去班禪行轅，邀約一幫軍官們打麻將。德欽汪姆打麻將只是藉口，真正的原因是她看中了班禪行轅侍衛隊二十一歲的少校隊長益西多吉（結婚後改名孔薩益多）。據孔薩益多許多年以後回憶：「一次德欽汪姆派人叫我去玩，我以為又是打麻將，就把錢帶上了。去後發現房子裡沒有別人，就閒談起來。閒談多時也沒有人來，我意識到可能是德欽汪姆對自己有了好感。這樣談來談去，也就更親切了。後來我們相處的時間增多，還通過書信表達情意。」[3]

益西多吉出生於西藏日喀則江孜縣一個普通藏民的家庭，叔叔是班禪的一位經師。六歲時，他跟隨叔叔進了九世班禪的駐錫地扎什倫布寺，第二年又跟著叔叔南下印度去香港，半路上叔叔不幸病故，臨終前將他託付給班禪行轅的一位堪布（法師）。那位堪布帶著益西多吉取道天津來到北京，把他送進了熊希齡辦的香山慈幼院，那年益西多吉八歲。

十三歲那年，閻錫山在太原辦了所北方軍校，來香山慈幼院挑選學生，益西多吉和另外幾個藏族孩子被選中了。他在北方軍校學了三年，除了讀書外，還學會了挖戰壕、炸橋樑等實戰技能。畢業後被選送進了班禪行轅，最初是擔任班長，三年後提升為衛隊長。到他跟隨班禪行轅進入西康時，手下的隊伍已有二百多人。

益西多吉年輕英俊，富有傳奇色彩的經歷，加上衛隊長的身分，這一切都對女性有著強烈的吸引力，德欽汪姆雖說是個女土司，遇到如此充滿魅力的小夥子，也只能乖乖投降了。半個多月後，德欽汪姆託叔父香根活佛去求婚。班禪行轅的外交官回答得也很俏皮：「行轅對這門婚事沒意見。不過，她義父劉文輝恐怕不會同意，還得拜託活佛去疏通。」

---

[3] 降邊嘉措：「情定西康——末代女土司的生死之戀」，原載《中國科學探險》2005年十一月號。

到了劉文輝那裡，香根活佛碰了一鼻子灰。聽說德欽汪姆要嫁給班禪行轅的軍官，劉文輝臉上早已掛不住了，在他看來，班禪行轅無疑代表著南京政府的勢力，義女作這樣的選擇，是一樁蘊含著陰謀的政治聯姻，恐怕將來會對自己不利。他斷然拒絕了香根活佛的請求，聲稱自己今後會對德欽汪姆的婚姻負責。

第二天，劉文輝去找德欽汪姆。他說出了幾個有權有勢有背景的人物，有富紳之後，也有鉅賈之子，讓德欽汪姆選擇，女土司只是搖頭，對義父挑選出的郎君絲毫不感興趣。德欽汪姆已經被愛情點燃了，她的腦海裡只有一個念頭：和益西多吉結婚，共度幸福的一生。

在這個念頭的支使下，女土司決定不聽義父的勸阻，要與益西多吉舉行婚禮。請帖發到草原上的各個帳篷，到了舉行婚禮那天，孔薩屬下的大小頭人紛紛趕到孔薩官寨來慶賀。一陣牛角號吹響，又是幾聲土銃響過，大夥正在喜慶之時，甘孜縣長章家麟帶著一營兵，突然包圍了孔薩官寨，宣佈奉劉文輝主席之命，收繳官寨內所有人員的槍支。前來賀喜的人一個個被繳械，簽字畫押後被逐一遣送離開。偌大的一座土司官寨，只剩下一名經師，一個走不動路的老喇嘛和一個上了年紀的女傭。

女土司德欽汪姆被扣押了。甘孜地區的僧俗民眾感到意外，他們派頭人前來談判，要求釋放德欽汪姆。章家麟早已得到劉文輝的旨意，搖頭晃腦地說：「放人可以，得先讓班禪行轅撤離甘孜。」談判的頭人雖說滿腔憤懣，卻也無可奈何，只能怏怏而歸。就這樣，德欽汪姆整整被囚禁了一年。從權力和情感的巔峰忽然跌至低谷，一夜之間成了階下囚，年輕美麗的女土司茶飯不思，度日如年。

甘孜城籠罩在一種不安的氣氛中，拘押德欽汪姆的那座孔薩大樓，牽扯住了所有目光，成為矛盾的焦點。按照劉文輝原來的約定，要將德欽汪姆拘押一年，如今約定的時間到了，頭人代表一次次前來說情，繼續要求釋放女土司。劉文輝仍以各種理由推諉，拒絕放人。駐紮在甘孜的班禪行轅和劉文輝的二十四軍日夜緊張對峙，戰爭到了一觸即發的邊緣。

有一天，在官寨燒茶的一個丫鬟出城回家，這個藏族姑娘沒見過什麼世面，看見陌生人神情有些慌張，被守城的二十四軍士兵當作了送信的密探，大聲朝她吆喝。姑娘慌亂之下，提起裙擺匆匆逃跑，士兵一梭子子彈打過去，她一頭栽倒在青稞田裡，鮮血流淌了一地。姑娘的死成了導火線，在班禪行轅的組織下，甘孜寺的喇嘛組成了敢死隊，與當地數千藏民向劉文輝的部隊和縣政府進攻。益西多吉一馬當先，衝在隊伍的最前面。經過幾天激戰，劉文輝部節節潰退，班禪行轅攻佔了一系列據點：碉堡、縣政府和孔薩官寨，被拘押一年之久的德欽汪姆重獲自由，終於與益西多吉重新團聚了。

這次史稱「甘孜事變」的混戰，一直持續了三個多月。被班禪行轅殲滅了一個連的兵力之後，劉文輝惱羞成怒，調動大批軍隊展開猛烈反撲。交戰正酣之時，雙方均接到了國民政府的急電：目前前方抗戰，後方不應擾亂，班禪行轅部隊應立即從現駐紮地退回甘孜地區；二十四軍所部不准逾越甘孜地界。並派西昌行轅主任張篤倫前往調查。班禪行轅和劉文輝之間的一場衝突這才得以逐漸平息。

一九四〇年二月，劉文輝重新控制了甘孜地區，班禪行轅被迫離開西康，再回青海玉樹。德欽汪姆、益西多吉以及他們的叔父香根活佛也一同去了玉樹。這年春天，德欽汪姆和益西多吉這對歷盡磨難的年輕人在玉樹舉行了婚禮。益西多吉改名孔薩益多，成為孔薩土司家族的正式成員。

然而事情到這裡並沒有結束。

經歷了這一場風波，年輕的孔薩益多，彷彿一下子心變老了。有一天，他附在剛從西康甘孜搶到青海玉樹的妻子德欽汪姆耳邊說：「我們去西藏吧。」德欽汪姆一愣，等明白過來後迅即點了點頭。按照這對年青夫妻原來的想法，他們想回甘孜，繼續做藏民土司，過寧靜祥和的日子。甘孜在藏語中是「潔白美麗」的意思，但如今那個潔白美麗的地方不存在了，取而代之的是糾纏不清、混亂不堪的各種政治勢力，甘孜成了政治鬥爭的角逐場。現在，德欽汪姆夫妻最想去的地方不是家鄉甘孜，而是遙遠的西藏。

一九四〇年冬天，她的叔父香根活佛先到西藏去為他們聯絡。

暫時留在玉樹的德欽汪姆和孔薩益多，受到了青海軍閥馬步芳隆重的禮儀接待。馬步芳像迎接最尊貴的客人似地招待了這對新婚不久的土司夫妻，顯然是有他的政治用意的。他一直想插手西康地區，與劉文輝爭奪地盤，女土司德欽汪姆自然成了他爭取的對象。而劉文輝也是個有政治遠見的人，他擔心馬步芳與孔薩土司家族形成一股力量，聯手來對抗自己。反覆權衡利弊，還是不如把德欽汪姆接回甘孜，更加便於控制。於是派人前往玉樹，作說服工作。然而德欽汪姆夫妻拒絕了劉文輝的邀請。既然西藏一時去不了，甘孜又不想去，他們只好繼續留在玉樹。

德欽汪姆有個舅舅叫降央慶澤，是拉薩德格八邦寺著名的活佛，國民黨中央政府為了拉攏西藏宗教勢力，邀請降央慶澤到重慶訪問。利用這一機會，劉文輝派人帶上重金，去做降央慶澤活佛的工作，請活佛出面勸說外甥女德欽汪姆返回甘孜。德欽汪姆在外流浪多年，思鄉心切，聽舅舅降央慶澤說劉文輝確實沒有加害於他們的意思，這才鬆了口，於一九四三年冬天的大雪封山季節回到了甘孜。

可是重回故鄉後，德欽汪姆面臨著一個從未有過的窘境。早先孔薩土司家族的土地、房屋和金銀珠寶等財產，全都被甘孜縣政府沒收了，她去縣政府追問，縣長章家麟支支吾吾，說財產已經上繳到省政府了，他也無能為力，說著還擺開雙手聳了聳肩膀。正好這年十一月康青公路通車，德欽汪姆和孔薩益多商議後，揣著一份應退還財產的清單，乘車前往康定，去找義父劉文輝交涉。

一見面，劉文輝顯現出了少有的親熱，吩咐廚師辦了一桌豐盛的家宴，熱情地招待德欽汪姆夫妻。可是談到退還財產的問題時，劉文輝臉上露出愛莫能助的神色，盯著清單看了好一會，點頭說他將給西康省代主席張為炯去函，敦促財產退還。劉文輝此時任川康邊防總指揮職，他與張為炯關係非常密切，請張出面擔任西康省政府代主席，實際等於是劉文輝搖控指揮。如果說他真心「敦促」一下，義女德欽汪姆的財產並不難追回。然而劉文輝的「敦促」只是一張空頭支票，德欽汪姆夫妻在康定整整等了三年，始終杳無音訊，每次去催問，得到的答覆都不外乎是：戰亂時期，正常秩序遭到破壞，這事還得慢慢來。

到了一九四八年，隨著解放戰爭的風聲越來越緊，國民黨政府顯露出了敗象，駐紮在甘孜的各種政治勢力為自己的前途著想，悄然開始了秘密撤退。劉文輝此時已經和共產黨方面進行了多次秘密接觸，他的二十四軍正處在起義的前夕。有一天，劉文輝派人將德欽汪姆叫來，一臉的誠懇和歉意，對她說：「這麼多年來，乾爸有許多對不起你的地方，請你不要太往心上放。」德欽汪姆臉上有點茫然，十幾年的風風雨雨，磨去了她的許多稜角，她已經習慣於命運的各種安排。那幾天，劉文輝專門抽出了時間，陪德欽汪姆跑西康省政府，找了十幾個大小官員，終於將事情辦妥，部分財產和官寨退還給德欽汪姆。

一九四八年秋天，德欽汪姆和孔薩益多終於從省城康定回到了甘孜，八年之久的流浪生活總算結束了。這時候德欽汪姆已是五個孩子的母親，飽嘗了人世間的酸甜苦辣後，她渴望過一種平靜安定的生活。事實上，德欽汪姆再也難以享受過去那種榮華富貴了，傭人前呼後擁的場景成了她回憶中的幸福時光。名義上政府歸還了土地、房屋和財產，實際上土地正在進行土改，孔薩官寨在甘孜事變中已被燒毀，財產四處散失，能找回的並不多了。甚至連居住都成了問題，一家人無家可歸，只好臨時住進了甘孜寺裡的一個小院子裡。如今的德欽汪姆過著儉樸的日子，一切都靠自己動手，有時候連最基本的生活也難以為繼。

一九四九年十二月，劉文輝通電起義，西康宣佈解放。一九五〇年十一月，新中國第一個民族自治地方政府西康省藏族自治區在康定成立，德欽汪姆當選為政府委員，孔薩益多被任命為副秘書長。這時候的德欽汪姆沒有什麼重獲新生的喜悅，她的身體狀況已相當糟糕，長期的結核病使她常常咳嗽不止，一九五一年冬天，丈夫孔薩益多受政府委派，去康南進行社會調查，德欽汪姆結核病發作，被送進了解放軍十八軍的醫院，經搶救無效，病故身亡。

建國初，劉文輝調林業部任部長，離開西康省這塊感情深厚的土地時，曾來到義女德欽汪姆的墳墓前，他在原野上採擷了一束野花，輕輕放到墓前的石碑上，沉默許久，感慨良多。

神秘的刺客

挖牆角是蔣介石經常上演的傳統節目。為了分化瓦解劉文輝的勢力，蔣介石對劉身邊的人利誘拉攏，除了上面說到的劉元瑭外，另一個重要人物是劉的親信冷融。

冷融（一八九六～一九四三），字傑生，四川大邑人，與劉文輝是同鄉，且有親戚關係。冷有兄弟三人，都在劉文輝手下做過事。老大冷曝東，曾任川東尹道及西康省國民黨黨部主任委員等職；老二冷寅東，曾任西康邊防副總指揮及川康邊防軍第一師師長等職；老三冷融，曾任劉的駐瀘駐渝代表，一直是劉的心腹幕僚。他們兄弟三人，當時被人們稱為「冷門三傑」。

劉文輝退守西康後，冷融以二十四軍代表的身分常住南京，為劉奔走呼號，出力多多。也就從這時候開始，冷融與蔣介石搭上了關係。一九三九年元旦，西康省政府正式成立，劉文輝任主任，冷融以省府委員名義，回重慶負責西康駐渝辦事處事務。蔣介石對他施展拉攏手段，開出政治支票，讓他擔任西康民政廳長，並許願將來讓他進一步掌握西康權力。有了奮鬥目標，冷融幹得更起勁了。

有蔣介石在背後撐腰，冷融膽子壯了許多，當著劉文輝的面也敢直言，有時候甚至到了肆無忌憚的地步。有一次，劉文輝主持會議，討論鏟煙禁毒事宜，冷融站起來說：「西康無官不商，無商不煙，長此以往必定滅亡。」說到這裡，劉文輝已有點不高興了。冷融毫不理會，繼續放言道：「國家之有軍隊，是用來保國衛民的。可是西康的軍隊，既不保國，又不衛民，抗日戰爭打得那麼激烈，西康始終沒派一個兵，而且專門種煙毒害人民……」冷融的話，讓劉文輝臉上再也掛不住了，他藉口小解，出門溜了一圈，再坐回位置上時，他鐵青著臉，始終不吭一聲。

一九四三年春，蔣介石調冷融到中央訓練團受訓，蔣、冷之間新添「師生之誼」，關係更趨緊密。回到西康後，遵照蔣介石的指令，動員促使大批青年才俊離開西康，奔赴抗日第一線，這個「挖牆腳」的舉動，讓劉文輝大為光火。曾經不止一次私下對親信部下說：「冷融這人忘恩負義，不夠意思。」

一九四三年五月二十五日，冷融偕同譯電員曾世民及其堂弟媳趙氏，乘人力車從成都回大邑，處理老家的一些事務，兼為他的父母拓墓。完事後，從大邑返回康定的途中，冷融坐在車上正在翻閱一本《曾胡治兵語錄》，突然從路邊竄出五名持槍者，對著冷融一陣掃射，冷融倒在一灘血泊中，當場氣絕身亡。

冷融遇刺事件發生後，成都行轅和四川省政府立即派人趕往現場，調查驗屍，護送冷融的遺體到成都，並成立了四川省政府主席張群領銜的治喪委員會。其時，在成都街頭出現了署名「西康正義鐵血團」的傳單，標題是「冷融在西康的罪行」，內容大致是，冷融把持西康黨政，排斥青年黨人，誣衊西康軍政人員種煙販煙，所以才將其除掉。這份傳單，透露了暗殺冷融的原因，等於是殺人者的一份自供。

六月二十五日，國民政府頒佈褒揚冷融明令，稱讚他「志行忠誠，才識優裕」，並頒發了嘉獎、撫恤、公祭等命令。在冷融的公祭大會上，劉文輝心情沉重，面色木然，感歎道：「人事滄桑，實難意料。我雖未殺伯仁，伯仁因我而死。」[4]

關於冷融之死，社會上各種傳聞版本眾多，最盛行的有兩種：一是劉文輝指使，即買兇殺人；二是劉元琮聽他么爸劉文輝罵冷融忘恩負義後，指使兇手幹的。無論哪一種，都與劉文輝脫不了關

4 彭迪先、舒國藩主編《劉文輝史話》，第135頁。

係，難怪他在公祭會上說出那番話。據查，神秘的刺客名叫傅德軒，是劉元琮手下的一名連長，刺殺事後，傅德軒攜搶跑到大邑橫山崗落草為寇，做了山大王。

順便說一下冷融的妻子。此女名叫黃稚荃，被稱作一代奇女，能詩擅賦，才情過人，其專著《杜鄰存稿》、《杜鄰詩稿》，被民國一代才女呂碧城譽為「今之李青蓮」。丈夫遭暗殺，黃稚荃悲痛欲絕，一度消沉，後在其父黃沐衡（民國時期曾任四川省參議員）勸導下，重新振作起來，以孱弱之驅得享高齡，在文史詩畫等方面取得了諸多成績。

「新鴉片戰爭」以及劉文輝的艱難處境

古城雅安是連接四川、西藏、青海的交通要道，歷史悠久，一九三九年西康建省，雅安屬西康省第二行政督察區，簡稱雅屬。上世紀四〇年代發生的「雅屬事變」，全雅騷動，各方震驚，省內外報刊競相刊載消息，對劉文輝猛烈批評，在全國反響強烈，此事變甚至被上海的一家英文報紙《彌勒氏評論》報稱為「新鴉片戰爭」，當時形勢之險惡可見一斑。

提到「雅屬事變」，一切還得從頭說起。

劉文輝在後來的一篇回憶文章中寫道：「一九三三年退守荒僻的西康，成了一個破落戶，財政陷入極度困難，加之蔣介石又唆使劉湘在政治上給我製造了許多亂子，弄得我終日焦頭爛額，無法應付；有一個時期，在無可如何之中，竟至從鴉片中去增加收入。這種飲鴆止渴的辦法，曾經引起國內輿論的非議。」[5]

為了應付日趨緊張的財政支出，劉文輝不得不使出下三濫的手法，試圖靠種煙吸煙，來彌補捉襟見肘的經費開支。雅屬煙禍的罪魁禍首，自然非劉文輝莫屬。除了劉文輝的原因外，西康的一批縣長也為虎作倀，他們與鄉保、團練互相勾結，用低價買進種子，高價賣給農民，逼迫農民種植，不種的罰以「懶捐」。一時間，西康境內煙毒囂張，烏煙瘴氣。

種鴉片有利可圖，而且是暴利，在巨大的經濟利潤驅使下，種煙販煙者趨之若鶩。從一九三七年起，首先是天全、靈關等縣突破禁令，在山裡頭種起了鴉片，第一年就賺了不少錢，其他人看著眼紅，也紛紛將原來種糧的土地改種了鴉片。第一批靠種鴉片迅速富起來的暴發戶，拿出部分種煙販煙賺來的錢購置槍支彈藥，辦起了護煙的私人武裝。從此以後，雅屬各縣鴉片兇猛氾濫，其「繁榮昌盛」的景象不亞於今日的「金三角」（緬甸、泰國、老撾三國的接壤地帶，毒品種植和走私活動猖獗）。每年秋季，鴉片收穫時節，漫山遍野開滿了紅撲撲的罌粟花，像一片血色的海洋。每當到了這個季節，國民政府和西康省政府就到處張貼韻文佈告：「鴉片流毒，為害民生……」有趣的是，凡是張貼佈告的地方，就必定有大小煙館。一般旅客和當地癮哥以張貼佈告之地為煙館的標

5 劉文輝：《走向人民陣營的歷史道路》，第3頁。

誌，已成為習慣的暗號，不論城鎮鄉村，照著張貼佈告尋找煙館進去抽鴉片，那是肯定不會錯的。

一九四五年秋，劉文輝到重慶參加國民黨中央「還都會議」（國民黨中央政府從重慶遷還南京）。秋高氣爽，滿山紅葉，一路上遊興濃郁，本來心情還是挺好的，誰知道到了重慶後，參加了一次西康旅渝同鄉會，他的心情再也好不起來了。宴會上，觥籌交錯，歡聲笑語，眾人酒興正濃，忽見一個清瘦漢子站起來，當場指責劉文輝縱容部屬，違反禁政，在西康種植鴉片，抽收煙金，四處販毒，危害鄉民。此人叫趙錫麟，西康滎經縣人，擔任的職位是成都造幣廠廠長。趙錫麟的話音未落，幾個西康籍的學生劉成均、姜國光、楊通明等站起來大聲附和，稱劉文輝在西康推行的是奴化、毒化、分化的「三化政策」，學生們神情憤懣，義憤填膺，把劉文輝當成了公敵。起初，劉文輝還想反駁幾句，但一看氣氛越來越不對勁，什麼話也不多說，起身便走。同鄉會會長羅冠英（時任重慶工商學院院長）前去勸阻，劉文輝狠狠捧了捧衣袖，板著臉孔說道：「多謝諸位指教，回西康後若不剷除煙毒，誓不為人。」

劉文輝果然沒有食言。回到西康後，下定決心，雷厲風行，大力實行禁煙，藉以宣宣洩心中的憤懣。他先從煙禍最為猖獗的滎經縣下手，派西康第一區保安司令楊致中率隊前往鏟煙。楊致中帶領一隊兵丁奉命開赴滎經，行至半路，正好遇到煙梟石文林，石見了保安隊，拔腿就跑，士兵大喊：「站住，站住！」石文林慌亂中鑽進一家磨房裡，開槍向保安隊打了一梭子彈。聽到槍聲，附近村落護煙的私家武裝，由陶國祿、朱世禮等帶隊，立馬召集人馬前來阻擊，三方面火力交叉，楊致中一看情況不妙，趕緊帶著隊伍退回到縣城。

事後有人向劉文輝彙報，楊致中根本沒有開槍還擊，他一直躲在幾塊岩石背後，朝前邊一個地名叫老虎坪的地方張望。據說，楊致中忌諱「羊落虎口」（「羊」「楊」諧音），怕在老虎坪這個地方栽倒，才下令撤退的。劉文輝聽了彙報極為震怒，大罵楊司令無能，將楊致中撤職處分。另外委任了一個保安司令，繼續進行鏟煙，剿滅煙梟。

新上任的保安司令名叫張祿賓。新官上任三把火，為了報答劉文輝的知遇之恩，張祿賓準備大幹一場。他召集部隊訓話，聲稱若有人抗鏟（煙草），就殺他個雞犬不留。他還當場發給每個士兵五盒火柴，半斤煤油，見到煙區的房子就放火燒。一九四六年三月，張祿賓見隊伍裝備補充齊全了，遂帶領隊伍出發鏟煙。誰知剛走出滎經縣城不久，就遭到了武裝抗鏟隊伍的圍攻，對方向保安隊甩了兩顆手榴彈，隨後又打來一排槍，當場打死保安隊的士兵十餘人。見情勢危急，張祿賓趕緊化裝逃跑，才保住了一條性命。

連續兩次派兵鏟煙，都以失敗告終，劉文輝感到事情比他預想的還要嚴重。兩天後，劉在雅安召集軍事會議，制定商討查鏟煙毒的作戰方案。在會上，二十四軍參謀長陳耀倫大膽放言，認為少數人鳴槍，並非有組織有預謀的抗鏟行動，主張先摸清底細，以撫為主。陳耀倫是袍哥出身，與基層縣、鄉長關係融洽，他的屁股很自然地坐到了地方抗鏟陣營的一邊。與他態度截然不同的是劉元琮，此人是劉文輝侄子（二哥劉文遠的三兒子，小名劉三娃子），時任一三七師師長。他把槍掏出來往桌上一拍，大聲說道：「老虎不發威，被人當病貓，格老子不好好收拾這幫龜兒子，他們還真以為二十四軍好欺負呢！」劉元琮當場向六叔劉文輝拍胸表態：願意帶人進山去鏟煙，不獲全勝，決不收兵。

劉文輝綜合兩方面的意見，反覆權衡利弊，最後決定採取「剿撫兼施」的策略。

聽說劉文輝可能採取「撫」的方針，地方鄉紳無不表示歡迎。煙毒固然臭名遠揚，但地方財政從中得到的好處也不勝枚舉，如果真的將煙草鏟光，他們蒙受的損失也是不可估量的，於是派代表朱靜泉到雅安，請求劉文輝以不流血為原則進行處理。對於開槍打傷人的肇事者，他們願意協助配合，綁交地方政府法辦。

應該說這是個兩全其美的方案，於鏟煙和反鏟煙的雙方都有益。但是當時的對抗情緒十分激烈，猶如乾柴遇火星，一碰就著。

果然，一件意料之中的事還是發生了。

自從鏟煙打響第一槍後，整個煙區的鄉民日夜惶恐不安，為了躲壯丁，也為了避禍，村裡的青壯年大多數跑上了山，他們成群結夥聚集在山上，互相間打氣壯膽。這一天，鄉民們又在曬經寺附近的山坡上集中了，有幾個眼尖的爬到樹上，觀望周圍有沒有保安隊。結果這一情況被駐紮在曬經寺附近的部隊看見了，架起兩挺馬克沁機槍，對著人堆猛地一陣掃射，當場打死五人，打傷二十餘人。

部隊打死人，激起民憤，煙區的鄉民早已有自衛的私家武裝，此時毫不客氣地衝上山來，與劉文輝的隊伍火拼，戰鬥進行得十分激烈，雙方打得難分難解。在私家武裝的襲擊下，張淼賓損兵近半，惱羞成怒，惡狠狠地對士兵們下令說：「給我放火燒，燒他個雞犬不留！燒他個寸草不生！」士兵們得令後迅速行動，剎那間濃煙滾滾，火光沖天，十幾個大院被燒得片甲不留。被燒的鄉紳有的原來保持中立，現在自己的利益受損，也朝保安隊開起槍來。這樣一來，張淼賓更瘋狂了，潰敗回滎經城途中，更是見人就開槍，見房子就燒，沿途十幾個村莊的三四百間房屋蕩然無存。

張淼賓瘋狗式的焚燒戰術，激起了滎經全縣老百姓的公憤。適有國民黨中央軍校畢業的青年軍官朱世正，從抗日前線凱旋而歸回鄉探親，在路上親眼看到有鄉民被流彈擊中，倒在血泊裡的慘狀，見到此情此景，他熱血沸騰地站出來說：「國家正規軍燒民房，國法難容，天理不依。我朱世正如果繼續袖手旁觀，於心有愧。哪怕有滅族之禍，也要鋌而走險走一遭！」朱世正振臂一呼，眾人回應，和他一起回鄉探親的青年軍官朱子江、李續風、楊明文、何家勳等，緊急召開會議，決定成立「滎經人民義勇軍」，推舉朱世正為總司令，下設若干大隊中隊，聽候調遣，孤注一擲，準備拼個魚死網破。

第一次與張淼賓的保安隊交火，人民義勇軍就大獲全勝。張淼賓面對猛烈的攻勢，無法招架，又故伎重施，命令部下在滎經城東門放火。結果火勢很快被剛剛趕到的人民義勇軍撲滅了。張淼賓帶著幾個衛兵化裝出逃，行至金家灣時，被地方私家武裝活捉，經請示朱世正，被就地執行槍決。並張貼出佈告一張，上面寫著鬥大的字：「放火司令張祿賓，焚燒民房，槍殺無辜，罪惡累累，罄竹難書，就地槍決，以平民憤。切切此令！滎經縣人民義勇軍。」

滎經現象是個頗有意味的奇特現象。當初，當天全、靈關、蘆山、寶興等縣罌粟花漫山遍野開放時，滎經縣竟然看不到一朵罌粟花，原因是地方鄉紳極力反對種煙。劉文輝要從鴉片中增加收入，只能火中取栗，決意將滎經縣種煙活動開展起來。正在這時，劉文彩向他引薦了一個人，此人叫唐湘帆，據說抓經濟是一把好手，被劉文輝委任為滎經縣縣長。唐縣長上任後，一改滎經縣「沒有一朵罌粟花」的現狀，大力發展「鴉片事業」，由劉文彩提供從雲南等地引來的煙種，迅速使滎經縣後來居上，變成了紅紅綠綠的煙花世界。而且，滎經鴉片的品質也超過了其他各縣，在市場上與名貴的雲南煙土齊名。

唐湘帆經營滎經有方，不久便得到提升，到四川成都另謀高就。接手唐湘帆縣長職位的是伍卓儒，此人是個書生型人才，讀書做文章可以，仕途經濟一竅不通，在大會上聽劉文輝號召禁毒鏟煙，信以為真，回到滎經後便帶著自衛隊上山鏟煙。殊不知剛走到半路上，迎面射來一排子彈，伍卓儒怏怏返城。在家裡左思右想，心中憤懣不平，於是將地方勢力武力抗鏟的情況添油加醋寫成報告，讓師爺騰抄兩份，一份送省府劉文輝，一份送重慶行營主任張群。當時劉文輝正在重慶接受蔣介石召見，蔣介石談話中提到滎經縣的武力抗鏟，劉文輝大為緊張，意識到種煙販煙活動必須有所收斂，這也成為他後來動真格鏟煙的原因之一。

在委任張祿賓為負責鏟煙的保安司令時，劉文輝還專門將另一個人請到劉氏公館裡談話。此人就是陳耀倫，滎經縣人，時任劉文輝的參謀長。民國年間的四川，陳耀倫也是一個響噹噹的人物，他為人厚道，廣攬門客，結交天下，曾憑藉其在江湖上的資歷和威望，幫助劉文輝收編了川西十八路土匪，牽頭組織了「滎經袍哥會」，這個民間軍人俱樂部性質的組織當時在四川很有影響。江湖上有傳聞說，拿了陳耀倫的名片，在全四川吃飯不用給錢，直接記在陳參謀長的頭上，店家到時候去陳府憑欠條結帳，沒有一個不樂意的。足以見出陳耀倫勢力之大。在公務之餘，陳耀倫還在書法上成就不凡，崇尚漢魏碑刻，勤於讀書臨池，逐漸自成一家，與齊白石、於佑仁、沈尹默、郭沫若等名家也常有往來。這樣的人，劉文輝不敢怠慢，他對陳耀倫吩咐說：「滎經鏟煙禁毒問題很複雜，你一定要協助我處理好，張祿賓做硬的一套，你就做軟的一套，相當於戲臺上的紅臉白臉，總之要聯手把這齣戲演好。」

話雖然是這麼說，但是在陳耀倫心裡，對鏟煙自有他的一套看法。他認為要發展西康地方經濟離不開鴉片，何況劉文輝軍隊的財政收入，也靠鴉片支撐著大半邊天。因此，明裡沒說出什麼反對意見，真正執行起來卻大打折扣，只做表面文章，沿公路邊的田壟剷除一些煙苗，以應付上頭檢查。

後來出場的是劉文輝的侄子劉元琮。

劉元琮與陳耀倫，一直是面和心不和，鏟煙運動進展得不順暢，劉元琮懷疑與陳耀倫暗中使絆子有關。他將自己的懷疑對劉文輝說了，劉文輝支支吾吾，似有庇護之意。劉元琮也無可奈何，心中暗想，一定要給點顏色讓陳耀倫看看。

劉元琮從雅安調集了兩個團的兵力，分別是四一〇團（團長朱食呼）和四一一團（團長毛國懋），從始陽渡河，向前推進。朱世正領導的人民義勇軍是臨時拼湊起的一支武裝，一旦和劉元琮領導的正規軍交手，顯然難以應付。雙方展開激烈的爭奪戰，死傷人數上千人，成片的屍體無人掩埋，被士兵們堆放在一個廢棄的銅礦洞裡，潑灑汽油焚燒。幾場惡仗打下來，朱世正的人民義勇軍望風潰敗，落荒而逃。

劉元琮怨氣仍然未消。有人向他提醒說，保安隊司令楊致中和張祿賓兩次帶隊進剿鏟煙遭遇圍困，都有袍哥組織參與其中鬧事，這是不是與總舵把子陳耀倫有關？劉元琮平時就對陳耀倫看不順眼，聽了這話更是氣不打一處來。為了進一步打擊陳耀倫的氣焰，劉元琮決定先斬斷陳的爪牙，從陳身邊最親信的幾個心腹抓起。楊國治是「榮賓合」（「榮賓合」是雅安等幾個縣的袍哥組織，總舵把子是陳耀倫）的副社長之一，又是二十四軍副官處的交際主任，對劉文輝忠心耿耿。只是因為陳耀倫的關係，被劉元琮叫去「談話」。明擺著的鴻門宴上，忽然竄出幾個提槍的士兵，強行將楊國治抓捕，戴上手銬腳鐐，丟進大牢。另一位副社長叫俸新樵，聽說楊國治被抓捕之後，主動來找劉元琮，見面三分笑：「師長，我願隨同去榮經鏟煙，效我犬馬之勞，大家共同來為劉（文輝）主席分憂。」俸新樵這是採取以進為退的策略，隨軍行至半途，他突然溜之大吉。還有一位副社長叫沈季和，聽說楊治國被抓、俸新樵潛逃的消息後，害怕禍及己身，也連夜化裝成一位老太婆，翻牆脫逃，乘汽車去了成都。

想要抓捕的三個副社長，有兩個竟然溜掉了，這使劉元琮大為光火，他秘密安排武裝特務，嚴密監視陳耀倫所居住的「半隨山居」，並在雅安城密佈崗哨，防止陳耀倫逃跑。同時，又下令將部下陣亡士兵的屍體，一律全都抬到陳耀倫的公館門口示眾，然後掩埋在陳家大院的花園裡。並且派人到處張貼標語：解散榮賓合！打倒陳耀倫！陳耀倫見處境維艱，秘密託人弄了艘小漁船，乘著夜色，從雅安西門翻牆下河，坐上小漁船順羌江而下，在姚橋上岸，乘上早已備好的一輛小轎車朝成都隱去。

對於禁煙鏟煙，劉文輝心情一直很矛盾。一方面他認為罌粟花是種在地裡的搖錢樹，可以彌補自己軍政經費的不足；另一方面上頭號召禁煙，一度查得非常嚴，劉文輝必須要裝樣子做給國民政府看。哪料到幾次禁煙行動下來，竟成騎虎難下之勢。只能在內心裡叫苦不迭。他找來侄子劉元琮耐心談話，委婉批評他不善處理關係，將原屬於二十四師力量的陳耀倫等人逼走了。劉元琮嘴裡沒說什麼，心裡窩著一肚子氣。對發生在西康的反鏟煙行動，他認定為一場反叛騷亂，其核心是想動搖二十四軍在西康的根基。劉元琮決定再次重拳出擊，積極佈置軍事行動，下令四〇九團、四一〇團組織進攻，並貼出佈告，重金懸賞人民義勇軍總司令朱世正等人首級，一顆人頭重賞一億元。

而此時遠離西康的重慶、成都兩地，另一場風波正在蘊釀之中。

時任重慶市市長的張篤倫，對西康這塊土地一直有覬覦之心，據內部傳聞說，蔣介石已秘密許願讓他將來出任西康省省長。張篤倫（一八九二～一九五八），湖北安陸人，早年曾就讀於保定陸軍學校，與劉文輝有校友之誼。但是在政治利益面前，校友關係變得很脆弱，他暗中收買了一些人，組成一個反劉文輝同盟。

在張篤倫收買的名單中，有個人叫朱鏡泉，是義勇軍總司令朱世正的侄子，當時在國民黨中央軍校當教員。他在成都秘密串連，大造輿論，認為劉文輝對管轄下的人民大開殺戒，採取焚燒戰術，滔天罪行讓人髮指，準備在國民代表大會上對劉文輝提出彈劾案。尤其是國民黨中央軍校畢業的西康籍學生，聽說劉文輝在他們家鄉濫殺生靈的慘狀後，一個個義憤填膺，紛紛上街貼標語、發傳單，通電全國各高等學府，抗議劉文輝的「暴行」。新聞報界也配合行動，重慶《益世報》、《新蜀報》、《掃蕩報》等都先後予以了專題報導，《益世報》更是以「西康發生鴉片戰爭」為題刊出了頭條大字新聞，震驚旅外西康籍人士。國民黨中央社也發了消息，使這股怒火燃燒到了全國。在上海，二十七家報紙除了劉文輝作經濟後盾的《建設日報》沒有什麼行動外，其他二十六家報紙都出版了「反劉專號」。影響力巨大的《大公報》還刊出了《揭開西康神秘之謎》的長篇社論，連載兩天，列舉西康政治腐敗，文化落後，煙毒氾濫，私仇械鬥，土匪遍地等種種現狀，勸說劉文輝主動下臺。

各地軍政界高官的表態，無疑在其中起了推波助瀾的作用。如重慶衛戍司令王纘緒陰陽怪氣地說：「西康鬧得真不像話。」西昌行轅主任賀國光說：「西康不是劉文輝的西康，必須按人民的意願和中央的旨意辦，我支持你們。」在反劉浪潮席捲全川時，類似這樣的話無異於火上加油。張篤倫還試圖勸說陳耀倫等人反劉，陳耀倫因多年與劉文輝的幕屬關係，表示不能同意，反而在關鍵時刻站到了劉文輝一邊。從這一點看，劉元琮當初想抓捕陳耀倫等人，實是犯下了一個大錯。

南京、重慶、成都等地，反劉浪潮鋪天蓋地而來，路人皆知。而漩渦的中心西康省反而比較平靜，人們對事情的底細並不明瞭。但是劉文輝面臨內憂外患，感到焦頭爛額，處境日艱。為了緩和矛盾，劉文輝派出「滅火隊員」劉家齊（字潤之，雲南玉溪人，時任川西北警備司令）去當調停人，在重慶農味村餐館大張筵席，招待西康旅渝同鄉。另一個「滅火隊員」是劉文輝的女婿伍培英，在重慶濟康銀行樓上宴請重慶各大專院校學生代表，宣傳西康當局的「德政」與「建樹」，又許願送他們留學、安排工作等，重慶的反劉活動於是逐漸平息下來。就在那段時間前後，武漢《大剛報》在頭版刊登了一條新聞：「張篤倫將主持康政」。這個信號給參與倒劉的人士極大震動，他們私下議論：前門拒虎，後門迎狼，貓搬甑子，白替狗幹了一場，商議決定收兵。

張篤倫是蔣介石派往重慶行營的辦公廳副廳長，後來又任西昌行轅主任，在職期間利用與與彝人首領鄧文富聯姻的形式，大挖劉文輝的牆腳，一直被劉文輝視為心頭之患。如果由這個人來主持西康事務，劉文輝的處境將十分不妙。這時候上海、南京等地發出了另一種聲音，比如上海《大公報》曾刊登出一篇署名文章「關於西康問題之商榷」，文章中說，西康問題——尤其是雅屬，僅是全國的一部分，就算是把西康省主政者撤換了，也不能徹底解決問題，全國是一盤棋，只有全國問題解決了，西康問題當不解自解。這種提法引起了康籍人士的普遍關注，報刊上這種聲音一多，他們心中的怒火慢慢熄滅了。這支以西康本地人為主的力量，內心裡從來都不願意讓外來人掌權，與其讓陌生的張篤倫來統治西康，不如維繫原狀讓劉文輝繼續幹。當然，只有劉文輝自己心裡最清楚，為了買通輿論發出「另一種聲音」，他可是沒少掏銀子鋪路的。

發生在西康省的「新鴉片戰爭」，對各方面的損失和影響都很大。朱世正領導的人民義勇軍被劉元琮派軍隊擊潰，許多人離鄉背井，逃亡到深山老林，有家不能歸，處境十分淒慘。劉文輝在內外輿論的巨大壓力下，也是如刺在背，苦不堪言。在一次聚會時，他私下對老友胡恭先說：「我現在對西康政務非常厭倦，想培養一些人來接替，我準備到外面去開拓局面。」胡恭先聽到此話後十分驚訝，自然是勸慰一番。劉文輝說這番話並非虛情假意，他確實已挑選好了接替者，此人叫張為炯，後來果然接替劉文輝擔任了西康省代主席。

胡恭先（一八九九～一九八六），字禮安，西昌禮州人，早年曾到日本京都帝國大學留學，擔任過西康省參議會副議長等職。他對劉文輝有幾句客觀公正的評價：「我與劉文輝自民國二十八年相認識以來，先後經省臨參會及參議會階段，過從較多，瞭解隨之較深。我深感劉文輝過於聰明，過於集權，完全忽視兼聽則聰，兼視則明古訓。大權惟恐不集中，致部屬皆俯首貼耳，無敢違言。親佞遠賢，惡善善惡，此其所以受人蒙蔽而不自覺，洎乎事變演成，頓然改圖，雖日亡羊補牢，猶未為晚。然此種污點須信加拭拂，方能磨去，是否辦到，尚待事實證明。」[6]

一九四七年元月，蔣介石派特使張群火速飛成都，向劉文輝傳達他對西康問題的意見：「國共相爭，大局動盪，東北、西北和魯南戰局緊張，大家都要為黨國利益考慮，必須與西康人民改善關係，認真對待雅屬事件，如果共產黨乘機在後方插手，出了大問題，中央將對劉失去信心……」劉文輝早已憂心如焚，蔣介石的意見正好幫忙他下臺階。他派人分別邀請了旅居成都的西康名流、學者、鄉紳、學生代表以及軍政界人員，到新玉紗街劉文輝公館交換意見，劉文輝態度誠懇地講話：「釀成這次雅屬事變，對我來說是終生難忘的深刻教訓，由於平時對部屬管教不嚴，他們確實做了很多對不起民眾的事，我感到很痛心。雖說其中有大小野心家從中挑唆，但我的責任也是不可推諉的。我們川康唇齒相依，不能自已扒開籬笆等狗鑽，現在正值春耕時節，不能延誤農時。當前國家多難，重在休養生息，誠懇希望諸位朋友伸出友誼之雙手，以桑梓為重，大力協助我妥善做好善後工作，把『軍民交惡』轉為『軍民和睦』。我決心把一些不法不肅的軍政人員清除免職，讓大量西康有志青年參加康政，對參與過雅屬事件的所有人員，決不追究，請他們放心。」[7]

6 胡恭先：《一九四六年的雅屬事變始末》，原載《涼山文史資料選輯・雅屬事件專輯》。

7 王德安：《西康省雅屬事件始末》，原載《涼山文史資料・雅屬事件專輯》。

一九四七年三月，劉文輝在雅安舉行了「雅屬行政檢討會」，在雅安的西康省軍政大員、各縣參議會正副議長和甯、雅、康的部分知名人士參加了會議。劉文輝在會上作了痛心疾首的自我檢討，呼籲與會者以大局為重，共謀後方安定局面。經過七天的幕前爭吵和幕後交易，會議最終作出了四項決議：一，徹底禁煙；二，不收煙稅；三，軍政人員種煙販煙者以軍法論處；四，推舉了陳耀倫等人上山下鄉招撫私人武裝，同時去各災區發放賑災款。

雅屬事件後，朱世正經多人從中斡旋，終於回到了西康，被劉文輝委任為西康省保安司令部雅、榮、漢聯防總隊長。但劉、朱之間仍有隔閡，互設戒心，朱世正急於另謀出路。直到一年多後，由民盟出面做工作，才使同是民盟會員的劉、朱雙方坐到了一條板凳上，朱世正與劉元琮也在雅安見面，言歸於好，沸騰喧擾了一年多的雅屬事變，這才劃上了一個句號。

劉文輝有個外號叫「多寶道人」，形容其足智多謀，點子特多，善於料事和用計謀，也善於處理各種人際關係。但是現在在地處偏遠的西康他卻栽了個大跟頭。由於歷史和地理位置等原因，各種政治勢力在這裡糾纏不清，尤其是煙禁開放後，袍哥、土匪、地主、民團、惡霸等各色人等，依仗其擁有的私人武裝橫行，軍民各霸一方，導致西康省形成了一個多政府的混亂狀態。在錯綜複雜的局勢面前，「多寶道人」劉文輝的政治智慧也不夠用了。

第八章　恩怨情仇

劉湘曾被紅軍逼得跳水投河

四川安仁劉氏家族與中共紅軍的關係「淵源流長」，其中的恩怨情仇，不是簡單幾句話說得清楚的。

一九三二年秋天，紅四方面軍進入大巴山區，攻佔通江縣後休養生息，隊伍由原來的八千人迅速擴展到近十萬人。蔣介石預感到了事情的危急性，於一九三三年七月七日，委任劉湘為四川「剿匪」總司令，想通過劉湘限制紅四方面軍的發展。此時，劉湘與劉文輝叔侄間的一場混戰正打得難解難分，他根本無暇顧及於此，直到將劉文輝趕到西康後，才於十月四日在成都市將軍衙門署禮堂宣誓就職。

以前，劉湘也曾與紅軍交過幾次火，在他眼裡，紅軍只是一股流寇，成不了什麼大事，何況紅軍的主要矛頭衝著蔣介石，用不著他在中間插一槓子。但是被蔣介石任命為「剿匪」總司令後，他多少也得裝裝樣子，做點「成績」讓世人看看。劉湘進攻紅軍，內心裡還有個真實的想法：紅軍勢力滲入他所控制的四川後，確實是一種潛在的威脅。

於是，劉湘將他所掌握的川中各軍編為六路，總兵力十二萬人，開始了「驅逐紅軍保境安民」的拉網行動。

沒有料想到一旦正式交戰，劉湘的川軍竟然接連遭遇慘敗。慘敗的原因多種多樣，其中重要的一條，是由於劉湘「以神治軍」，過份相信「活神仙」劉從雲所致，總司令部的軍事命令經常是根據劉神仙卦卜的意思決定的。隨手舉個例子：有一次，劉湘給第五路總指揮王陵基一連發了十幾封電報，王陵基拒不遵辦，理由是，總司令的命令絕對服從，劉妖（劉從雲）的命令堅決反對！王陵基痛苦地說，每個電報上都要我按照指定的路線進攻，可指定的路線都是絕崖峭壁，哪裡走得過去？這樣的命令如何執行？就是這麼一個裝神弄鬼的巫師，卻被劉湘封為了「剿匪」前方軍事委員會委員長，因此，劉湘屢戰屢敗也並不奇怪。

至一九三四年八月，劉湘川軍主力唐式遵部所率十八個步兵旅被紅四方面軍所粉碎，全線瓦解，損失兵員達四、五萬人。看到自己二十多年苦心經營的川軍毀於一旦，劉湘不禁驚恐失措。此時各方群怒洶湧，紛紛指責劉湘不該重用劉神仙，劉湘頓時陷入茫然之中。

消息傳到南京，蔣介石為之震怒，發來急電斥責劉湘，聲言若再後退拿總指揮官是問。

劉湘內外交困，無力收拾殘局，身心疲憊不堪，於八月二十三日向蔣介石通電，請辭「剿匪」

總司令職。電報發出後，劉湘再也不敢在此地久留，坐上轎車倉皇奔重慶而去。行經內江椑木鎮，下車渡河，劉湘不知又想起了什麼傷心事，忽然扶在船舷上傷心痛哭，旁邊的幾個幕僚鮮英、鄧漢祥等上前勸說，劉湘索性摔開眾人，要去投河自殺。自然被幕僚們拉住了，劉湘仍不罷干休，坐在船板上大放悲聲，其情景讓在場的人無不動容。

到了重慶，劉湘的情緒才有所好轉。但是，他把握住一條原則：既不到部辦公，又避不會客，把自己籠罩在神秘的氣氛之中。劉湘此時的真實動機，其實也暗有試探蔣介石的意思。幾個心腹幕僚劉航琛、王纘緒、鮮英等，經常到重慶李子壩劉宅密談，勸說劉湘振作精神，收拾殘局，東山再起。劉湘始終不吱一聲，靜默得像尊木雕。見劉湘並無反對挽留的意思，舊屬幕僚們知道該怎麼做了，他們做通了川中紳耆曾鑑、方旭等人的工作，於九月一日「聯名電呈中央，請慰留劉湘，並請國民政府派兵入川，協助剿匪。」[1]這當然也是一次試探。沒想到第二天，蔣介石馬上回電，對劉湘表示慰留和繼續支援。蔣介石這番行為，說明他對動劉湘也是心存顧忌的。

摸清了蔣介石的態度和底線，劉湘彷彿吃了顆定心丸，臉上的愁雲漸漸消退了。從內心裡講，他不願意蔣介石的勢力入川，可是他也明白，現在並不是自己願意不願意的問題，蔣介石的勢力入川已成大勢所趨，靠他個人的力量無法扭轉。這年十一月，劉湘去南京與蔣介石面商，實際上是談

[1] 周開慶編著：《民國劉甫澄先生湘年譜》，第98頁。

條件，雙方各握有自己的籌碼。蔣介石方面，授權劉湘統一四川軍政，打破防區，川中各軍均受劉湘指揮。任命劉湘為四川省政府主席，川中各軍軍費和武器彈藥全部由南京政府負責發給。同意劉湘發行巨額公債，償還歷年積債。在劉湘方面，抵制了蔣介石提出的派十個師入川的計畫，同意蔣派一個參謀團入川，指導監督「剿匪」軍務，統一川軍各防區政權財權。劉湘曾經向部下表示過他對紅軍入川的原則：紅軍只要不危及我們的生存，就虛與周旋，絕不對消；如果紅軍真要拿下四川，那就只有不惜忍受老蔣的控制，與紅軍硬拼到底。他這次赴南京與蔣相商，追隨的正是這個原則。

這是一場雙方都滿意的交易，各有讓步、互有收益。只是四川其他各個軍閥很不高興，指責劉湘引外兵入川，行將亡省，勸說劉湘改弦更張，抵制中央軍。但是交易已經做成，劉湘從中已嘗到甜頭，此時他不願意也不可能再改變了。

追殺張國燾

大邑劉氏家族與紅軍的矛盾日益加深，說來也與一個人有關。

此人即張國燾（一八九七～一九七九），字愷蔭，江西吉水人。毛澤東、朱德率領的中央紅軍長征到達四川後，與張國燾率領的紅四方面軍會師達維，在此召開政治局會議，決定繼續北上。然而，擔任紅軍總政委的張國燾不執行中央決定，率部分軍隊八萬餘人掉頭南下川西，宣佈成立「第二中央」，提出「打到成都吃大米」的口號。這一舉動，使得原來並不想真正與紅軍較量的四川軍閥劉湘等不得不與蔣介石聯手，調集重兵要與紅軍決一死戰。

四川軍閥的遊戲規則，與幫會組織袍哥頗為相似。每個人都想占山為王，為了擴充勢力爭奪地盤，不惜打得頭破血流。但是仗打完了，彼此間都還是「兄弟夥」，成都文廟後街被人稱為「公館街」，分屬不同派系的軍閥混居在一條街上，剛才在戰場上刺刀見紅，轉瞬間可以坐在一起喝茶聊天。他們之間只有利益之爭，並無原則是非。但是有一條規矩：一旦外來勢力想打進來，他們馬上掉轉槍口一致對外。四川是他們的大碼頭，可以關起門來打得昏天黑地，但決不許「外人」染指。正如四川軍閥史專家任一民先生所言：「保住四川這塊地盤不被他人吃掉，是他們奉行的最高政治原則。」

張國燾也想吃四川這塊肥肉，軍閥們自然不會答應。

劉湘出任四川「剿匪」總司令後，即在全川各地城鎮鄉村、通衢渡口廣貼佈告，懸賞十萬大洋買張國燾的腦袋。重賞之下，必有勇夫，佈告貼出後僅僅一個多月，張國燾就兩次險些遭到暗殺。一次是殺手裝扮成菜農，混進紅軍總部所在的通江公園，藏於樹上。到了半夜，殺手從樹上下來，悄悄朝總部逼近，不巧有個叫周世岳的參謀內急，出外小解，看見有條黑影一晃而過，拔出手槍鳴槍示警，殺手被當場按倒抓獲。另一次，張國燾前往巴中檢查工作，途徑一家客棧時，忽然從窗戶裡扔出一顆手榴彈，衛兵胡學柱、倪銳鋒當場炸死，張國燾命大，躲過了一劫，毫髮無傷。

兩次行動均告失敗，且兩次落網的兇手，都被紅軍處以了極刑。躲在背後的大鱷終於沉不住氣了。此人叫賀朝正，是劉湘軍中的武術教官，江湖人稱「賀神腿」。二十四歲那年，賀朝正在成都青羊宮的「全川國術擂臺賽」中一舉成名。此後二十年，賀朝正殺過人，坐過牢，給熊克武當過侍衛，熊克武率三萬川軍前往廣東參加北伐，卻被蔣介石扣押囚禁，賀朝正連夜逃回四川，被劉湘聘為武術教官。

賀朝正招來了過去曾在一起闖蕩過江湖的三個兄弟，決心要一矢中的。三個兄弟全非等閒之輩，個個武功高強，射術精湛，膽大心狠。他們化裝成採購木耳的成都客商，神不知鬼不覺地潛入了通江縣城。剛一進城，就得到了一個消息：紅軍正是籌備召開川陝省第三次蘇維埃代表大會，滿城充滿了喜慶色彩，據說還專門請了綏定的洪祥川戲班子來唱戲。

這種喜慶的場合，張國燾作為紅四方面軍的一號頭目肯定要來參加。賀朝正連連拍著大腿叫好。為了把事情辦得更穩妥，他去拜望川戲班主金泰合，將一根金條往桌上輕輕一放，微笑著說了聲「小意思」。金班主無功受祿，目光疑惑地看著賀朝正。賀朝正也並不點明此行的用意，只說事後再有重酬。金班主心裡已經有點明白了，腆著臉說：「有事儘管說，哪裡用得著這麼客氣。」見金班主並不推辭，賀朝正心裡有數了。

到了演出這天，張國燾果然來了。沿途的街道兩邊，特務營三步一崗，五步一哨，把演出地點列寧小學圍得密不透風。賀朝正暗提一口氣，心想，幸虧有金班主父子相助，不然要混進戲場子實在太難。正想著，張國燾已安然入坐，舞臺上的兩盞汽燈把整個操場照得如同白晝，張國燾方方正正的大腦袋，看得十分清楚。

那天演的是川戲《白蛇傳》，賀朝正本來準備演到「水漫金山」那一場時再趁亂下手，可是開場後不久，天下起了毛毛細雨，當時是十二月，時令已進入冬季，警衛員要給張國燾撐傘遮雨，被張國燾擺擺手攔住了：「不用了，再看一會我們回去，這個川戲我看不大懂。」過了大約十分鐘，張國燾想起身離開，剛一站起，忽然聽見「呯呯」幾聲槍響。警衛員大喝一聲「有刺客」，拔出手槍護著張國燾往外疾走，散在各處的保鏢忽啦啦圍攏來，用身體組成了一堵牆，另外一些士兵則投入了抓捕刺客的行動之中。

四個刺客臉上全都塗抹了油彩，混跡於演員之中。槍聲一響，全場亂作一團，板凳踢倒了，桌子掀翻了，人人都在喊「抓刺客」，卻並不知道刺客在哪裡。稍微冷靜一下之後，四個刺客終於被士兵們認出來了，一排子彈打過去，當場擊斃了其中三人，賀朝正慌不擇路，從戲臺上飛身閃進一所小茅房，四面的紅軍戰士緊隨其後，像潮水般湧來，團團將他包圍住。賀朝正絕望了，他想自殺，扣動扳機，發現子彈已經打光，只得乖乖束手就擒。

再說金班主自從收下了那根金條以後，心緒一直忐忑不安。多年混跡於江湖的經驗提醒他，得預先為自己留條後路。金班主去找當地袍哥龍頭大哥幫忙，藉口母親忽生重病，想租條船回家看望，等船租到手後，帶著兒子連夜潛逃。誰知船剛開出碼頭，就被沿江巡邏的紅軍發現了，懷疑他們是敵軍探子，帶到岸上連夜審問。起初金班主嘴巴挺硬，死活不說刺客的事。到了下半夜，鴉片煙癮發作，難受得直往牆上撞。紅軍拿出鴉片煙具，擺在桌上故意燒泡子，讓金班主聞香味。金班主再也經不住折磨和誘惑，一五一十全都交待了。

張國燾又是虛驚一場。紅軍保衛局局長曾傳六來請示如何處置刺客賀朝正，他憤怒地一拍桌子，大聲吼道：「押赴市曹，公開大辟！要殺出我們紅軍的威風來。要讓劉湘知道，我張國燾是殺不死的。」

曾傳六遵循張國燾的指示，像尋找古董一樣打聽到有個職業劊子手叫袁占山。此人在通江衙門裡當差，砍了二十多年人腦殼，後來民國實行新政，不用砍腦殼了，他也失去了飯碗，改行殺豬為業。行刑那天，按照袁占山的安排，紅軍在河邊法場上鋪了一塊紅氈子，士兵將賀朝正挾持到紅氈子中央，抽掉他背上的斬標，袁占山一個箭步上前，拍拍賀朝正的後頸，說道：「賀哥是值價的，我不會讓你屍首分家。」話音未落，一拐子刀「嗖」地遞過去，只見賀朝正的腦袋向前一聳，已掛在了胸前。

蔣介石惱怒之下給劉文輝記大過

一九三五年一月，中共中央政治局在遵義召開擴大會議後，中央紅軍決定繼續北上。張國燾則帶著紅四方面軍想殺回馬槍，「打到成都吃大米」。此時，駐守在川康邊區的是劉文輝的第二十四軍。

「二劉大戰」剛剛打了敗仗，劉文輝心灰意冷，放眼望去，滿目荒涼景象更是增添了心中的淒風苦雨。好在有舊日部屬輪番勸說，有二夫人楊蘊光溫柔相待，他才熬過了政治生命中的嚴冬期，重新振作起精神，料理眼下的殘局。

首先是收拾舊部，重新招兵買馬，實際上劉文輝這時候的兵力還不到兩萬人，但他東拼西湊，建立起了不少部隊番號，以二十四軍轄三個師，川康邊防軍轄兩個師，下轄旅、團若干。同時，在軍隊內部進行調整，時而擴團為旅，時而擴旅為師，裝點門面，敷衍上司，安頓部屬。種種做法，目的很明確，就是向蔣介石多要一點餉銀和械彈。

一九三五年春，紅軍在黔西北盤旋，有進入川康邊區的模樣，劉文輝心裡又恐慌起來。到了這年五月，紅軍忽然向金沙江行進，蔣介石急電劉文輝防守大渡河。電文中說：「大渡河天塹，共軍斷難飛渡，薛岳總指揮率領十萬大軍跟追於後，望兄督勵所部，嚴密防守，務將共軍徹底消滅於大渡河於南。如所部官兵敢有怠忽職守，致使河防失守者，定以軍法從事。」劉文輝看著電文最後的一行字，骨子裡有點發虛。

剛剛經歷了戰敗，二十四軍還未能完全甦醒過來，目前最大的願望是自保，因此劉文輝並不想認真和紅軍打仗，他的大多數部下也是同樣的想法。據劉文輝的參謀長張伯言等人在〈二十四軍在川康邊區阻截紅軍的實況〉[2]一文中說，劉文輝當時的唯一希望，是期盼薛嶽的追兵早點到，讓石達開大渡河的悲劇在紅軍身上重演，好把這場災難平平安安地渡過去。因此在兵力部署上，當時駐守在大渡河一線防堵中央紅軍的名為兩個旅，實際上到位的只有四個營。防守安順場的一個營是臨時收編的袍哥隊伍，營長韓曾安原是一條賭棍，紅軍到時正在吸鴉片，槍聲一響嚇得屁滾尿流，跳下煙榻便往山上跑。用這樣的兵佈防，其結果可想而知。

紅軍當前，劉文輝打與不打，真打還是假打，蔣介石心裡都十分清楚。蔣除了派薛岳率第六路軍追打之外，還派出康澤的別動隊第一支隊進駐漢源，對劉文輝的部隊進行監視。劉文輝對有關命令「一味敷衍，實未遵辦」，致使朱毛紅軍「得以自由竄渡，至甚痛恨」，蔣介石為此憤懣不已，惱怒之下，通令給劉文輝記大過一次。

大軍閥手下的幾個小軍閥侄子

劉文輝二哥叫劉文運，有八個兒子，被鄉人稱作「八虎」。六個兒子在劉文輝手下任職，其中劉元璋、劉元琮和劉元瑭三人還是劉文輝最為依賴的軍事骨幹，分別擔任過川康邊防軍司令和軍長

---

2 《文史資料選輯》第62輯。

師長。

紅軍進川之時，這幾個小軍閥中，劉元瑭的觀點有所不同：他想和紅軍真打。

一九三五年春，劉元瑭奉令擔任金沙江防務。紅軍主力經雲南元謀，於五月三日在絞車渡渡江，隨即直撲通安，完全出乎劉元瑭的意外。此次戰役，劉元瑭大敗，傷亡十分慘重，率殘部潰退至會理時，大約只剩下了四百人。

清點著手下這點殘兵敗將，劉元瑭傷心得大哭，回到家裡眼角邊還有淚痕，再回頭一看，屋子裡空蕩蕩的，一個人影也沒有。他大聲叫來管家，問是怎麼回事。管家支吾著說，他看情況不妙，已經代劉元瑭作主，先將兩個姨太太和家眷送出城了，這會兒正在去成都的路上。劉元瑭一聽，忍不住罵了句粗口。他心中此刻的想法是，紅軍就在眼前，想跑恐怕也跑不掉了，不如收拾起殘兵，死守會理城，等待增援部隊到來。劉元瑭趕緊派人，將已經逃出城外十幾裡地的兩個姨太太和家眷追回來，妥善安置在一個商人的公館裡。

處理完這些雜事後，他又給大哥劉元璋（時任川康邊防軍司令）打電話告急，請求派兵增援。劉元璋在電話中主張二弟放棄會理，先保存實力再說。劉元瑭脾氣火爆，當場在電話中大吼起來：「大哥，你到底派兵不派？」眼看著親兄弟面臨險境，劉元璋只好先派救兵援助，他調集聶秋涵團星夜趕赴會理，如有延誤，以軍法從事。劉元瑭多了個心眼，怕聶秋涵中途返回，便派心腹副官徐仲篪懷揣他的手令前往聶秋涵部，督促聶團火速趕到。徐仲篪行至白果灣時，正遇到聶秋涵團在此地躊躇，準備返回西昌。徐仲篪急忙掏出劉元瑭的手令，讓聶秋涵看了。聶考慮再三，擔心將來劉文輝問罪，只好率部來到會理。

此時會理城已經被紅軍包圍了。零星的幾聲槍聲，預示著一場大風暴即將到來。有人來報信，說前來增援的聶秋涵團已經到了城外。劉元瑭怕聶團再生變故，不願進城，親自率兩個連沖出縣城去迎接聶秋涵團。此時聶團已遭紅軍襲擊，聶秋涵大腿上中了一彈。劉元瑭及時趕到，掩護聶秋涵狼狽地來到了會理城。

為了防止紅軍接近城垣，劉元瑭下令部隊採取「焚燒戰術」，以浸透煤油的棉花團為引火物，拋到城外那些磚木建築的民房上，頓時火焰沖天，老百姓扶老攜幼紛紛逃難。熊熊大火整整燃燒了兩天，使得半個會理城成為廢墟。劉元瑭本人赤膊上陣，將上衣脫光，只穿一條短褲，提著一把馬刀，滿城亂竄，開始了他夢魘般瘋狂的守城日子。

在劉元璋他們幾兄弟中，數老二劉元瑭性情最為暴虐。當紅軍圍城兩日，在通安戰役中潰退的劉元瑭部下有陸續偷回到會理者，其中有特務營第二連排長龐雲及士兵十餘人曾被紅軍所俘，紅軍給他們傷口塗好藥，並給以路費遣返。龐連長回隊後，在士兵中宣傳紅軍的好處，被劉元瑭知道了，將龐連長和那十幾個士兵統統殺光。因此案受牽連的，一共被殺害了三四十人。隊伍中有個道士，帶著小徒弟隨敗兵進城，也被劉元瑭當作紅軍的奸細殺掉了。為了防止兵變，劉元瑭經常裝扮成普通士兵，混跡於巡邏隊中，到處探聽風聲。遇到有在背後私下議論者，立即抓獲，抽出馬刀當場斬殺。被殺的人一多，守城的士兵人人風聲鶴唳，提防有人躲在牆角偷聽，時刻擔心自己的腦袋。

紅軍進攻的重點是會理縣城西北角。城牆久攻不破，紅軍便學習太平天國廣泛採用過的戰術：挖牆角埋炸藥。劉元瑭也有對策，在城牆根上挖坑，埋進幾口空罎子，地底下若有動靜，罎子就會嗡嗡發響。劉元瑭與紅軍鬥法，各有輸贏。有一天，城牆西北角發出一聲悶響，隨著爆破掀起的聲浪，城牆坍塌了一大片，紅軍官兵趁勢往上衝，防守這段城牆的連長吳鳴恩慌了手腳，正要帶兵撤退，只見劉元瑭提著馬刀快步走過來。吳連長細看，劉元瑭臉上已經掛彩，鮮血順著臉頰直往下流。仍然聲嘶力竭地叫喊：「堵上，堵上！哪個敢後退，老子一槍崩了他！」有如此亡命兇狠的將領，士兵們想不玩命也不行了，在劉元瑭的帶領下，雙方展開了肉搏戰。紅軍進攻失利，撤出會理，劉元瑭再一次守住了會理城。[3]

川軍悍將劉元瑭一戰成名。蔣介石親自飛到會理城上空巡視，並投下手令，晉升劉元瑭為中將，同時投下一萬元花花綠綠的鈔票，作為犒賞。劉元瑭知恩圖報，打起仗來更賣命了。他主動向蔣介石要求，率部加入到薛岳的第六路軍追擊中央紅軍，後來一直追到了甘孜丹巴附近，才重新回到了劉文輝的部下。

---

3 《紅軍長征在四川》，第60～61頁。

相比老二劉元瑭而言，老大劉元璋的性情要溫和許多。一九三四～一九三五年間，劉元璋任川康邊防軍司令，他手下有兵力五個旅（十二個團），旅長分別是劉元瑭、劉元琮、許劍霜、鄧秀廷和新由漢源調到西昌的劉元瑄。

劉元璋在會理、西昌間的兵力部署，並沒有把重兵布於金沙江沿岸，而是在會理、德昌、西昌擺成三線，而且前輕後重，明眼人一看就知道他想保存實力。劉元璋認為，金沙江沿岸戰線過長，不易防守，一處突破，全線崩潰。守江不如守城穩當。再說，薛嶽的部隊在紅軍後面緊追，只要守城能守住幾天，追軍一到，紅軍自然會離去。

按照原先的想法，劉元璋本來不準備防守德昌，但是一來捨不得這塊富庶的地盤，二來顧及到德昌麥岔溝張白祿大家族的利益。張白祿的次子張希（字為珊），是蔣介石留學日本時的同學，時任國民政府參軍處典禮局局長。劉文輝反覆交待，對德昌這塊彈丸之地不可大意，因此劉元璋派第十六旅旅長許劍霜率一個團在此阻截紅軍。

許劍霜是劉元璋在四川講武堂的同學，兩人關係一直不錯。但是，許劍霜與劉元璋的兩個兄弟劉元瑭、劉元琮有矛盾，常常受他們的排擠。劉元璋夾在中間，也是無可奈何。

紅軍到達會理週邊時，劉伯承派人給許劍霜送來一封信。許劍霜曾在劉伯承手下當過團長，憑藉這層關係，劉伯承在信中坦誠寫道：「紅軍迫入川康，亦乃假途而已，非為他圖。茲遇貴部，非冤家路窄，權作友軍相待。讓路則誼，則大義，則為軍之道也。若作交戰，漁利誰人？坦誠相告，望作明察；借路而過，不相刀槍；如要堵截，打一打也無不可。時不可待，立複為感。」信中語氣軟中帶硬，意思說得很明白：借路而過，不相刀槍；若要阻截，打一打也無不可。

許劍霜展信細讀，臉色神情頓時凝重起來。他不敢有耽擱，趕緊拿著信去找上司劉元璋。劉元璋看過信後，問許劍霜什麼意見？在這樣的時候，許旅長哪裡敢有自己的意見？疊聲說道：「司令怎麼說我就怎麼幹。」偏偏劉元璋什麼話也不說，眺望著窗外一言不發。許旅長似乎有點明白了，他認為劉元璋的意思中隱含著默許。

紅軍到德昌鎮時天已擦黑，滿天暮色中人影綽約，隊伍悄無聲息地行進。許劍霜事先已對部下打過招呼，誰也不許隨便開槍。此時有個士兵不知出於什麼樣的心理，象徵性地朝天空開了幾槍，紅軍那邊停止了前進。許劍霜匆匆趕過來，找到那個開槍的士兵訓斥了幾句。過了一會兒，紅軍那邊見槍聲沒有再響，又繼續開始行進。一個副官小跑著過來請示：隊伍該怎麼辦？許旅長沉思片刻，揮了揮手，說了聲「撤」，隊伍呼啦啦從德昌鎮撤下來，一直退回到了西昌。

紅軍順利進入德昌鎮，在此地休整了上十天，深入鄉村召開群眾大會，將沒收到的浮財分給了老百姓，還殺了財主楊國翠家一頭大肥豬，給鄉民們分發豬肉。至今，德昌檔案館裡還保存著紅軍當年留下的宣傳標語和圖片資料：「打倒四川省軍閥劉湘、劉文輝！」「不當劉文輝的餓肚兵！」另一幅宣傳漫畫的畫面上，一個紅軍士兵正在用刺刀刺向劉文輝，劉文輝嚇得趴在地上，雙手捂臉，旁邊有一行楷書小字：紅軍要打倒軍閥劉文輝！

紅軍在德昌稍事休整後，繼續向西昌行進。這一帶是四川的少數民族地區，聚居著十多個兄弟民族，多種社會形態和千差萬別的民族習俗、宗教信仰，是紅軍可以利用的好機會。曾有多次和川軍交戰的活佛喇嘛，以佛門最虔誠的禮儀，列隊、鳴號、擊鼓，歡迎紅軍的到來。紅軍在這一路上的行進，雖說物質條件艱苦，但並沒有受到多少阻撓。一邊是紅軍打著快板說著唱著行軍，一邊是川軍彝軍在城樓上遠遠觀望，他們喝酒聊天看風景，彷彿大路上行進的紅軍與他們毫無關係似的。

最有意思的是鄧秀廷的隊伍。鄧秀廷（一八八九～一九四四），生於四川冕甯縣甘相營。幼時家貧，先是幫姑父放鴨，隨著社交圈的擴大，開始做起了小生意。他的老家甘相營是彝漢雜居區，清末民初年間，這段路上行人常遭搶劫，鄧秀廷買來幾十條槍，組織一幫人馬，當起了地方團總，每逢三、六、九日護送行人過山，收取保護費。數年間，鄧秀廷名聲大震。鄧秀廷有個姑父在軍閥陳洪范手下當統領，通過這位姑父的關係，鄧進入四川軍閥隊伍，幾經輾轉，被劉文輝收編，因鄧曾在幾個四川軍閥巨頭中間多次倒戈，劉文輝雖說委任他為旅長，卻很不放心，將他安排在侄子劉元璋部下，私下囑其嚴密防範。

一九三五年春，紅軍過境的消息傳來，鄧秀廷此時是川康邊防軍第二十旅旅長兼彝務指揮官，奉劉元璋的命令，在甯南到西昌、會理道上阻擊紅軍。隊伍開到黃水塘，鄧秀廷同樣接到了劉伯承的一封信。大意是說：紅軍借路而過，不是和彝兵搶地盤，完全可以放心。彝兵若要開槍，紅軍也決不還擊，但路是一定要過的，請鄧旅長仔細考慮。鄧秀廷接到信後有點犯愁。打吧，肯定是打不過的；不打吧，恐怕又對不起劉元璋。斟酌再三，鄧秀廷選擇了不得罪紅軍，敷衍劉家軍，保全自家軍。

鄧秀廷將彝軍官兵召集起來訓話：「今天的事情不比往常，要當心些，沒有我的命令，誰也不許開槍！」鄧將隊伍擺在兩邊山上，眼看著紅軍密密麻麻過來，他不敢動。有個彝兵不聽約束，打了一槍，其他彝兵也乒乒乓乓跟著打了十幾槍，鄧秀廷跑過來用彝話制止住。紅軍並未反擊，在半山腰喊起了口號：「彝漢一家！」「彝漢是兄弟！」照樣行進。長長的隊伍沿著蜿蜒的山路走了一個多小時，彝兵再也沒有打過一槍，他們蹲在山上，懷摟著槍支，有的還拿出煙袋抽起了煙捲。紅軍隊伍過得差不多了，天空中傳來一陣嗡嗡的響聲，彝兵們抬頭一看，是兩架中央軍的飛機繞著樹梢在盤旋。有個彝兵覺得好玩，舉槍朝飛機打了一槍，看能否將飛機打下來。結果這一槍釀成大禍，飛機朝下丟下幾顆炸彈，當場炸死了彝兵幾十人。鄧秀廷大發雷霆，趕緊將隊伍從黃水塘轉移到冕寧，躲開了飛機的繼續轟炸。

紅軍通過黃水塘，兵臨西昌城下，劉元璋緊急召集旅、團長開會，部署戰略防線。

會議還沒正式開始，幾個旅長之間就爭吵起來了。劉元琮指著許劍霜的鼻子問：「有人說劉伯承給你送過封信，是不是真的？明擺著是通敵，哄鬼呢！」許劍霜面帶委屈，昂起頭回了一句：「有本事你怎麼不頂上去打？」站在一旁的劉元塘早已不耐煩了，掏出腰間的手槍，拉開扳機，把子彈頂上膛：「狡辯個錘子，看老子不一槍崩了你！」

許劍霜見對方動了真傢伙，慌忙往劉元璋身後躲。劉元璋是川康邊防軍司令，又是劉家長子老大，見劉元琮、劉元瑭兩兄弟鬧得實在不像話，冷著臉說道：「這事我知道，劉伯承那封信我見過。哪有通敵的人，會把信送給我看的？」劉元琮、劉元瑭見司令大哥屁股坐到了許劍霜一邊，不好再多說什麼，這場紛爭才稍微平息。

西昌城是劉元璋最後的防線，再也沒有了退路，劉元璋不敢有絲毫閃失。打虎親兄弟，他調集了第二旅（旅長劉元琮）、第十三旅（旅長劉元瑄）以及第十二旅（旅長劉元瑭）的一個團，聚集兵力進行防守。

按照劉元璋的部署，第一步是在西昌城外修工事圍「土城」，鞏固週邊；第二步是在安寧河構築工事，憑藉天塹據守；第三步，在萬不得已時燒毀靠近西昌城牆的西街和魚市街，以阻止紅軍接近城牆，順便也將放火燒街的惡名嫁禍到紅軍頭上。劉元璋徵集城中糧食數十萬斤屯積起來，準備打一場持久戰。

在燒民房的問題上，劉元璋一直有顧慮，猶豫不決。不燒吧，怕到時候紅軍利用民房作掩體接近城牆，整座城樓都將不保，不僅隊伍損失巨大，自己恐怕也有性命之憂；燒吧，看著那些熟悉的老百姓他又於心不忍，同時也怕激起民憤，禍人禍己。對劉元璋的想法，劉元琮很是不以為然，他主張非先燒不可，約了兄弟劉元瑭去勸說劉元璋，捨不得孩子套不住狼，在部隊面臨危急關頭時，千萬不要婆婆媽媽。在劉元琮、劉元瑭兄弟一番猛烈轟擊下，劉元璋答應召開一個全城紳商會議，讓紳商們來投票決定。在會上，劉元璋首先講了為何要「亮城」（燒民房）的理由，讓大家充分發表意見。他的話剛說完，就見商會會長何漢湘站起來發言，支持「亮城」，燒掉西街一帶房屋。何漢湘是西昌城的富商，辦有兩家繅絲廠，其中有一家就在西街。見何漢湘如此毀掉家業保地方安康，其他人再也無話可話，很快通過了「亮城」方案，並由何漢湘牽頭寫了封長信上書，以表達民意。實際上，何漢湘已被劉元琮、劉元瑭兄弟暗中說服，答應戰後給他賠償。

當紅軍先頭部隊剛抵達離西昌還有三十里地的崩土坎時，劉元琮就下令放火。此時西昌城門已被石條封死，士兵們隔著城牆向西街的房屋潑灑煤油，再用滲透煤油的棉條當火引子，拿弓箭朝屋頂上射去。剎那間，由西街、魚市街開始著火，整個西昌城變成了火的海洋。據民國三十年編修的《西昌縣誌》記載：「西昌城垣，修自明洪武初年，本自完好。事先駐軍有拆城牆磚作他用者，於是（劉元璋）派修城垣，並令西街沿途鋪房，離城拆去一丈五尺寬，又令民夫於南門外，沿西街之背，築土牆一道，以為外垣。同時並令每家造竹釘一百根，以刺利為要；戶紮松明火把一炬，長二尺，徑一尺；紮三角燈一對，燈碗齊全；臨時派民眾出口袋一萬五千條。忙亂之際，先議守外垣，繼又議守內城，乃有焚毀各街鋪房之事。……五月十五日，劉元璋部隊拆馬水河一帶民房。五月十六日，城門半掩，僅容少數人通過。五月十七日晚，軍隊完全進城，閉城門，焚上魚市街、下魚市街、後街。五月十八日，是夜，焚馬水河一帶房屋，又越南門焚東街、馬石街、石頭坡等處房屋。

五月十九日晚，補燒東西街前未盡之鋪房。以上計燒街二十八條，民房三千七百餘家，寺廟十餘座，回族禮拜堂四大院，燒毀盡淨，人民流離。」[4]

讓劉元璋幾兄弟頗為尷尬的是，經會理過西昌北上的紅軍，根本沒有來到西昌城下，大隊人馬繞過西昌經禮州去了瀘沽，僅向西昌方面派了零星的警戒部隊。紅軍不來，放火燒房屋的事無法向民眾交待，栽贓到紅軍頭上一說也無從談起。劉元璋急了，每天讓諜報員及時報告紅軍的動向，聽說紅軍可能不來西昌的消息，他將劉元琮叫來狠狠訓斥，怪他過早燒掉了房屋。過了不久，蔣介石派政務視察員蕭邦承來西昌視察，老百姓見了蕭視察員，談到燒毀房屋之事，滿腔悲情再也憋不住了，爭先講述「亮城」之慘狀。

面對前來查訪的蕭視察員，劉元璋拿出何漢湘懇請「亮城」的那封信，盡力為自己開脫，也為劉元琮、劉元瑭兄弟洗清惡名。當然筵席招待和送禮物之類也是少不了的。可是蕭視察員卻並不領情，蕭邦承在視察報告中提到此事，顯得憤憤不平，認為紅軍未到西昌時，川康軍劉元琮、劉元瑭部隊縱火焚掠，「城外鄉村民房及西街房共焚去三千五六百戶，橫溝三裡，人民風餐露宿，極為淒慘。軍方名為堅壁清野，實則借事斂財擄劫」[5]。

4 《紅軍長征在四川》，第73頁。
5 四川省檔案館館藏資料，「一九三六年四月二十六日政務視察員蕭邦承視察西昌」，轉引自《紅軍長征在四川》，第74頁。

前邊說過，一九三五年秋，紅四方面軍在張國燾帶領下，翻過夾金山南下。劉文輝為了保存自己的實力，明裡派兵阻截，實際上虛與委蛇，巧以周旋。大渡河、安順場接連失守，蔣介石震怒，給劉文輝記了大過。

長征在後人看來，確實堪稱一場壯舉。但是在當時的情況下，前有阻敵，後有追兵，紅軍只能選擇這種左衝右突的方式才能保存其實力。絕處逢生，哀兵必勝，人在絕境中潛力的暴發是難以估計的，長征就是最好的注腳。起初劉文輝只把紅軍當作了一股流寇，沒想到一交戰，紅軍的勇猛大大超乎他們的想像。當時，劉元琮率部佈防在丹巴、魚通、金湯一線，在金湯的一次戰役中，紅軍以少數兵力攀岩而上，劉元琮措手不及，慌亂中順著山坡滾落下來，才保住了一條性命。為了交差，劉元琮忍痛朝自己胳膊上開了一槍，纏著繃帶跑回了雅安。

此時正是劉文輝最為不堪的時候。南京國民政府的電報像雪片一樣飛來，沒有一件讓人高興的事情，先是為劉文輝記大過的處罰令，過幾天又收到蔣介石的一封手令，勒令劉文輝將敗軍之將劉元琮押解至重慶行營查辦。見侄子劉元琮吊著胳膊的熊模樣，劉文輝既痛又恨，拿著蔣介石的手令在劉元琮面前抖落，連說話的聲音都顫動得變了調。此事劉文輝後來多方搪塞掩護，以劉元琮已受傷住院治療為由，未予解送。

然而蔣介石的下馬威還是十分見效的，此後劉文輝再也不敢消極怠工，至少在表面上，他要做得讓蔣介石滿意。紅軍在安順場強渡大渡河成功，蔣介石聞訊後，帶著顧問端納，參謀團主任賀國光、夫人宋美齡等，急忙從重慶飛到成都，督導軍事。劉文輝聞風而動，也立馬趕到漢源縣城親自督戰。

甯城指揮官是剛在會理打了一場惡戰受到蔣介石嘉獎的劉元瑭，劉文輝深怕他冒險盲動，無謂損傷兵力，想提醒他注意保存實力，但是有些話又不好明說。這個劉元瑭受到嘉獎後正在興頭上，他將北門作為防禦重點，進行了兵力部署，準備和紅軍真打。

紅軍進攻漢源，先佔領了距漢源城五里的羊圈門，然後向史家坡陣地攻擊。駐守該地的營長叫吳安邦，剛一看見紅軍的影子，就命令部隊向後撤。被前來督戰的劉元瑭看到了，大聲怒叱道：「你看清共軍來了多少人？你阻截了共軍多久？你的部下犧牲了多少人？」一疊聲的追問讓吳營長無地自容，他還想要辯解，被劉元瑭抽出馬刀，迎面朝他臉上砍去，只見血光一閃，吳營長的面頰劃開了一道口子，頓時血流滿臉。幸虧劉文輝部下旅長楊國端當時在場，經多方勸阻，劉元瑭才收住馬刀，饒了吳營長一條命。

紅軍和劉文輝的第二十四軍對峙著，彼此間保持一定距離。偶爾響起幾聲冷槍，間或還會轟出一顆炮彈，但是雙方誰也不敢貿然進攻。就這樣相持了將近兩個月，劉元瑭久靜思動，忽然想要反攻。電報請示么爸劉文輝，么爸急忙制止，叫他不要輕舉妄動。劉元瑭自恃守會理有功，不聽么爸約束，么爸越是阻攔他越是堅持。一天夜晚，劉元瑭帶兩個團的兵力趁黑偷襲，沿著山路，摸到山頂一個叫做草鞋坪的地方時，隊伍的行蹤被紅軍發現了，此時已是凌晨三點多鐘，雙方開槍射擊，打了幾個小時，天已大亮。紅軍那邊也很奇怪，據守在原有的陣地上，既不前進也不後撤。劉元瑭摸不清紅軍虛實，下令隊伍守在山頂，他自己有事回到了漢源城。到了這天晚上，紅軍又發起大舉進攻，將劉元瑭的隊伍趕下了山，一直退至距漢源城五里的羊圈門才站起了腳。劉元瑭沮喪地看著撤退下來的隊伍，認為再進攻已不可能，留在羊圈門怕也守不住，遂讓隊伍重新退回到了圩寨。此後，紅軍和劉元瑭的隊伍又回到了原先的對峙狀態，直到紅軍從這裡撤退，也沒有再發生任何戰爭。

縱觀四川軍閥與紅軍的若干次戰役，可以得出這樣的印象：他們與紅軍在政治上似乎並沒有生死冤仇，雙方的爭鬥經常是出於利益關係。只要不侵吞四川這塊地盤，他們也不一定真打。雖說在蔣介石的命令和督促下，他們也追剿紅軍，但往往是追而不剿，保存實力，以留下本錢與蔣介石周旋。在這方面，四川軍閥巨頭劉湘、劉文輝表現得尤為突出。而他們的某些部下如劉元琮、劉元瑭等，明顯缺乏大局觀，在政治智慧上則要欠缺許多。

第九章 改弦易幟

劉文輝退守西康後的尷尬處境

一九二四年到一九三二年是劉文輝的鼎盛時期。當時他擁兵十幾萬，官居四川省政府主席，據有防區七十多個縣，等於大半個四川省，且由於兼任川康邊防總指揮，西康地區實際上也在他的控制範圍內。他用了三句話描繪當時的心境：「天變不足畏，人言不足恤，祖宗不足法。」鶴鵬展翅，雄心勃勃，小小的四川一隅再也關不住他了，一心想打出夔門進軍中原去謀求政治發展。然而與劉湘之間的一場叔侄大戰，硬是將劉文輝逼到了偏遠的西康。

這一時期，正是中國近現代史上激烈動盪的時期，北洋政府垮臺後，國民黨內部內訌，劉文輝感到機會又一次擺在了面前。全國政治鬥爭的漩渦中心無疑是蔣介石，可是蔣介石對四川的態度是親劉湘疏劉文輝，於是，劉文輝在政治上所作的選擇是站在蔣介石的對立面。一九二九年十二月，唐生智等聯名發電反蔣，各地軍閥紛紛支持，劉文輝也迅速回應。但是各地軍閥僅僅只是口頭支持，真正打起仗來一個個都遲不出兵，結果唐生智的軍隊在中原孤軍作戰，不到一個月時間就告敗了。一九三〇年三月，閻錫山、馮玉祥、李宗仁等組織討蔣聯軍，爆發了中原大戰，劉文輝再一次表態支持，剛剛發出支持的電報，反蔣聯盟又一哄而散，搞得劉文輝十分尷尬。兩次通電反蔣，使劉文輝與蔣介石的關係形同水火，互不相容。

因此，蔣介石要來挖劉文輝的牆腳，也是情理之中的事情。只不過讓劉文輝沒有料到的是，蔣介石這次下手挖的「牆腳」，竟是他的親侄子劉元瑭。

自從會理「大捷」受到蔣介石的嘉獎後，劉元瑭一心要對蔣介石知恩圖報，主動請纓，參加到了追擊紅軍的佇列。蔣介石嘉其忠勇，提升他為國軍一三七師師長。一九四〇年，劉元瑭在雙流率全師官兵集體參加國民黨，被蔣介石當場授予一柄「成仁刀」，上面刻著六個字：不成功，便成仁。「劉元瑭受寵若驚，經常佩刀於腰間，以炫耀於部屬。」[1]

見劉元瑭生有異心，劉文輝憤怒至極，但是局勢微妙，又不便對劉元瑭公開處置。只好裝著似知非知，睜隻眼閉隻眼。劉元瑭卻並不知收斂，被蔣介石任命為新十二軍軍長後，即回雅安向劉文輝索取軍隊，準備開赴陝北去打共產黨。劉文輝聞訊，叫來劉元瑭手下的兩個團長毛國懋和楊開域，事先向他們通氣，如果看到情況不妙，劉元瑭將部隊開赴陝北，就立刻率部脫離劉元瑭返回雅

1　彭迪先、舒國藩主編《劉文輝史話》，第121頁。

安來。毛、楊兩位團長都是四川人，多年跟隨在劉文輝手下，樹立了以劉文輝為中心的個人崇拜，此時聽劉文輝這般說，當場表忠心道：「請放心，沒有軍長的命令，我們哪也不去！」

見劉元瑭將隊伍開到離陝北不遠的雙流縣，毛、楊兩位團長心裡開始犯嘀咕了。等劉元瑭去成都酬謝聯絡，毛、楊二人商議決定率部離開。等劉元瑭返回雙流時，只見毛、楊兩位團長已率部朝雅安急馳而去。劉元瑭意欲追趕，無奈已離去很遠，追趕也來不及了。劉元瑭手下共有三個團，現在逃逸了兩個團，剩下的一個團也人心渙散，開小差不斷。劉元瑭眼看自己快成了「光桿司令」，連聲歎息，夜不能寐。躊躇再三，仍然決定將隊伍向陝北開拔。到了西安，見到陝西軍閥胡宗南，胡司令迎面的第一句話就讓他下不了臺階：「你的兵呢？」劉元瑭解釋了幾句，胡宗南理都不理，昂著頭說：「這幾個兵還想打仗？叫化子還得拖根打狗棍呢，連打狗棍都沒有，打個屁的仗！」劉元瑭平時頤指氣使習慣了，何曾受過這等窩囊氣，見胡宗南給他坐冷板凳，連軍事會議也不讓他參加，心裡又氣不恨，可是也無可奈何。

在西安住了一段時間，情況更糟糕了。胡宗南對他的殘部百般刁難，不僅不發武器裝備，還經常派出巡邏隊上街巡邏，藉口劉元瑭部下服裝不整，公開在街道上毒打一名營長。他手下的團長吳傅鑫，營長何義倫、吳洪恩，都因為忍受不了胡宗南的歧視和欺辱，先後悄悄逃回了四川。虎落平陽的劉元瑭，此時猶如芒刺在背，再也顧不得什麼顏面了，化裝成普通士兵，帶著心腹隨員楊澤林，趁著黑夜溜出了西安。

回到西康雅安，他低垂著頭一聲不吭，期盼得到么爸劉文輝的諒解。劉文輝表面上顯得很大度，特意安排了一桌酒筵，為劉元瑭接風壓驚。實際上這桌酒筵是一桌家宴，前來赴宴的都是劉氏家族的核心成員，有劉文輝的妻子楊蘊光，女婿伍培英，幾個侄子劉元璋、劉元琮、劉元瑄等。酒過三巡後，劉文輝清清嗓子說了幾句話，大意是：如今他處境維艱，腹背受敵，四面夾攻，親侄子又在傷口上捅了一刀，心情之痛苦難以言表。劉元瑭是劉氏家族主動投奔蔣介石的第一人，他也希望是最後一人。幾句話說完，本來就不寬鬆的氣氛更加壓抑了。劉元瑭有點無地自容，恨不得地上弄出一條縫來生生鑽進去。雖說劉文輝沒給劉元瑭任何處分，但是從此後，也再沒有委以重任，將他涼在一邊，不冷也不熱。這樣的滋味是很讓人難受的——尤其對火爆性子的劉元瑭來說更是如此。

抗戰勝利後的一天，蔣介石忽然乘飛機來到西昌。接到諜報員的消息，劉文輝大驚失色，擔心老蔣是來收拾自己的。到了第二天上午，蔣介石打來了電話：「西昌風景優美，惜不得與兄同游爾。」蔣介石在電話那頭親熱地說。聽蔣的口氣，似乎沒有要動手的意思，劉文輝稍微有些放心了。但是，他仍然有點緊張，不知道老蔣究竟到西昌來幹什麼。

事後劉文輝才搞清，蔣介石此行的目的是坐鎮西昌，解決「雲南王」龍雲的問題。

龍雲（一八八四～一九六二），字志舟，生於雲南昭通，彝族人。龍雲的父親原是奴隸主，幼年時父親病逝，家境淪落，他流浪於四川涼山的金沙江兩岸，拜江湖術士馬得勝為師，學得一手好拳法。辛亥革命後，投入滇軍，被委任為候差員。幹了一段時間，龍雲被保送到雲南陸軍講武堂第四期騎兵科學習，畢業後任排長，跟隨西南軍閥唐繼堯南征北戰，官職直線上升。一九二二年，龍雲被任命為第五軍軍長，兼滇中鎮守使，駐守昆明。從此他開始掌握滇軍實權，是滇軍中舉足輕重的人物。唐繼堯死後，由龍雲擔任雲南省政府主席，勢力漸大，遂成為一方諸侯。

蔣介石對地方軍閥不放心，是他的一貫作風。中央政府和地方政府間暗藏的矛盾，同樣使龍雲和劉湘、劉文輝一樣，也感到了深刻的危機。抗日戰爭爆發前夕，龍雲利用在南京出席國防會議的機會，接觸了周恩來、朱德等中共高層官員，一經交談，觀點頗為契合，尤其是曾在四川軍閥中當過兵的朱德，更是成了龍雲的座上賓，雙方甚至還交換了電報密碼，與延安建立了密切的聯繫。在後來的抗日戰爭中，龍雲的滇軍出兵二十萬，奔走抗戰前線，英勇奮戰，好評如潮。

抗日戰爭結束後，龍雲與共產黨的關係越來越密切。並於一九四四年底，秘密加入了民盟組織，成為共產黨的親密朋友。對這樣的人，蔣介石自然不能放心。一九四五年八月，蔣介石命令龍雲的第一軍開赴越南，接受日軍投降。龍雲對將滇軍全部調出，頗為躊躇。果然，當滇軍開往越南後，蔣介石下手了，下令昆明防守司令部司令杜聿明武力包圍雲南省政府，龍雲僥倖逃脫至五華山，帶領僅有的兩個警衛連殊死抵抗。其實抵抗也是白搭，蔣介石早已做好了安排，免去龍雲的雲南省政府主席等職，任命他為軍事委員會軍事參議院院長。龍雲被人「護送」到重慶「就任」，這是明升暗降，實際情況形同軟禁。

蔣介石在劉文輝的眼皮底下指揮這場「小偷式政變」，另一個用意是對劉文輝起警戒作用。劉文輝對此心知肚明。此後，到了全面內戰時期，蔣介石對劉文輝的猜忌防範更甚，除了派特務嚴密監視外，還在西康策劃了幾起武裝叛變的陰謀，在西康打家劫舍，使劉的軍隊疲於奔命，焦頭爛額。蔣介石的這些行動，起到的作用是將劉文輝推到了共產黨一邊。

周恩來派來了紅色臥底

劉文輝在《走向人民陣營的歷史道路》一文中說：反蔣失敗，轉向親共，親共之後，繼續反蔣，這是他在建國前一個較長時期內政治生活的基本內容。劉文輝接觸共產黨的時間，最早要追溯到一九三八年。是年二月，周恩來在漢口租界八路軍辦事處召見了西康建省委員會駐武漢代表鄒趣濤，口頭表示中共支持劉文輝西康建省，並讓共產黨的密友、川中名士吳玉章與劉文輝積極聯絡，培植感情。同年夏天，中共中央代表董必武、林伯渠等，由陝北去漢口參加國民參政會議路過成都，在方正街劉文輝的公館裡與劉會晤。這是劉文輝初次接觸中共首腦人物，只是試探性的行為，意欲為自己的將來多準備一條後路。

一九四二年二月，中共南方局派華崗到西康，做劉文輝的工作。在雙方都有一定的瞭解後，通過民盟聯繫，周恩來與劉文輝決定在重慶見一次面。地點選擇在重慶機房街吳晉航府中。吳晉航

（一八九三～一九六五），四川仁壽人，曾任重慶員警廳廳長，後成為劉文輝的重要幕僚，頭頂國民政府文官處參事頭銜，常奔走於京滬間，為劉文輝聯絡各方。「二劉大戰」結束後，吳晉航棄政經商，創辦和成銀行，任總經理，原始資本迅猛增長，成為一方豪紳。當天晚上在吳宅參加會見的只有周恩來、劉文輝二人，周在談話中扼要分析了國內政治形勢，明確表示「在反對蔣介石法西斯統治的鬥爭中，共產黨願意同國民黨民主派聯合，尤其希望西南地方的民主力量能同黨密切聯繫，具體合作。」[2]經過這次會晤，劉文輝與共產黨的關係，由一般的聯繫開始進入實際配合的階段。

兩個月後，劉文輝的私人代表鄒趣濤來到重慶曾家岩五十號周恩來住所，詳細聽周恩來複述了中共八路軍擬與劉文輝二十四軍協定的十二條。為防止意外洩密，周恩來特意叮囑鄒趣濤，只許用腦子記，不許筆錄，務必請背誦記牢。十二條的主要內容大致有：兩軍合作，聯合抗蔣，設立電臺，互通情報，不在劉文輝的部隊中發展中共黨員等條款。鄒趣濤乘飛機飛往成都，然後搭乘二十四軍毛國懋團的吉普車回到雅安。劉文輝拿出筆墨紙硯，將鄒趣濤默記的十二條抄寫了一遍，反覆看了又看，凝神默讀背熟後，劃燃一根火柴，將那張紙片燒掉。

與此同時，周恩來派出的「紅色臥底」也到了西康。

被派前往的是中共地下黨員王少春。對外公開的身分是張伯言的朋友，因為逃日寇之難流落到

---

2 劉文輝：《走到人民陣營的歷史道路》，第7～8頁。

西康，被劉文輝聘為幕僚（私人顧問）。隨他一起前往的還有其妻秦惠芳以及報務員楊竹愛。秦惠芳的公開身分是老師，稱她為「方先生」，秘密身分是譯電員。楊竹愛是王少春的秘書，協助秦惠芳擔任譯電員工作。

根據劉文輝的安排，秘密電臺設在原二十四軍一個旅部廢棄的院子裡，這座院子座落在雅安城南蒼坪山下，長年失修，頹垣斷壁，房子四處透風漏雨。院子前邊是一片開闊的草坪，後邊有幾棵參天古松，看上去像是一座沒人照管的破廟。如此偏僻隱蔽的地方，對於王少春來說倒也是個理想的場所，秘密電臺就設在一間昏暗潮濕的房子裡，髮絲般的天線沿著牆縫穿出去，悄悄伸向屋外的天空。安裝好電臺，按照南方局編制好的密碼，同延安進行了聯絡溝通，事情比預想中的還要順利。從此，每天深夜零點，王少春負責的電臺都要準時和延安聯絡一次。王少春都要將西康發生的情況及時向延安報告，又將延安發回的消息以及新華社的資料接收下來，親自用毛筆抄寫一份，送到劉文輝的手上。有時候劉文輝去成都，就由劉的夫人楊蘊光派專人送到成都，好讓劉文輝及早知道。因此，劉文輝從王少春這裡得到了不少消息，等於是開了一個通向紅色延安的視窗。

電臺剛到延安的頭一兩年，劉文輝的接待熱情周到。但是過了一段時間，蔣介石的軍隊對延安展開進攻，共產黨的軍隊作了戰略上的轉移，劉文輝見共產黨失勢，先前的熱情周到慢慢減少。有一天，劉文輝託部下張伯言給王少春代口信，說二十四軍的經費緊張，銀餉吃緊，要暫時停止對王的資助。沒有了劉文輝的經費資助，王少春的工作幾乎陷入癱瘓狀態，中共中央得知這一情況後，及時補充了經費，同時發電報對劉文輝說：如果你認為不需要，請買張飛機票將王等人送到香港（當時到延安必須繞道香港），飛機票的錢我們以後會還給你。劉文輝接到電報後，才又重新恢復了對王少春等的資助。

據劉文輝回憶，秘密電臺工作了一段時間以後，蔣介石的特務即有所察覺。他們暗中從成都運來一部電臺，設在雅安城內，要進行偵察和干擾。劉文輝得到報告後，馬上派出士兵搜查並予以沒收，並警告國民黨派往雅安進行特務活動的政訓處主任丁國保說：「現在奸人在雅安密設電臺，圖謀不軌，我已經對其沒收；如以後再發生此類不法行為，定要嚴辦！」國民黨本來想偵察共產黨的秘密電臺，既沒抓住把柄，又被劉文輝警告了一番，自討沒趣，此後再也不在這上頭搗亂了。

一九四九年十月，全國大部分地區已被解放軍攻佔，蔣介石退到重慶，戰爭的重心轉向西南。中共中央電示王少春，要王爭取劉文輝聯合西南地方實力一道起義。王少春反覆遊說劉文輝，要劉認清形勢，看清方向，用行動書寫將來的歷史。劉文輝經過痛苦的思考，接受了王少春的建議，與周恩來取得聯繫，積極準備西南起義。秘密電臺在雅安設立以來，歷時八載，劉文輝保衛和掩護電臺，確實也費了一番心機。電臺對爭取劉文輝，也發揮了很大作用。至於劉文輝本人，也認為電臺對他的幫助不小，使他「在政治上不斷受到教育，從而在實際活動中也就減少了盲目性。」[3]

3　彭迪先、舒國藩主編《劉文輝史話》，第175頁。

起義一小步，人生一大步

一九四九年九月，劉文輝接到周恩來的一份電報，大意是，中共大軍行將西指，希望積極準備，相機配合，不宜過早行動，招致不必要的損失。劉文輝將電報反覆看了多遍，認真揣摩字裡行間的含義，最後做出了馬上去成都的決定。他手下的部屬幕僚表示不理解，蔣介石親自在重慶指揮軍事，戰爭的重心已轉移到了西南，宋希濂、胡宗南的部隊分頭向川東、川南和川北集結，怎能在如此關鍵的時刻離開根據地西康呢？何況此行一去成都，劉的身家性命就到了蔣介石的掌控之下，蔣劉間的矛盾素來複雜，凶多吉少，說不定還會發生什麼意外，到時候悔之晚矣。

劉文輝心中坦然，他對當時的政治局勢作出了自己的分析和判斷，認為去成都利大於弊。

據劉文輝後來在回憶錄《走到人民陣營的歷史道路》中說，他此時選擇到成都是基於以下幾點考慮：「一，對於四川地方反蔣力量的聯合，欲其在緊急關頭不致因蔣的威逼利誘而動搖，有待於繼續不斷的鞏固；二，成都是四川的政治中心，也是進步力量與反動力量鬥爭的中心，我待在這裡，既便於同民主力量和地方力量聯繫，又可以在蔣介石反動集團內部進行分化運用；三，在軍事上蔣對我處於絕對優勢，我一人在成都，蔣對我的政治態度摸不透，就不至於對我用兵，而我能多拖一天，人民解放軍就接近一天，遭受敵人的軍事威脅也就少一天。如果先行露出可疑的跡象，引起敵人的警覺，胡宗南的重兵向西康一壓，我就吃不消，自己實力既不保，那末，迎接解放也就失所憑據。」[4]

劉文輝一到成都，就發現情況有些異樣。他所住的玉沙街劉宅附近，成天有些可疑的人影晃來晃去。有一天，劉文輝的侍衛來向他報告，他們抓到了一個特務，是化裝成廚房裡的傭人混進劉府的。劉文輝踱步過去看了看，那人姓陳，身穿藍布短衫，抱頭蹲在地上，一臉可憐相。劉文輝讓侍衛將他放了。此後劉文輝更加小心，調了兩個連的衛兵駐守在劉宅周圍，又安插了便衣隊巡邏望風，並暗中將附近幾條街道的民眾自衛隊武裝起來，與蔣介石的特務、憲兵相對峙，並隨時準備進行巷戰。

一九四九年十一月三十日，重慶被解放軍攻佔，蔣介石倉皇逃到成都。當天下午三點，蔣介石在成都北場軍校召集重要會議，參加人員全部是四川軍政界關鍵人物，有張群、劉文輝、鄧錫侯、熊克武、向傳義、王纘緒、王陵基等。蔣在會上首先講了目前局勢，接著話題一轉，談起了當前的任務。蔣寄希望於胡宗南部，認為胡的兵團還是完整的，尚可一戰，希望川康方面的朋友與之合作。說到此處，蔣介石停頓了一下，目光轉向在座的諸位徵詢意見：這一仗該如何打？在座的人面面相覷，有的主張不戰而退，去康滇邊境謀求發展；有的認為應在川康邊境山地作戰，拖延時間度

4　劉文輝：走到人民陣營的歷史道路》，第35～36頁。

過難關；有的堅持拼死一搏，在川西平原與共產黨展開一場殊死決戰。見劉文輝不吭聲，蔣介石直接點了他的名，讓他說點意見。劉文輝的發言態度十分模糊：「委員長總攬全域，我們都是一偏之見，你看怎麼辦就怎麼辦。」蔣介石沉吟片刻，點了點頭，沒有再說什麼。

蔣介石生性多疑，對劉文輝尤其不放心，他囑咐四川省政府主席張群，對劉文輝進行試探摸底。張群（一八八九～一九九一），字嶽軍，四川成都人，早年就讀於保定軍官學校，與劉文輝有校友之誼。在老校友面前劉文輝佯裝哭窮說：「今天打仗全靠胡宗南這張王牌，別的都抵不了事。」說到這兒，又借機發了幾句牢騷：「蔣先生過去對待雜牌軍的辦法，是打死敵軍除外患，打死我軍除內患。我的軍隊經過這麼一折騰，剩下的是一部殘局。事到如今，我們實在也感到無能為力，巧婦難為無米之炊呀。」見張群面有不悅之色，劉文輝為了打消張群的顧慮，口風一變：「不過話說回來，到了今天這個光景，也沒有退路了，哪怕只剩下一兵一卒，也得同共產黨拼。」話雖這麼說，但是不採取任何行動，說了也是白說。

過了幾天，張群再來找劉文輝，這次提出的辦法很具體，具有可操作性。張群說了兩條意見：一是讓劉文輝、鄧錫侯與胡宗南合署辦公，說白了是讓胡宗南監視劉、鄧；二是為了安全起見，讓劉文輝將妻子兒女先送到臺灣，以免到時候走脫不及，這一條實際上是想將劉的家室扣為人質。劉文輝搔了搔頭皮，為難地說：「多年來，許多事習慣於依靠內人當幫手，一時分開了，就像一個病人離開了拐杖，會有諸多不便。」不過他仍然表示感謝張群的好意，這個事容他考慮一下再答覆。

此時劉文輝心裡早已拿定了主意，他對蔣介石的策略是「抽象的敷衍，具體的抵抗」，到時候起義附隨共產黨，對蔣介石、張群等人的催促，他是能拖一天算一天。

終於有一天，張群催得有點耐煩了，他打電話給劉文輝，說有要事相商。劉文輝走進省政府的辦公室，剛剛坐下，張群辟頭蓋腦就問：「劉自乾，你究竟打的什麼主意？」劉文輝一愣，順著張群的意思說道：「我的主意早已打定了，說什麼也要同共產黨拼。萬一拼不過，我就跑到西康去當喇嘛。」張群說：「你莫在這裡打馬虎眼，到底怎麼拼，總得有個計畫。」按照蔣介石的授意，是想讓劉文輝、鄧錫侯與胡宗南馬上合署辦公，聯合商定作戰計畫，配合作戰。不巧的是，張群當場給胡宗南打電話，胡宗南正在綿陽巡視防務，這事暫時擱了下來。劉文輝也如釋重負，鬆了一口氣，匆匆從張群的辦公室裡逃了出來。

劉文輝要起義投誠共產黨，他的女婿伍培英是第一個知情人。

伍培英（一九〇八～一九六八），字毓銓，四川大邑人。早年投身軍伍，先後在二十三軍軍事講習所、二十四軍軍事政治學校學習、任職。一九三一年，以二十四軍少校參謀的資格考入國民政府陸軍大學第十期，畢業後留校任教官。由於出身雜牌軍，始終得不到蔣介石的提拔重用，因此極不得意。一九三八年，伍培英回二十四軍任職，被劉文輝任命軍參謀長，並身兼多職，成為西康軍界要人。一九四〇年，劉文輝將長女劉元愷嫁給他，從此對他更為倚重。一九四五年，伍培英升為二十四軍中將副軍長。

按照劉文輝的安排，伍培英去找西昌警備司令賀國光。起初是試探性的一陣寒暄，話語中透露出對當前局勢的隱隱擔憂。賀國光表示也有同感，認為時局敗壞，已到不可挽回的地步，前途暗淡無望。伍培英單刀直入，說出了劉文輝計畫起義的想法，賀國光聽了沒吭聲，沉默半晌才說：「我是不被蔣介石信任才貶來西昌的，現在令岳丈已作了應變佈置，我也別無選擇，到時候一定配合你們行動。」當即向伍培英表示，一旦到了關鍵時刻，他願與伍培英聯名通電回應。

劉文輝聽了伍培英的彙報後，認為賀國光參加起義具有可行性，需要進一步抓緊工作，爭取屆時一同起義。劉文輝叮囑伍培英，不要過早調動軍隊，以免節外生枝，引起賀國光的恐慌和疑慮。

準備起義的四川軍閥除了劉文輝外，還有鄧錫侯、潘文華等。一九四九年十二月十日，從彭縣等地傳來劉文輝、鄧錫侯、潘文華等已先後起義的消息，伍培英匆匆忙忙來找賀國光，將消息告訴給他。賀國光一臉的高興神情，連連點頭說：「幹得好，幹得好。」可是當伍培英要與他商量什麼時候行動時，賀國光又支支吾吾，推諉說他還沒有考慮成熟，拿不出具體的起義方案。伍培英答應能時間讓賀國光考慮，他第二天再來聽回信。到了第二天，賀國光依然是環顧左右而言他。伍培英這才意識到賀國光並沒有誠意，他是在暗中拖延時間，說不定背後還掩藏著什麼陰謀。

果然，賀國光背著伍培英打電話給成都的西南軍政長官顧祝同，詢問劉文輝起義的事。顧祝同此時為了安定軍心，故意隱瞞了劉文輝起義的事實。可想而知，這個電話對賀國光的心理產生了一定影響。當伍培英再次來到他的辦公室，催促他快做決定時，賀國光乾脆一推了事：「茲體事大，還需要認真考慮。」伍培英又氣又恨，他弄不明白，為什麼商量決定好了的事，現在又臨時變卦了。

伍培英的部隊與賀國光的部隊都駐守在西昌，為了預防發生誤會，伍培英建議，提出一個過渡的辦法，伍培英的二十四軍一三六師撤到飛機場以北，避免與賀國光的警備司令部士兵接觸，留給賀國光充足的時間，讓他認真考慮後再做決定。「如果過幾天還是想不通，那我們戰場上見。」伍培英笑著對賀國光說。

伍培英的隊伍剛剛撤到飛機場以北，忽然接到一個消息：胡宗南的部隊與賀國光的警備司令部士兵已形成了一個包圍圈，眼下這個「口袋」正在收緊，伍培英的一三六師有可能成為甕中之鱉。聽到這個消息的一剎那，伍培英不敢相信是事實，派人出去再次偵察，形勢確實已危險至極。伍培英感到情況不妙，急忙率部於當天晚上撤退，於天黑時開始行動，銜枚疾走，穿過包圍圈的縫隙，撤到了離西昌三十里的地方。等到胡宗南、賀國光的部隊收緊「口袋」時，甕中之鱉已然漏網，遂急忙調集十幾輛大卡車運送部隊追擊，汽車輪子肯定比雙腿快，胡、賀的部隊很快追上了伍培英的一三六師，雙方在王顯廟附近展開激戰，伍培英部損失慘重，一三六師的前衛和師直屬連隊的戰鬥隊形被衝垮，所帶馬馱、輜重和行李大部丟失，電訊指揮中斷，各連隊處於各自為戰的混亂局面。在眾寡懸殊的情況下，一三六師被迫撤出了寧屬地境，伍培英本人也失魂喪魄，在地下黨的護送下逃出了西昌。

一九五〇年二月十日，中國人民解放軍進入雅安，二十四軍奉令集中大邑進行政治整訓。伍培英於二月十四日率部隊到達大邑，在整訓期間，該部官兵一邊學習，一邊積極參加當地剿匪戰鬥。據當年參加過整訓的人回憶，伍培英在此表現不錯，學習認真，自覺參加勞動，有時候還能幫忙打掃廁所。有一次，西南軍區司令員賀龍來巡察，專門對伍培英進行了表揚。

一九五〇年六月，中央軍委和西南軍區下達命令，將國民黨二十四軍編入中國人民解放軍，取消二十四軍原番號。賀龍、李井泉、余秋里等領導親自做伍培英、劉元瑄等軍、師軍官的工作，解除他們的顧慮，使改編工作進展順利。整編後，伍培英被任命為六十七軍獨立一師師長。

伍培英擔任師長後，帶領部隊在川西參加了清匪反霸、減租退押和建立農民武裝的活動。一九五〇年十二月，獨立一師改建為六十軍炮兵三師，伍培英仍擔任師長。部隊奉命參加抗美援朝時，他被改調南京軍事學院，任教授會教員、組長，因教學工作積極努力，受到學院的表揚和獎勵，並被選為江蘇省人民代表、政協委員。

一九五八年，伍培英轉業回到成都，擔任四川省人民政府參事室副主任，後來被推薦為第三、四屆全國政協委員。一九六八年，伍培英在文革中被造反派迫害致死。一九七八年九月五日，中共四川省委統戰部為他平反，並舉行了骨灰安放儀式。

其妻劉元愷，曾擔任四川省婦聯委員。

漸行漸遠的一切都歸於平淡

劉文輝自己並不認為他有多高的政治覺悟，他總結自己前半生時，說了這麼一句話：「因時勢推移由假成真而導致了起義」[5]。彭縣起義之後，蔣介石集團除了在軍事上展開進攻外，同時還抄了他的家。

一九四九年十二月上旬，王陵基部抄了他在老家大邑的公館；

一九四九年十二月十四日，胡宗南部抄了他在成都玉沙街的公館；

一九五〇年三月上旬，軍閥田中田部抄了他在康定的公館。

除了抄家外，有的人還想要劉文輝的命。胡宗南部抄了成都玉沙街的劉氏公館後，在公館內埋下重達一百多公斤的黃色炸藥以及雷管裝置，試圖等劉歸家後一舉端掉這個窩子。胡宗南部的士兵撤退後，公館臨時處於無人看管的狀態，有幾個樑上君子想渾水摸魚，溜進公館正待行竊，不料碰響了炸藥，三幢房屋被炸毀了兩幢，當場死了一個，傷了兩個。劉文輝事後得知了這個情況，半晌沒有吱聲。

[5] 彭迪先、舒國藩主編《劉文輝史話》，第199頁。

一九四九年十二月九日的彭縣起義，是劉文輝政治歷史中的一個轉捩點。建國之初，他對自己今後的人生制定了三條原則：否定過去，肯定現在，相信未來。「具體地說，就是要求把自己過去為反動統治階級利益服務的一切思想意識和態度作風，都肯定是錯誤的，積極進行改造，一點也不可惜；對黨的領導、人民民主專政政權、社會主義制度以及新社會的各種新事物，無條件地擁護；相信在黨的領導下，一個現代化的繁榮富強的新中國一定到來。」[6]（）在那個特定的歷史時期，劉文輝的這段自述究竟有多少真實性，如今不好判斷。但是在劉文輝建國後的行動中，他的一些言行舉止倒是頗為耐人尋味的。據劉文輝的長子劉元彥回憶，一九五九年，劉文輝從四川調到北京擔任林業部長一職，當的是「逍遙部長」，別的領導什麼都要管，而劉文輝則是什麼都不管，什麼事情找到他，他才說幾句，找不到他的他從來不問。這與劉文輝過去的行事作派大不相同。劉元彥還說：「他是一個現實的政治人物，像文人的那些失落啊感懷啊，他是絕對不會有的。不過，在那個年代，我父親是過得比較壓抑的。」[7]

劉文輝的晚年，很少回憶自己的過去。有一年秋天，天色接近黃昏，劉文輝站在窗前看外邊漸深的暮色，看一棵樹上掛著的最後幾片落葉，看著看著，他歎息一聲，對兒子劉元彥說了一句話：

6 劉文輝：《走到人民陣營的歷史道路》，第60頁。

7 劉元彥：《我的父親劉文輝》，原載《中國企業家》2005年第19期。

「搞政治沒意思。」這句讓人感到莫名其妙的話劉元彥想了很久，有時候似乎想明白了，有時候又覺得始終沒想明白。

劉文輝有三子二女，長子劉元彥，一生從文，人民出版社退休編輯；次子劉元琛；三子劉元琦；長女劉元愷，次女劉元悌。

文革期間，劉文輝自然也遭遇到了巨大的衝擊。周恩來對劉文輝頗為保護，他對劉說：「如果紅衛兵來了，你就打電話給總理辦公室，我馬上會派人來。」過了幾天，紅衛兵果然上門了，劉文輝剛剛抓起電話，紅衛兵一把將電話線扯斷了，叫嚷著讓他交出金銀財寶。劉文輝對紅衛兵說，金銀財寶全都被胡宗南搶去了。紅衛兵不信，說他瞎扯，雙方正在僵持不下時，中南海的衛兵來了，通知劉部長到周總理那裡開會。劉文輝這才得以脫身，坐上周恩來派來的小轎車，直接送到了北京三〇一醫院，被保護起來。

劉文輝因患癌症，死於一九七六年六月二十四日，時年八十二歲。彌留之際，這位耆耆老者微閉著眼睛，似乎在回憶許多遙遠的事兒，他反覆對守候在病榻前的家人說：「就這樣吧，就這樣吧……」

第十章　世家寂寥

說不完的大邑劉氏家族

辛亥革命以後，中國的社會形態急劇動盪，四川軍閥乘勢而起，扯起「保鄉安民」的旗幟，逐漸使四川省離開了中國政治舞臺的中心。他們的口號是在動盪的社會中建立起一塊樂土，然而事與願違，連年的軍閥混戰使人民飽受蹂躪，「川省自治」並沒有讓人民得到安康，其結果是恰恰相反。而四川軍閥的巨頭中，大邑劉氏家族的劉湘、劉文輝影響巨大，盤點一部四川軍閥史，絕對離不開談論他們。

但是建國後，由於政治的原因，劉湘家族這麼一個本該引起重視的獨特現象，卻長久地隨著政治浪潮的波動而起伏隱沒。在許多時候，這個家族更多的是被當作政治醜星，當作歷史的反面教材，因而很難有心平氣和的梳理和研究。再加上這個家族後代中，出色的人不多，於是顯得更加寂寥。

在前邊的章節中，分別提到了劉湘、劉文輝和劉文彩以及他們家族後裔的一些情況。在這個曾經顯赫的家族中，還有以下一些成員。

劉公贊的大兒子劉文淵，晚清秀才，後考入四川紳班法政學堂。畢業後進入政界，仕途順暢。曾任民國四川省諮議局議員、省高等審判廳廳長等職。劉家幾個兄弟幼小時，劉文淵是這個家庭的重要支撐，資助弟弟們讀書求學；劉文輝、劉文彩出外做事後，他被推舉為族長，在分佈於安仁、唐場一帶龐大的劉氏家族中，具有很高的威望，連當了大官的劉文輝也敬畏其三分。劉文淵為人正派，口碑較好，不事蠅營狗苟，深受百姓敬重。退休回到大邑後，服務社會，造福鄉梓。

劉文淵有三子七女。子：劉元瑄、劉元琥、劉元璪；女：劉元庚，劉元愉，劉元恒，劉元蒼，劉元憲，劉元憐，劉元慎。

長子劉元瑄（一九一一～一九九六），早年即跟隨其么爸劉文輝，後入第二十四軍軍事政治學校就讀，一九三八年畢業於南京陸軍大學將官班，一九四〇年畢業於長沙陸軍大學特別班。曾擔任二十四軍十八團中校營長、團長，川康邊防軍十三旅旅長，一三六師師長。一九四五年，任整編陸軍二十四師代師長、中將副軍長、代軍長。劉文輝在西康創辦《新康報》、《西方日報》時，由劉元瑄擔任董事長。一九四九年十二月九日，劉元瑄隨劉文輝主持雅安地區起義。建國後，任中國人民解放軍第六十二軍副軍長，西康省軍區副司令員，西康省民政廳長，西康省政協副主席。是第五屆全國政協委員，第六、七屆全國政協常委。一九七六年離休後旅居成都，熱心服務於文化公益事業，為社會做了許多好事。一九九六年因病去世。

劉公贊的二兒子劉文運，鄉民以其為秀才之弟，戲稱「二秀才」。劉文運沒讀什麼書，從小在家務農，眼裡盯著眼皮子底下的幾畝地，胸襟並不寬闊。劉公贊未死之前，劉家幾個兄弟分家，他扯皮認為自己家兒子多，硬要多分幾畝地。幾個兄弟大多在外做事，經濟條件寬餘，也就爽快地讓了步。劉文運當農民也並不太本份，據安仁莊園檔案資料載，劉文運見地主陳君山老婆陳湯氏長得漂亮，便百般勾引，終於在「民國二十年四月間某日，和陳湯氏發生肉體關係，當時被陳君山二姨太看見，告訴了陳君山。陳君山原來身體就不好，有『癆病』，有了這件事，當時吐血而死。」[1]經歷了這麼一樁風流醜聞，劉文運感到名聲狼藉，後來搬遷去了大邑唐場鄉。

劉文運有八個兒子：劉元璋，劉元瑭，劉元琮，劉元瑞，劉元琸，劉元瑜，劉元璜，劉元斑。長子劉元璋前邊已有所談及。此人曾擔任川康邊防軍司令，是其么爸劉文輝的重要幫手，而且脾氣秉性也與其么爸比較契合，很是被劉文輝所看重。劉元瑭、劉元琮都是在劉文輝的部下任職，劉文輝將這兩個桀驁不的侄子交給老大劉元璋照管，劉元璋有時候也拿他們沒有辦法。一九四九年，劉元瑭曾擔任過重慶勝利銀行行長，時間很短暫。此後隨劉文輝起義，但起義後又抗拒中共政

1《莊園檔案》67宗A37卷。

府改造，被判處死緩。一九五八年在監獄中病故。劉元琮一九四九年在四川雅安參加起義，後任中國人民解放軍第六十二軍一八六師師長兼川西人民行署委員。一九五〇年，劉元琮因受到大邑當地政府的清算批判，對現實不理解而服毒自殺。後來的歷次政治運動中，這個死去的人依然被當作批判的靶子，其妻子也被政府判刑坐牢。直到一九八五年，中國人民解放軍成都軍區才給劉元琮平反，恢復了他的起義將領身分。

劉公贊的三兒子叫劉文昭，右腿略有殘疾，行動不便，小時候被送去學裁縫。走鄉串村，見識漸廣，與人談笑風生，頗具散仙風範。劉氏兄弟中，劉文昭為人處世與大哥劉文淵有幾分相似，只不過更加超脫閒適，與世無爭。偏偏劉文彩對這位三哥佩服得不行，安仁成立袍哥組織「公益協進社」，劉文彩把頭把交椅讓給了劉文昭，自己屈就副職。劉文昭當然知道自己真正位置，兄弟倆默契配合，說到底他也只是掛名而已。

劉文昭僅有一子，叫劉元樹。在老家的「文彩中學」初一班畢業，然後考入四川大學中文系，建國後先後任上海華東師範學院、安徽大學、四川西南民族學院中文系副教授、教授。擔任過漢語言文學系主任，四川現代文學研究室會長，中國現代文學研究會理事和中國郭沫若研究學會理事。他一生走學者道路，與軍閥家庭格格不入，不過與其父親的行事風格倒也頗為相近。其代表著作有《魯迅小說研究中的錯誤傾向》、《郭沫若研究》等。

劉公贊的第四個兒子叫劉文成。此人頗有經營頭腦，天生是個賺錢能手。早年管理燒酒坊，生意紅火興隆。劉文輝發跡後，邀他到成都擔任二十四軍的軍械所所長，劉文成欣然前往。這個軍械所既修理武裝，也造銀幣，沒過多久，劉文成果然幫劉文輝撈足了銀子，他自己也順帶發了大財。有了錢後，他的路子更寬了，在成都開辦了一家銀行，取名「成益」。成功人士劉文成發財後，最大的愛好是買房子，他在成都購置了大量房產，被人稱作「劉半城」，據說他名下的田產達四萬多畝。他還有三輛汽車：一輛大客車，一輛福特轎車和一輛奧斯丁牌小轎車。劉文成也只有一個獨兒子，叫劉元琇。但是劉元琇娶了個特別能生孩子的妻子，一連生下了六個孫子。每逢過年過節，劉文成就要吩咐司機開著大客車，拉著孫子們出去到處兜風。

夕陽無語：安仁的老公館群落

如今年過四十歲的人，沒有人不知道大地主劉文彩的。但是若要細說其人其事，又沒有幾個人能說清楚。

劉文彩是如何成為中國歷史舞臺上最為著名的醜星的？據笑蜀《劉文彩真相》一書介紹，大致情況如下：

一九五八年八九月間，中央文化部分別在鄭州、合肥兩地召開全國文物博物館現場會議，通過了「縣縣辦博物館」、「村村辦展覽館」等四個決議。根據會議精神，四川省文化局文社（五八）

字第七十九號函指示說：「大邑縣大地主劉文彩，在剝削和壓迫農民方面，在我省較為突出。為了用具體而生動的事實說明舊中國幾千年來封建地主階級對農民進行殘酷壓迫和剝削……決定將該莊園（新舊公館）保留，設立地主莊園陳列館。」十月二十二日，中共大邑縣委員會、大邑縣人民委員會發出《關於在我縣安仁公社成立「地主莊園陳列館」的通知》。同時成立地主莊園陳列館籌備委員會，由縣委宣傳部、農村工作部、縣人委工業局、文教衛生局聯合組成。下設辦公室，由文化館具體負責，並抽調小學教師嚴克全和幹部施本朴、劉永昌三人進行日常工作。[2]

如果往深處探究，地主莊園陳列館其實並非發軔於全國文物博物館現場會議，而是與反右之後「階級鬥爭」的急劇升溫直接相關。一九五七年十月九日，毛澤東在中共八屆三中全會上作了重要講話，他在講話中修改了中共八大關於國內主要矛盾的正確分析，提出無產階級和資產階級的矛盾、社會主義道路和資本主義道路的矛盾是國內主要矛盾的著名論斷。次年召開的中共八大二次會議，全盤接受了毛澤東的這一論斷。八大二次會議於一九五八年五月五日至二十三日在北京召開，六月，大邑方面已派員前往莊園，搜集整理劉文彩文物，籌辦地主莊園陳列館。時間上銜接如此緊湊，很可能是身為中共中央政委局委員的四川省委主要負責人回川後，為積極貫徹八大二次會議精神而親自佈置的。

2　《莊園檔案》，67宗G1卷。

作為享譽中外的「階級鬥爭教育基地」，在上個世紀六七十年代，大邑地主莊園陳列館不僅門庭若市，簡直就是門庭賽市。一九六四年，當地政府對陳列館進行了一些改造，加重了階級鬥爭的內容，這之後遊客更多。從一九六四年國慶日到文革爆發的短短一年多時間，莊園陳列館接待的遊客達數百萬人次。到了文革期間，前來參觀的人數再次激增，前往莊園陳列館「取經」的紅衛兵小將和工農兵群眾每天都有兩三萬人。文革十年，莊園陳列館接待的遊客總數達數千萬之眾，相當於世界上一個中等國家的全部人口。

大邑地主莊園陳列館接待的遊客中，達官顯貴、社會名流不在少數，甚至還有不少外賓聞訊後前往參觀。為此，大邑縣不得不專門設置一個機構，於一九七八年九月設立「外事科」，負責接待外國友人。

最為當地人津津樂道的名人游蹤，是文革前夜郭沫若的來訪。

一九六五年十二月，大型泥塑《收租院》進京展覽，郭沫若應邀參觀後，題寫了一首革命氣息濃郁的詩歌：「毋忘階級仇，鬥爭舊戰場；雕塑革命化，準備建天堂。」這首詩歌贏得了現場觀眾的一片叫好。這讓祖籍也是四川的大文豪郭沫若躊躇滿志。一九六六年四月，他偕同夫人於立群，前往大邑地主莊園陳列館實地考察。

此次考察，由四川省副省長張力行等人陪同，乘坐大紅旗轎車，聲勢浩蕩，從成都直抵大邑地主莊園陳列館。到陳列館時已是中午，郭沫若一行下車後，先到接待室休息，負責陪同的何進先彙報了地主莊園陳列館的歷史和籌辦經過，郭沫若聽後指示道：「這裡是階級教育的陣地，一定要把它辦好。」

午餐後開始參觀。郭沫若看過了全部展出內容，在匾對、字畫和古董面前，他都要停下來仔細端詳一番。緩步穿行在一百一十四尊泥塑組成的長長圍廊時，郭沫若時而俯身察看，時而側頭凝思，不知那個瞬間他想了些什麼，意味深長。

參觀完畢後，陳列館工作人員何進先請郭沫若題詞留念，郭沫若略作躊躇：「寫什麼呢？我寫不好。」他用帶著四川樂山口音的普通話推辭說。在何進先的堅持下，郭沫若最後還是應承了，緩緩踱了幾步，提筆寫了一首詞：「一入收租院，難忘階級仇。大邑土豪惡霸，暴發一家劉。水牢地牢連比，長槍短槍無數，隨意斷人頭。苦海窮人血，糧倉地主樓。飛輪轉，彈鞭動，鬼神愁。荒淫無恥，佛殿金鐘伴玉甌。轉瞬人間換了，活把閻王駭死，萬眾竟來遊。教育耿千載，風雷震五洲。」至今，郭沫若那首詞依然鐫刻在地主莊園陳列館的高牆上，任後人品評。

文革結束後，中國掀起了一輪波瀾壯闊的思想解放運動。一九八〇年五月，困惑中的大邑地主莊園陳列館請來二十多名文史哲專家，對這座一直是「階級教育大課堂」的莊園進行「診斷」。專家們的目光掠過《收租院》，掠過「水牢」、「地牢」、「刑具室」，落到了這座雕樑畫棟的精緻的庭院裡，落到了二千七百四十二件珍貴的文物上。經過兩天的激烈爭論，專家們作出了這樣的評語：「這座莊園保存完好和完整程度是全國少有的。它是中國近代史上封建地主階級產生、發展和消亡過程的一個縮影，是近代地主階級在四川生活的形式和風貌的典型反映，是社會發展史的一個斷面。因此，無論在文物、科研和教育上，都有重要價值。」專家們同時呼籲主管部門：「作為歷史性的文博單位，治史要嚴，切忌虛構假設。」

關於劉文彩其人，前面的章節已經專門敘談，不再贅述。需要指出的是，劉文彩雖說只是大邑安仁的一個土財主，但是他的影響力已經遠遠超出了一個普通的土財主，他已成了公共人物，深刻地影響了幾代中國人的思想觀念和意識形態。因此，以劉文彩地方莊園為代表的大邑安仁老公館群落，吸引了全國乃至全世界的諸多目光，也是情理中的事。何況，安仁老公館群落的建築風格確實別具一格，已為許多專家所首肯。

劉文彩有莊園、公館二十八所，主要分佈在川西、川南地區和成都一帶。在大邑安仁鎮，現在開放的有兩所莊園，人稱「老公館」和「新公館」。建築面積達二十一萬平方米，是劉文彩歷時十餘年陸續修建而成的。

老公館呈不規則多邊形，四周由六米多高的風火牆圍繞，七道大門聳立，大門兩側牆壁均有槍眼。內有二十七個天井，一百八十餘間房屋，三個花園。

老公館對面約三百米處是新公館，是劉文彩為其六弟劉文輝修建的。新公館呈正方形，面積比老公館大一倍，兼取西方城堡建築某些形式，具有中西合璧的特點。新公館也有二十七個天井，一百六十餘間房屋，四個花園，兩個網球場。還有望月臺、戲臺等。後院東廂房裡，還建造了一個秘密的夾壁金庫。據說劉文彩建造這個金庫非常秘密，連經營管理新公館的總管家也不知情，設計師則在金庫完工後就失蹤了。——這完全是個傳說演義，事實上，在公館內修建金庫是劉文輝的夫人楊蘊光所為，與劉文彩並沒有關係。解放戰爭前夕，國民黨胡宗南部潰逃途經大邑，為尋覓金庫，用刺刀戳夾壁金庫的板壁，當年板壁上留下的刺刀痕跡，至今仍清晰可見。

除了劉文彩修建的老公館和新公館外，安仁鎮還完好地保存著規模不凡的老公館二十餘座。二〇〇六年十一月十三日，《華西都市報》曾以「老公館驚現安仁」為題對此進行了報導。一條全長僅三百多米的古街樹人街，就有當年軍閥顯貴修建的公館宅第八座，被稱之中國古鎮文化的一項重大發現。甚至有人提出，應將安仁鎮改名為公館鎮，以突出價值，方便記憶。

所有老公館均修建於上世紀初，是發跡於大邑安仁鎮的劉氏家族重要成員的府邸，具有無法複製和無可比擬的史學價值、人文價值和美學價值。由於歷史原因，這些老公館一直「久藏深閨人未識」，甚至連許多當地人都不知道其存在。

樹人街公館群落中，最豪華的一座是劉元瑄公館。劉元瑄是劉文淵的長子，曾在叔父劉文輝的軍隊中任二十四軍代軍長之職。一九四九年隨劉文輝在四川起義，後出任中國人民解放軍第六十二軍副軍長。在大邑劉氏家族中，其地位是僅次於劉湘、劉文輝的第三號人物。

劉元瑄公館由前院、內宅院、後院組成，臨街，一扇黑色的厚重木門被打開，撲面而來的恢宏建築讓人眩暈，盡顯豪門府邸的氣派。前院栽種著一棵有著百年樹齡的金桂，張之洞手書「鳳棲高梧」的古匾高高懸掛在門楣上，似乎在訴說著曾經的繁華。公館整個建築風格中西合璧，合理應用了一些現代裝飾材料，如彩色玻璃飾件、拼木地板、石刻、磚雕等，使得這座公館無處不流淌著當時建築最時尚的元素。

劉元瑄公館只是安仁鎮公館群落的一個代表。其餘與劉氏家族有關的公館還有劉元琥公館（占地面積五千六百三十六平方米，公館主人為劉元瑄二弟），劉元湯公館（占地面積四百八十平方米，公館主人為劉湘族侄），樂自能公館（占地面積一千七百零八平方米，公館主人為劉湘表弟），樂述言公館（占地面積八百八十一平方米，公館主人為劉湘表弟），楊孟高公館（占地面積二千三百零一平方米，公館主人為劉文彩的總管家）等等。

這些老公館記錄著中國百年歷史的變幻滄桑，是一塊極其難得的活化石，而每一座公館的背後，都有著說不盡的故事。

附錄

附錄一：劉湘家族世系簡表

劉宗賢：劉公晶、劉公敬、劉公贊

劉公晶：劉文中

劉公敬：劉文剛、劉文郁、劉文福、劉文禮

劉公贊：劉文淵、劉文運、劉文昭、劉文成、劉文彩、劉文輝

劉文剛（三子）：

劉元勳（劉湘）、劉元樹，劉元聰

劉文淵（三子七女）

子：劉元瑄，劉元琥，劉元璪

女：劉元庚，劉元愉，劉元恒，劉元蒼，劉元憲，劉元憐，劉元慎

劉文運（八子）

劉元璋，劉元瑭，劉元琮，劉元瑞，劉元琸，劉元瑜，劉元璜，劉元珽。

劉文昭（一子）

劉元樹

劉文成（一子）

劉元琠

劉文彩（四子三女）

子：劉元龍、劉元華、劉元富、劉元貴

女：劉憶雲、劉婉蘭、劉婉蕙

劉文輝（三子二女）

子：劉元彥，劉元琛，劉元琦
女：劉元愷，劉元悌

劉湘（三子一女）
子：劉世英、劉世哲、劉濟殷
女：劉蔚文

附錄二：劉氏家族年表簡編

一八七四年：

劉公贊長子劉文淵出生。

一八七六年：

劉公贊次子劉文運出生。

一八七九年：

劉公贊第三子劉文昭出生。

一八八四年：

劉公贊四子劉文成出生。

一八八五年：

劉湘堂侄劉樹生出生，字元鈞。

一八八八年：

一月七日，劉文彩出生於大邑安仁鄉。

一八九〇年：

五月十五日，劉湘生於四川省大邑縣安仁鄉，原名劉元勳，

一八九五年：

十二月十五日，劉文輝生於四川省大邑縣安仁鄉，字自乾，父劉公贊，母高氏。

一九〇六年：

劉湘被四川陸軍弁目隊錄取。

一九〇七年：

劉文彩十九歲，娶妻呂氏。

一九〇八年：

劉湘考入四川陸軍速成學堂。

同年七月，劉文輝考上四川陸軍小學堂。

一九〇九年：

三月，劉湘在父親催促下完成了個人的終身大事。女方是大邑縣蘇場周裁縫的女兒，名叫周玉書。

一九一一年：

九月，劉文輝進入西安陸軍中學讀書。

同年，劉文淵長子劉元瑄出生。劉文運四子劉元瑞出生。

一九一四年：

七月，劉文輝從西安陸軍一中畢業後，回鄉成親。妻高氏，大邑縣塘場鄉人。

八月，劉文輝被保送到保定陸軍軍官學校繼續學習。

一九一七年：

七月，劉文輝從保定軍官學校畢業，劉湘將么爸劉文輝介紹給軍閥劉存厚部下任上尉參謀。

十二月二十七日，劉湘被國民政府授陸軍中將銜。

這一年，劉文彩妻呂氏病逝，接著一雙兒女也雙雙去世。

一九一九年：

一月，劉文輝娶第二個妻子李氏，並幫她取名李助乾。同年，李助乾生下劉元愷，為劉文輝長女。

一九二〇年：

劉公贊及其妻高氏相繼去世。

同一年，劉文彩續娶了大邑縣三岔鄉楊登友的女兒楊仲華為妻。

一九二一年：

一月，楊仲華為劉文彩生下長子劉元龍。

六月六日，川軍推舉劉湘為總司令。

六月二十四日，川軍推舉劉湘為四川省省長。

八月，川軍有援鄂之役，劉湘任四川援鄂軍總司令。

一九二二年：

五月二十二日，劉湘通電下野，將軍民政務交王陵基，第二軍軍長由楊森暫代。

八月，辭去一切職務的劉湘回大邑原籍休養。

十一月，劉文彩接到六弟劉文輝的信，出山擔當「財政大臣」。

一九二三年：

五月，劉文彩被劉文輝委任為四川省煙酒公司敘府分局局長。

七月二十八日，劉湘奉北京政府令，任四川清鄉督辦。

十二月，北京政府正式任命劉湘為四川善後督辦，旋在重慶就職。

是年劉文淵次子劉元琥出生。

一九二四年：

一月，楊仲華為劉文彩生下次子劉元華。

二月二十八日，劉湘奉特派為川滇邊務督辦。

三月，劉文輝委任劉文彩為敘府船捐局局長。

八月二十五日，劉湘父親劉文剛在大邑病逝，劉湘電辭川滇邊務督辦一職，自重慶回鄉奔喪。

十二月二十一日，劉湘之子劉濟殷出生。

一九二五年：

劉文輝改川南稅捐總局為敘南護商處，委任劉文彩為處長。

劉文彩在敘府成立「義和」銀號。

一九二七年：

一月一日，劉文輝就任國民革命軍第二十四軍軍長職。

二月，劉文輝再娶三姨太楊蘊光為妻。

五月四日，劉湘奉派為國民革命軍第五路總指揮，仍兼第二十一軍軍長。

六月六日，劉文輝通電劉成勳，並發動軍事進攻。

十二月二十日，國民政府特派劉湘為國民革命軍第六路軍總指揮。

一九二八年：

九月，劉文輝任川康邊防軍總指揮。

十月，劉文輝任四川省政府主席。

劉文輝長子劉元彥出生。

一九二九年：

七月一日，重慶大學正式成立，劉湘兼任校長。

本年劉湘女兒劉蔚文出生。

劉文輝委任劉文彩為川南水陸護商處處長兼川南禁煙查緝總處長。

一九三〇年：

九月一日，閻錫山、馮玉祥、汪精衛等在北京召開「擴大會議」。劉文輝派代表吳晉航、冷融北上聯絡。

九月六日，由劉文輝領銜，與鄧錫侯、田頌堯聯名發出魚電，表示附依。

一九三一年：

二月二十七日，國民政府明令特派劉湘為四川善後督辦，劉文輝為四川省政府主席。

四月，劉湘的航空司令部在重慶廣陽壩成立，劉自兼空軍司令。

五月八日，劉湘之母欒太夫人逝世。

五月二十三日，劉文輝由成都赴重慶，吊悼欒太夫人之喪。

十二月，劉文彩正式納敘府交際花凌君如為三姨太。

一九三二年：

十月，劉湘、劉文輝之間爆發戰爭，史稱「二劉大戰」。

十月二十三日，劉湘通電斥責劉文輝「好性亂成，誓與友軍左右提攜，全力制止，用期縮短戰爭，早蹈和平。」

十月二十四日，劉湘通電各方，以劉文輝擅開戰端，決定聯合川中各軍民眾，予以制裁，促其覺悟。

十月二十五日，劉文彩從敘府城撤回到大邑安仁。

十二月二十六日，劉文輝戰敗，派代表杜少棠持親筆函見劉湘，願主動辭四川省政府主席職，退守西康。

一九三三年：

七月七日，國民政府行政國務會議決議，任命劉湘為四川剿匪總司令，節制川中軍隊，協剿川北中共紅軍。

七月八日，劉文輝通電辭四川省主席職。

七月十一日，劉文彩刺殺第二十四軍特科團長牟春芳於縣城文廟。

八月十五日，劉湘的二十一軍派飛機兩架到大邑城郊丟炸彈，炸劉文輝的二十四軍，未炸著士兵，殃及部分平民百姓。

十月四日，劉湘在成都就任四川剿匪總司令，將川中各軍編為六路，圍剿中共紅軍。

一九三四年：

十一月十三日，劉湘乘巴渝號艦離開渝赴南京。

十一月二十日，劉湘抵達南京，住中央飯店。晚接見各路記者，談此次任務及川中形勢。本月二十六日，蔣介石與劉湘單獨談話，對川事進行洽商。

一九三五年：

二月十日，劉湘在重慶就任四川省政府主席職。

五月三日，中共紅軍在絞車渡渡江，隨即直撲通安，守城軍隊是劉元瑭負責。

七月十三日，四川省政府由重慶遷成都，本日在成都正式辦公。

八月四日，峨嵋軍官訓練團開辦，蔣介石任團長，劉湘任副團長。

九月，淩君如借腹生子，大玩掉包計，將與劉文彩發生過性關係的三名女子所生之子統統囊括到自己名下，據為己出。

一九三六年：

六月四日，劉湘近以軍政操勞過度，患咯血症，返原籍大邑休養。

六月十五日，劉湘身體有所康復，回成都到督署省府辦公。

九月二十二日，劉文輝將原設在雅安的西康建省委員會遷至康定。

十二月四日。劉湘患胃潰瘍病反覆發作，再次回大邑休養。

十二月八日，國民政府令，任命劉湘為第六路軍總司令。

十二月十三日，西安事變發生，劉湘時在大邑養病。次日返回成都，召見部屬幕僚急商對策。

十二月十八日，劉湘就任川康綏靖主任一職。

一九三七年：

一月二日，劉湘返大邑休養療病。

六月二日（農曆四月二十四），劉文彩娶五姨太王玉清，是年劉五十一歲，王二十五歲。

六月二十九日，國民政府軍事委員會頒佈川康軍事整理委員會組織大綱七條。川康軍整軍正式開始。劉湘任副主任。

七月十日，劉湘電呈蔣介石，請纓抗日。同時通電全國，請一致抗日。

八月七日，劉湘乘飛機飛往南京，參加國民黨中央的國防會議，共商國事。

八月二十六日，劉湘發表告川康軍民書，勉勵集中精力，站在國家民族的立場，在統一領導之下，為民族抗戰而效命。

九月一日，川軍出川抗戰，先頭部隊本日出發。劉湘召見出征將士，勉勵有加。

十月十五日，劉湘被任命為第七戰區司令長官，長官部設鄭州。

十一月二十八日，劉湘胃潰瘍病情加重，昏迷不醒，送到漢口萬國醫院治療。

一九三八年：

一月一日，劉湘發表元旦獻詞：《長期抗戰中的四川》，重申四川支持抗戰的決心。

一月二十日晚八時，劉湘與世長辭，終年四十八歲。

一月二十三日，劉文彩的大女兒病逝。

三月十四日，國民政府改組西康建省委員會。

九月，撤銷建省委員會，改組西康省政府，將原西康行政督察區和四川省所屬第十七、十八行政督察區合併，建置西康省，實行四川、西康分治。

一九三九年：

一月一日，西康省政府正式成立，省會設在康定，劉文輝擔任省政府主席。

一九四〇年：

二月，劉文輝長女劉元愷嫁給伍培英，從此，劉對伍更為倚重

五月，劉元瑭在雙流率全師官兵集體參加國民黨，被蔣介石當場授予一柄「成仁刀」，上面刻著六個字：不成功，便成仁。劉元瑭「常佩刀於腰間，以炫耀於部屬。」

一九四一年：

五月，劉文昭在安仁鄉天福街專門修了座「報本祠」，作為德壇，以傳授儒道。

十一月，袍哥組織公益協進社成立，總部設安仁鎮。

一九四二年：

二月，劉文輝秘密與中共高層領導周恩來在重慶會晤。經過這次會晤，劉文輝與共產黨的關係，由一般的聯繫開始進入實際配合的階段。

五月。劉文淵被選為大邑縣臨時參議會參議長。

六月，中共派紅色臥底王少春攜譯電員秦慧芳、報務員楊竹愛等到西康雅安，設立秘密電臺。王少春被劉文輝聘為私人顧問。

一九四四年：

十一月，劉文輝成為不公開的民盟中央委員。

一九四五年：

二月，由劉文彩首倡創辦私立學校「文彩中學」正式開辦。董事長劉文彩，董事劉文淵、劉維三、劉體仁、劉元瑄、劉從周、劉紹武、劉泳裳、李育滋、楊孟高等。文彩中學有兩輛貨運汽車，為最早開進大邑縣境的汽車。

同年，劉文淵任大邑縣參議會參議長。

一九四六年：

三月，「雅屬事變」開始。全雅騷動，各方震驚，省內外報刊競相刊載消息，對劉文輝猛烈批評，在全國反響強烈，此事變甚至被上海的一家英文報紙《彌勒氏評論》報稱為「新鴉片戰爭」。

一九四七年：

三月，雅屬事變結束。雅安舉行「雅屬行政檢討會」，劉文輝在會上作了痛心疾首的自我檢討。

十月十日，劉文輝籌辦的《西方日報》正式問世，其辦報方針為「中間偏左」。

一九四九年：

一月二十日，劉文輝籌辦的《西方夜報》創刊，辦報方針與《西方日報》相近，推定劉文輝長子劉元彥任經理。

十月十七日，劉文彩在成都病逝。

十二月九日，劉文輝、鄧錫侯、潘文華通電宣佈起義。電文中說：「所望川、康全體軍政人員，一律盡忠職守、保護社會秩序與公私財產。聽候人民解放軍與人民政府之接收，並努力配合人民解放軍消滅國民黨反動之殘餘。」

十二月十二日，劉元瑄在雅安宣佈起義。在雅安召開了幾千人的慶祝大會，群眾情緒熱烈。次日成立西康臨時軍事委員會，劉文輝任主席，劉元瑄任副主席，代理主席。

十二月十三日，夜，胡宗南部隊襲擊成都，搶劫玉沙街劉文輝公館並放置炸藥。胡部士兵撤退後，有幾個樑上君子溜進公館行竊，碰響炸藥，三幢房屋被炸毀了兩幢。

十二月，劉文彩的靈柩運回大邑，停放在「文彩中學」大禮堂裡，供人吊悼。前來弔唁的人絡繹不絕，到了安葬那天，從安仁鄉到劉文彩墓地，密密麻麻站滿了人。

一九五〇年：

二月，四川組織成立川康挺進軍（又稱「反共救國軍」）。大邑劉氏家族部分成員積極回應，由劉文運第八子劉元珽任反共救國軍第一游擊隊總司令，王剛毅任總指揮，劉文彩的兩個乾兒子郭保之、李鵬舉分別擔任支隊長。於二月十二日（臘月二十六日），兵分六路開始反攻。同一時間，劉文彩的長子劉元龍積極配合，向反共救國軍成員發米發槍。

五月四日，安仁鄉召開土地改革大會。

十一月十七日，反共救國軍第一游擊隊總司令劉元珽等十餘人被共產黨政府逮捕，執行槍決。

劉氏家族是年還有老三劉文昭、老四劉文成相繼去世。

一九五一年：

三月，安仁鄉人民政府正式宣告成立。

一九五二年：

三月，劉文彩長子劉元龍建國後被逮捕，在牢中患病，被保釋監外就，但因他長期吸食鴉片，身體虛弱，不久便病故了。

四月，劉元瑭病死於獄中。

一九五三年：

劉文彩的妻子楊仲華在成都病故。

一九五五年：

一月，劉文彩的五姨太王玉清改嫁。丈夫姜聞山，參加過辛亥革命，當時是四川省參議室參事。姜聞山於一九六三年去世，王玉清結束了她的第二次婚姻。

一九五八年：

八～九月間，國家文化部在鄭州、合肥兩地召開全國文物館、博物館現場會議，通過了「縣縣辦博物館」、「社社辦博物館」、「開展群眾性文物保護活動」等四個檔。不久，大邑縣收到四川省文化局（五八）字第七十九號函，函中指示：「關於大邑縣大地主劉文彩，在剝削和壓迫農民方面，在我省較為突出，為了用具體而生動的事實來說明舊中國幾千年來封建地主階級對農民進行殘酷壓迫和剝削，根據上級指示，決定將該莊園保留，設立地主莊園陳列館。」

十月二十二日，大邑縣成立地主莊園陳列館籌備委員會。

一九五六年：

劉文淵因病去世，享年八十二歲。

一九五九年：

二月，春節期間地主莊園非正式開館五天。隨後又邊收集、邊整理、非正式、非定期地展出，製作出「高租重押」、「吊打農民」、「背磨沉水」等十七尊臘鑄塑像。一位元記者曾這樣描述道：「展出後盛況空前，僅一九五九年春節前後，參觀者達二十二萬人，最多一天達到四萬人。人們在塑像面前表情各異。一天，幾位姑娘帶頭哭出了聲，不一會兒，哭聲響成一片，人們邊哭邊看，邊看邊哭，張張臉上都掛滿了淚痕。」

四月，劉文輝從四川調到北京擔任林業部長

十一月十八日，「四川省大邑縣地主莊園陳列館」正式開放。新華社派記者常住大邑縣唐場鄉，專門采寫劉文彩與冷月英的稿件。

一九六五年：

十一月二十八日，劉文彩五姨太王玉清被遣送回大邑縣，接受群眾批判。

十二月二十四日，大型泥塑《收租院》在北京中國美術展覽館進行了展出，當時參觀這個展覽的人數估計當在200萬左右。

一九六八年：

劉文輝女婿伍培英在文革中被造反派迫害致死。

一九七六年：

六月二十四日，劉文輝因患癌症醫治無效逝世，享年八十一歲。

一九七七年：
劉湘堂侄劉樹成去世。

一九七八年：
九月五日，中共四川省委統戰部為伍培英平反，並舉行骨灰安放儀式。

一九九二年：
五月七日，四川省考古研究所有關專家應邀對以劉文彩莊園為主的大邑安仁公館建築群進行了實地考察。

二〇〇四年：
三月，劉文彩的五姨太王玉清去世，時年九十三歲。

附錄三：主要參考書目

[美]羅伯特・柯白著：《四川軍閥與國民政府》，四川人民出版社，一九八五年第一版；

匡珊吉、楊光彥主編：《四川軍閥史》，四川人民出版社，一九九一年第一版；

喬誠、楊續雲著：《劉湘》，華夏出版社，一九八七年第一版；

周開慶：《民國劉甫澄先生年譜》，臺灣商務印書館，民國七十年初版；

周開慶：《民國四川人物傳記》，臺灣商務印書館，民國五十五年初版；

劉航琛：《戎幕半生》，臺灣文海出版社，一九八九年初版；

劉文輝：《走向人民陣營的歷史道路》第三頁，三聯書店一九七九年第一版；

彭迪先、舒國藩主編：《劉文輝史話》，四川大學出版社，一九九〇年第一版；

馬宣偉、蕭波：《四川軍閥楊森》，四川人民出版社，一九八三年第一版；

蕭波、馬宣偉著：《四川軍閥混戰（一九二七~一九三四）》，四川省社會科學院出版社，一九八四年第一版；

映泉：《天府長夜——還是劉文彩》，湖南文藝出版社二〇〇〇年第一版；

笑蜀：《劉文彩真相》，陝西師範大學出版社，一九九九年第一版；
周東浩：《地主莊園滄桑錄——劉文彩及其家人檔案》，成都出版社，一九九四年第一版；
《四川軍閥史料》第一、二、三、四、五輯，四川人民出版社一九八七年第一版；
《近代中國煙毒寫真》（下卷）「宜賓煙禍紀要」，河北人民出版社；
孫明經攝影，張鳴撰述：《一九三九年：走進西康》，山東畫報出版社，二〇〇三年第一版；
《紅軍長征在四川》，四川省社會科學院出版，一九八六年第一版；
李玉、袁蘊華、費祥鎬編：《西南義舉——盧漢劉文輝起義紀實》，四川人民出版社，一九八七年第一版；
《莊園檔案》，四川省大邑縣地主莊園博物館編印；
任一民主編：《四川近現代人物》第一、二、三、四、五、六輯，四川省社會科學院出版社、四川省人民出版社、四川大學出版社，一九八五年~一九八八年出版；
唐振常：《四川軍閥雜說》，遼寧教育出版社，一九九八年第一版；
《蜀西大宅門》（吳宏遠撰文），大邑縣委宣傳部，二〇〇六年；
《文史資料選輯》（合訂本，第七、三十三、四十二、六十六輯）。中國文史出版社，一九八六年第一版；
《重慶文史資料》第二十二輯，重慶市政協文史資料委員會編，一九八四年；

《涼山文史資料選輯‧雅屬事件專輯》，四川省涼山縣政協文史辦編輯；
奮齋：「話說劉甫婆」，原載《龍門陣》一九八一年第四期；
劉元彥：「我的父親劉文輝」，原載《中國企業家》二〇〇五年第十九期；
降邊嘉措：「情定西康——末代女土司的生死之戀」，原載《中國科學探險》二〇〇五年十一月號。

後記

大半輩子，我都蟄居在宜昌城。眼下季節是秋季，瑟瑟秋風中向西眺望，連綿起伏的群山像一萬匹奔馬踏雲踩霧而來，它們奔來的方向是四川——那是我情牽夢繞的「天府之國」。

青年時代曾有一次川省遊。沿著長江上溯，灘險浪惡，滾滾急流好似天上來水，洶湧澎湃，驚濤裂岸。在西南大地的版圖上行走，湛藍的天，潔白的雲，物產豐饒富足的土地，熱情好客的男人女人……「天府之國」在我人生記憶中留下了深刻而優美的印象。

大概從那個時候起，內心裏就激起了對四川的關注和熱愛。由於得天獨厚的自然環境，自古以來，四川就像是一個特立獨行的獨立王國，總是想要掙脫中央政權的管轄與束縛，在中央王國衰敗式微的時候尤其如此。若遇天下大亂，四川往往會關起門來，隔斷與中央王國的聯繫，隔斷戰火紛飛的外部世界。遺憾的是，他們所做的種種企圖自治的努力終究都無濟於事，天下大亂之時，四川內部的社會秩序從來都沒有安定過，甚至比四川之外還要亂得多。

於是人們有了「天下未亂蜀先亂，天下已治蜀後治」的蒼涼感歎。

臺灣學者柳定生、周開慶先生在《四川史話》中說：「在整個中華民族的歷史上，四川的文化兼備了文治武功的偉大性。凡是遊歷過四川的人，莫不歎賞三峽夔門劍閣峨嵋風景的奇偉；研究四川區域歷史的人，一定也覺得四川的方志可以代表中華民族光榮的歷史。」是以，縱觀近代歷史，四川一省的安危，往往和整個中國國勢的盛衰息息相關，大有舉足輕重之勢。

這些年來，我對四川近代歷史始終抱有濃厚的熱情，先後寫了《大腕軍閥——「四川王」劉湘及其家族》，反映四川保路運動大潮的《革命到底是幹嘛？》以及描繪四川西部神秘區域的《消失的西康》。

眾所周知，進入民國之後，四川也隨之進入了軍閥割據的時代。四川軍閥是個有趣而且說不完的話題。關於這個話題，將來如有機會，我還會寫下去。

感謝蔡登山先生，他多次盡心盡力將本人的作品引薦到臺灣出版；感謝秀威科技資訊公司接納這部書；感謝本書的編輯邵亢虎先生以及林泰宏先生，他們對工作認真負責的態度，給我留下了深刻的印象。

Do人物13 PC0335

大腕軍閥
——「四川王」劉湘及其家族

作　　者／張永久
責任編輯／林泰宏
圖文排版／楊家齊
封面設計／陳佩蓉

發 行 人／宋政坤
出　　版／獨立作家
地址：114 台北市內湖區瑞光路76巷65號1樓
電話：+886-2-2796-3638　傳真：+886-2-2796-1377
服務信箱：service@showwe.com.tw
http://www.bodbooks.com.tw
印　　製／秀威資訊科技股份有限公司
http://www.showwe.com.tw
展售門市／國家書店【松江門市】
地址：104 台北市中山區松江路209號1樓
電話：+886-2-2518-0207　傳真：+886-2-2518-0778
網路訂購／http://www.govbooks.com.tw
法律顧問／毛國樑　律師
總 經 銷／時報文化出版企業股份有限公司
地址：333桃園縣龜山鄉萬壽路2段351號
電話：+886-2-2306-6842

出版日期／2014年6月　BOD一版　定價／420元

獨立作家
Independent Author
寫自己的故事，唱自己的歌

大腕軍閥：「四川王」劉湘及其家族 / 張永久著. -- 一版.
-- 臺北市：獨立作家, 2014.06
面；　公分. -- (Do人物；PC0335)
BOD版
ISBN 978-986-5729-16-5 (平裝)

1. 劉湘 2. 軍人 3. 傳記

782.884　　103006389

國家圖書館出版品預行編目

讀者回函卡

感謝您購買本書，為提升服務品質，請填妥以下資料，將讀者回函卡直接寄回或傳真本公司，收到您的寶貴意見後，我們會收藏記錄及檢討，謝謝！
如您需要了解本公司最新出版書目、購書優惠或企劃活動，歡迎您上網查詢或下載相關資料：http:// www.showwe.com.tw

您購買的書名：＿＿＿＿＿＿＿＿＿＿＿＿＿＿＿＿＿＿＿＿

出生日期：＿＿＿＿年＿＿＿＿月＿＿＿＿日

學歷：□高中（含）以下　□大專　□研究所（含）以上

職業：□製造業　□金融業　□資訊業　□軍警　□傳播業　□自由業
□服務業　□公務員　□教職　□學生　□家管　□其它＿＿＿

購書地點：□網路書店　□實體書店　□書展　□郵購　□贈閱　□其他

您從何得知本書的消息？
□網路書店　□實體書店　□網路搜尋　□電子報　□書訊　□雜誌
□傳播媒體　□親友推薦　□網站推薦　□部落格　□其他＿＿＿＿＿

您對本書的評價：（請填代號　1.非常滿意　2.滿意　3.尚可　4.再改進）
封面設計＿＿　版面編排＿＿　內容＿＿　文／譯筆＿＿　價格＿＿

讀完書後您覺得：
□很有收穫　□有收穫　□收穫不多　□沒收穫

對我們的建議：＿＿＿＿＿＿＿＿＿＿＿＿＿＿＿＿＿＿＿＿

請貼
郵票

11466
台北市內湖區瑞光路 76 巷 65 號 1 樓
獨立作家讀者服務部 收

（請沿線對折寄回，謝謝！）

姓　　名：＿＿＿＿＿＿＿＿　年齡：＿＿＿＿　性別：□女　□男

郵遞區號：□□□□□

地　　址：＿＿＿＿＿＿＿＿＿＿＿＿＿＿＿＿

聯絡電話：(日)＿＿＿＿＿＿＿＿＿　(夜)＿＿＿＿＿＿＿＿＿

E-mail：＿＿＿＿＿＿＿＿＿＿＿＿＿＿＿＿